南门太守 著

Fun Facts
of the
THREE KINGDOMS

器识·德行·境界

三国冷知识

中国出版集团有限公司
华文出版社

图书在版编目（CIP）数据

三国冷知识 / 南门太守著. -- 北京：华文出版社，2020.9（2025.11 重印）

ISBN 978-7-5075-5351-2

Ⅰ.①三… Ⅱ.①南… Ⅲ.①中国历史-古代史-三国时代-通俗读物 Ⅳ.①K236.09

中国版本图书馆CIP数据核字（2020）第165195号

三国冷知识

著　　者：	南门太守
责任编辑：	景洋子
出版发行：	华文出版社
	（北京市丰台区右外西路2号院　100069）
电　　话：	总编室 010-59900723　发行部 010-59900727
	责任编辑 010-59900751
经　　销：	新华书店
印　　刷：	三河市航远印刷有限公司
开　　本：	889×1194　1/32
印　　张：	15.5
字　　数：	310千字
印　　数：	26001—28000
版　　次：	2020年9月第1版
印　　次：	2025年11月第12次印刷
标准书号：	ISBN 978-7-5075-5351-2
定　　价：	58.00 元

版权所有，侵权必究

序言

"热"三国里的"冷"知识

有人说,对三国史研究而言没有通常意义上的专家,因为人人都是"专家"。的确,三国历史文化实在太深入生活、深入人心了,无论男女老少,无论什么样的教育背景、从事什么职业,大家对三国的人和事都多少知道一些,还有不少的"三国迷",人们对三国的谈论和喜爱早已超出了历史学范畴。

对普通人来说,"历史"是一个复杂而又丰富的概念,不妨把它分成三类:一类是"田野里的历史",重大历史事件发生的旧址、重要历史设施留下的遗迹、各类历史文物以及其他各类考古发现等都属于这一类,是"原汁原味"的历史;二是"史书上的历史",一些被大家公认的史书,如《三国志》《后汉书》《晋书》等,是组织历史学家根据可靠史料编写的,虽然有组织者、写作者个人的主观因素在其中,但比较接近真实的历史;三是"艺术化的历史",以历史为背景创作出来的戏剧、小说、影视剧等都属于这一类。

以上三类"历史"分属不同门类,有各自特点,也有各自的追求和功能,没有"高低"之分。但是,不同"历史"之间关系还是应该明确起来,要明白它们的性质、定位和作用,不能用一个去代替另一个,更不能把几种不同的东西掺揉在一块,一会儿是真实的历史、一会儿是小说,如果那样,其实也是一种历史虚无主义。阅读时,应该注意其中的顺序,应该先掌握可靠或相对可靠的历史,知道真实的历史是怎么回事,再去欣赏文学作品和其他艺术作品,这样就知道哪些东西是对历史的艺术加工,而不会形成先入为主的观念,把不是历史的东西看作历史本身了。

基于这样的认识和理念,并出于对三国历史文化的长期热爱,我创作了《三国英雄记》一书,以时间为经,以重要历史事件和历史人物为纬,梳理汉末三国那段百年历史的脉络,努力编织成尽可能接近真实又尽可能丰富多彩的历史画卷。《三国英雄记》由华文出版社出版后受到读者的肯定和喜爱,多次加印,对一套追求历史真实、不胡说戏说的六卷本历史书而言,这样的结果超出了作者的期望。

为了向读者推介这部书,也为了探索与读者交流沟通的新渠道,尝试出版中媒体融合的新方式,在华文出版社宋志军社长亲自策划和支持下,2019年3月我与出版社合作推出了"南门太守盘三国"抖音号,定期发布与三国有关的抖音作品。一开始,常为发布哪些内容而绞尽脑汁,但很快就找到了方向,那就是与读者的紧密互动。

最早发布的抖音作品,内容主要是与《三国英雄记》一书的责任编辑张超琪女士共同商量确定的。不久后,每条抖音下都有大量的留言,正常情况下平均几百条,经常达到两三千条,里面有相当一部分是读者提出的问题。这些问题都是针对三国历史文化所提,充分体现了三国的热度和广泛参与度,体现了读者对三国的喜爱。问题五花八门,其中不乏"高质量"的问题,体现出读者对三国历史文化的精研与思考。

经过商量,我们决定以回答读者的问题为主,从海量问题中选取具有普遍性的问题,或者最有趣、最冷僻、最有意义的问题,每期回答一个,结合抖音的特点,争取在一两分钟内把问题说清楚。"改版"后,"南门太守盘三国"更受欢迎,粉丝量很快接近二十万,对一个偏重学术意味、没有任何哗众取宠元素、既无"颜值"也不"卖萌"的抖音号来说,效果相当不错了。每条抖音点赞数均不少于一千,时常有"爆款",读者的留言也更积极踊跃了,问题的"质量"也越来越高。

不知不觉,"南门太守盘三国"抖音号创建一年多了,以每天一条的速度,累计发布了近四百条抖音作品,基本以回答读者的问题为主,每个问题都是精选出来的,回答也做了充分准备,基本上做到了每一条都有自己的观点和见解,或者有新的发现,不"抄袭"别人的说法,不人云亦云。每条抖音作品发布后,张超琪都抽空整理成文字,整理时把读者的精彩评论也吸收进去,有些问题没能在一两分钟内说细说透的,又根据读者提供的材料或线索进行了补充。同心接力,聚沙成塔,竟皇皇成册,有了这本《三国冷知识》。

之所以称"冷",是因为书中的内容都是经过挑选的,多是大家感兴趣却又容易被忽略的。针对这些问题,通过钩沉史海、穷搜广集,在一堆史料或线索里找出了答案。有些问题已经没有直接的答案了，但通过详细分析，争取给出令人信服的解释来。做这样的工作不仅需要热情，更需要专业和细心，因为任何一个小小的疏漏和破绽，必定会立即领受到读者的"板砖"。

《三国冷知识》完全是一本"抖"出来的书，这也可以算作一种新的出版模式。以前写书、出书，我也很注重与读者的交流。记得十多年前写《曹操秘史》，写一段在网上发一段，读者随即在下面点评，有批评意见，也有对后面如何写"支招"，在作者与读者的共同参与下完成一本书。《三国冷知识》更进一步，作者其实只是一个"象征"，因为读者是出题者，也是作者；作者要随时阅读留言，根据读者的反馈调整创作，也是读者；出版者既要考虑内容，也要考虑读者的反馈，还要随时与作者、读者沟通，是特殊的作者和读者。这样的创作流程打破了传统界限，使各要素融合更为紧密。在此过程中，所有的交流、反馈又是"零时差"的，保证了每个环节的及时性、针对性和真实性。

这本书得以诞生，要感谢宋志军社长的具体指导和鼎力支持，感谢张超琪编辑在策划和制作抖音、整理和补充文字稿、与读者及时沟通交流等方面所做的大量辛勤付出，也感谢关注和支持抖音号"南门太守盘三国"、经常在抖音上互动的朋友们。作为一种仍在进行中的新尝试，可能还有许多不足，希望读者朋友们给予批评，提出好建议，我们将在今后不断完善和改进！

南门太守

2020 年 9 月

目录

CONTENTS

1. 三国不是魏蜀吴…001
2. 三国人物的年龄…002
3. 三国人物多单字名…003
4. 曹操少年时大战水怪…004
5. 史上并无"刘皇叔"…005
6. "岁在甲子"藏秘密…006
7. 没有"三英战吕布"…008
8. "赤兔马"应为"赤菟马"…009
9. 关羽不可能骑赤兔马…011
10. 貂蝉是虚构的人物…012
11. 吕布的兵器不是戟…014
12. 吕布两次叛杀各有原因…017
13. 关羽的儿子与女儿…018
14. 诸葛亮夫人是"白富美"…020
15. "木牛"意思是没有牛…021
16. "流马"是微型集装箱…022
17. 八阵图不是传说…023
18. 曹魏"尖端兵器"落后于蜀汉…024
19. 赤壁取胜是打了时间差…026
20. 汉灵帝是"文艺青年"…027
21. "网红上将"潘凤…028
22. 许褚没有"裸衣战马超"…029
23. "零陵上将"邢道荣…030
24. 甘宁曾是"黑社会成员"…031
25. 左慈是古代最早的魔术师…032
26. 周瑜的气量并不小…033
27. 曹操与蔡文姬并非青梅竹马…034
28. 曹操接回蔡文姬的真实目的…035
29. "文姬归汉"的说法始于宋朝…037

30. 说蔡文姬"归汉"并不准确…039
31. 半个郡被夸张成一个州…041
32. 孔融编典故讽曹操…042
33. 曹操"黑史"多与裴松之有关…043
34. "说曹操,曹操到"的由来…044
35. 曹叡差点儿成"袁叡"…045
36. 曹操杀吕布的另一个原因…047
37. 神秘消失的三国五大名将…049
38. 汉末三国的"酒王"…050
39. 戏台上关羽穿绿的原因…051
40. 曹操还是一位美食家…052
41. 生活在三国能吃到什么…053
42. 曹操送诸葛亮鸡舌香…055
43. 曹操要喊袁绍"叔叔"…057
44. 袁术是孙权的"老丈人"…058
45. 孙权娶自己的侄女…059
46. 曹丕也以"侄女"为妃…060
47. 诸葛亮和王朗是亲戚…061
48. 朝廷初迁许县住房紧张…062
49. 魏延的"子午谷计划"无胜算…063
50. 曹操为程昱改名字…064

51. 程昱把老家整个县都抢了…065
52. 陈寿是刘禅儿子的同学…066
53. 曹操"七十二疑冢"由来…067
54. 曹操打过"地道战"…068
55. 汉末三国三个曹节…071
56. 曹操不是"盗墓祖师爷"…073
57. 荀彧的岳父是宦官…077
58. 刘备打曹操的"小报告"…078
59. 诸葛亮未阻止东征的原因…079
60. 刘备不发兵救关羽的真相…080
61. 刘备借刀杀关羽之说不成立…081
62. 刘封不救关羽的原因…082
63. 关羽其实是"常败将军"…083
64. 汉末三国的"全勤王"…084
65. 司马懿的确借刀杀张郃…085
66. 司马懿杀张郃的原因…086
67. 孙权为什么杀关羽…087
68. 关羽中的不是"乌头之毒"…088
69. 背疽要了众多名人的命…090
70. 刘备死于"拉肚子"…091
71. 曹操身高约一米六四…092
72. 曹操的头风是高血压…093

73. 曹操向方士请教养生之道…095

74. 诸葛亮死于脊椎性结核…097

75. 陈登乱吃海鲜而死…099

76. 为关羽"刮骨疗毒"的不是华佗…101

77. 华佗不愿意当私人医生…102

78. 孙权兵败逍遥津与瘟疫有关…103

79. "建安七子"五人死于同一场瘟疫…105

80. 建安年间发生五次大瘟疫…107

81. 史上第一位"坐堂医生"…109

82. 张仲景是"瘟疫克星"…112

83. 《三国志》不为张仲景立传遭质疑…115

84. 刘备不长胡须…117

85. 被误解最深的人…118

86. 曹操多才多艺…119

87. 曹操一高兴喜欢跳舞…121

88. 邺县有先进的城市供水系统…123

89. 三国最隐秘的豪门…126

90. "莽张飞"是位书法家…127

91. 马谡失街亭另有隐情…129

92. 刘备初见诸葛亮的另一说法…130

93. "以茶代酒"典故的由来…132

94. 赤壁之战只形成"三分荆州"…133

95. 汉末三国少有主将"单挑"…135

96. 汉末三国的"中央司令部"…136

97. 汉末三国"四大战区"…137

98. 汉末三国的杂号将军…138

99. 汉末三国的中级武官…139

100. 汉末三国的"五大王牌主力"…140

101. 汉末三国的"虎豹骑"…141

102. 汉末三国的"白马义从"…142

103. 汉末三国的"陷阵营"…143

104. 汉末三国的"无当飞军"…144

105. 汉末三国的"白耗兵"…145

106. "虎豹骑"由虎骑和豹骑组成…146

107. 赵云军职偏低确实有原因…147

108. 汉末三国"二十四名将"…148

109. 最厉害的名将组合…149

110. "五虎上将"排名次序…150

111. 魏延与"五虎上将"…151

112. 马超才是蜀汉武将之首…152

113. 马超比赵云更厉害…153

114. 关羽斩蔡阳用时五分钟…154

115. "五子良将"缺李典…155

116. 吕蒙暴毙之说无依据…156

117. 唯一从不怵吕布的人…157

118. 有蒋干却没有"盗书"…158

119. 孙坚十年三任"副县长"…160

120. 李儒不是董卓的谋士…161

121. 没有"周瑜打黄盖"…162

122. 张飞确实不适合守汉中…163

123. 刘备一次赏出四个"亿万富翁"…164

124. 董卓的金融掠夺…166

125. 刘备搞"货币贬值"…167

126. 孙权的"货币贬值"更狠…168

127. 曹魏曾退回物物交换时代…169

128. 司马懿曾任"驻京办主任"…171

129. 孙策之死更大的主谋是曹操…173

130. 三国助人为乐的楷模…174

131. 汉末三国最大的蝴蝶效应…176

132. 三国最长寿的人…177

133. 廖化活了八十多岁…178

134. 汉末三国个子最高的人…179

135. 汉末三国取外文名字的人…180

136. 汉末三国射箭第一人…181

137. 汉末三国四大愚蠢谋士…182

138. 汉末三国升官最快的人…183

139. 同时见过"三巨头"的人…184

140. 汉末三国擅长守城的名将…185

141. 汉末三国最重的兵器…186

142. 赤壁的位置有几十种说法…187

143. 汉末三国规模最大的战役…188

144. 真正"七进七出"的将领…189

145. "八百破十万"的真相…190

146. 汉末三国战役兵力有限…191

147. 曹操是"特务"的鼻祖…192

148. 董卓被杀前长安怪事频发…194

149. 九锡是九种特权…195

150. 从"假节"到"假黄钺"…196

151. 吴蜀合伙"分天下"…197

152. 曹操娶了两位寡妇…199

153. 汉末三国五大愚蠢决策…200

154. 汉末三国四大草包…201

155. 汉末三国最倒霉的五大名将…202
156. 汉末三国五大遗憾…203
157. "婶可忍,叔不可忍"…204
158. 三国有两位孔明…205
159. 安徽出的三国名将最多…206
160. 刘备的"七百里连营"…207
161. 公孙瓒的奇葩政策…208
162. 《后出师表》并非伪作…210
163. "快递小哥"助刘备脱险…211
164. 孔融与曹操斗勇斗智…212
165. 何晏是曹操养子也是女婿…213
166. 曹操阵营也有"小帮派"…214
167. 曹氏"立贱"出于政治考虑…215
168. 青梅煮酒本意是想重用刘备…216
169. 汉献帝如果跟刘备会更糟…217
170. 汉献帝除曹操只有一次机会…218
171. 刘备跟谁谁"扑街"…220
172. 一个小人物差点儿改写历史…221
173. 刘备是"克妻"的男人…223
174. 刘备差点儿下海当渔民…224
175. 徐晃的经典口头禅…225
176. 诸葛亮亲自解释北伐原因…226

177. 诸葛亮并不输韩信…227
178. 司马炎是诸葛亮的"粉丝"…228
179. 蜀汉有六个"省级"行政区…229
180. 蜀汉北伐成功的三个条件…230
181. 刘备"秘密谈话"属伪造…231
182. 小沛的作用如钢盔…233
183. 曹操不让护军出战…234
184. 曹魏后宫皇子多早夭…235
185. 传世诸葛亮像较真实…237
186. 蜀汉最后多是投降派…239
187. 对刘禅的看法都错了…241
188. 名字最稳定的城市…242
189. 曹操没有屠过城…243
190. 曹嵩花三四亿买太尉…244
191. 许攸带走了袁绍的运气…245
192. 曹操不喜欢曹丕的原因成谜…246
193. 高平陵政变成功的关键…247
194. 魏明帝称日本为"倭"…248
195. 曹操父子三人闹"绯闻"…249
196. 诸葛亮的拜师传奇…250
197. 司马昭两招驭邓艾…251
198. 董卓擅行废立有原因…252

199. 孙权交重担吓哭严畯…253
200. 刘晔因太圆滑而失宠…254
201. 汉末三国最窝囊的"诸侯"…255
202. 诸葛亮不是历史罪人…256
203. 魏延不是蜀汉的反臣…257
204. 活到最后才是赢家…258
205. 刘备比吕布还能跳槽…259
206. 曹操和刘备领导风格不同…260
207. 曹丕随意羞辱大臣…261
208. 司马懿写诗表忠心…262
209. 语文课本里的两个曹操…263
210. 曹魏缺少忧国之士…264
211. 汉末三国口才最好的人…265
212. 先主与后主称谓由来…266
213. 赤壁之战故事多虚构…267
214. 诸葛亮北伐只有五次…268
215. 荀彧扣下曹操的命令…269
216. 曹操制止部下闹矛盾…270
217. 曹操的驭人术…271
218. 曹操留下的政治遗产…273
219. 曹操擅长打"闪电战"…274
220. 曹操"发现"《孙子兵法》…275

221. 杨修死后父母受优待…277
222. 庞统与刘备"闹别扭"…279
223. 孙权的"白狐论"…280
224. 刘备不擅长"唱白脸"…282
225. 曹操一生有三大憾事…283
226. 刘备生命中的贵人…284
227. 曹操与郭嘉是"绝配"…285
228. 郭嘉的七大预言…286
229. 曹操的爷爷是皇帝的同学…287
230. 曹魏"农业系统"出人才…289
231. 三国"父子接力赛"…290
232. 曹爽不听司马懿兵败…291
233. 曹操杀人多因管的地盘大…292
234. 张辽遇曹操大放异彩…293
235. 关羽失荆州不只是大意…294
236. 汉末三国最牛的卧底…295
237. 都是投降差距却很大…296
238. 情商高低关系生死…297
239. 曹操最霸气的三句话…298
240. 蜀汉内部派系多…299
241. 诸葛亮强大的"朋友圈"…300
242. 汉末三国徐州不适合创业…301

243. 流传数百年的神秘预言…302

244. 三国魏晋三位美男子…303

245. 曹操也有"小心眼"的时候…304

246. 袁氏疑有家族遗传病史…306

247. 董卓集团迅速灭亡的原因…307

248. 汉末三国死得最悲壮的人…308

249. 领导必须言而有信…309

250. 打造属于你的声誉…310

251. 两场靠运气赢的战役…311

252. 董卓借助流星雨取胜…312

253. 孙坚曾劝张温杀董卓…314

254. 陶谦曾是"问题少年"…315

255. 陶谦不愿意跳舞…316

256. 端午节的另一种传说…317

257. 失去制约的"一把手"…318

258. 曹操一得意就要打败仗…319

259. 围绕诸葛亮墓的"学术腐败"…320

260. 诸葛亮身上有"三忠"…322

261. 让曹操耿耿于怀的事…323

262. 三国最有名的贪官…325

263. 庞统也有看走眼的时候…327

264. 曹操唯一的"越级指挥"…329

265. 孙吴的"大都督"…331

266. 有伏龙凤雏却未能得天下…332

267. 汉末三国最能忍的人…333

268. 刘表为别人培养人才…334

269. 许褚未入配太庙的原因…335

270. 三国"第一灰姑娘"…336

271. 曹丕专宠莫琼树…338

272. "唯才是举"有前提…339

273. 不应曲解《出师表》《隆中对》…340

274. 法正与诸葛亮的争论…341

275. 郭嘉之死重创曹操…343

276. 曹冲不是曹丕害死的…344

277. 曹操选无名之辈任刺史…345

278. 刘巴与诸葛亮…346

279. 曹操打击黑恶势力保护伞…347

280. 曹操禁止社会上拉帮结派…348

281. 邓艾死后几年即获平反…349

282. 袁术看刘备不顺眼…351

283. "传国玉玺"的传奇经历…352

284. 曹操不取益州有道理…357

285. 四句话总结《三国演义》…358
286. 刘备的厉害之处…359
287. 曹操与桥玄开玩笑…360
288. 董卓触碰了两个底线…361
289. 三国第一"杠精"李邈…362
290. 蜀国前期不设大将军…365
291. "小关张"事迹多虚构…366
292. 蜀汉综合国力有限…367
293. 《三国志》里没有陈宫传…368
294. 曹叡在洛阳建"铜驼大街"…369
295. 曹魏大臣多节俭…370
296. 诸葛亮的确是位音乐家…372
297. 《曹全碑》上的黄巾起义…373
298. 曹操不会把貂蝉占为己有…376
299. 《三国志》扬魏未抑蜀…377
300. 刘禅只是个平常人…378
301. 袁术是眼高手低的公子哥…379
302. 单刀会的主角是鲁肃…380
303. "回合"是车战用语…381
304. 汉末三国的"黑山军"…382
305. 马超的父亲是伐木工…384
306. 越有本事的人越没架子…385

307. 董卓杖杀老领导妻子…386
308. 丁原和刘表都是何进部下…387
309. 地方豪族的"代理人战争"…388
310. 蜀汉灭亡时的孙刘联盟…389
311. 刘备并非假仁义…390
312. 三句话概括曹丕…391
313. 孙策遇刺非孙权指使…392
314. 曹操父亲被杀有四个版本…393
315. 刘备跟朋友吃"麻辣烫"…395
316. 桑树秋天再生葚救百姓…396
317. 诸葛亮真正做到了无私…397
318. 魏延是蜀汉政坛的孤鸟…398
319. 汉末三国能文能武的典型…399
320. 谋事在人但实力更重要…400
321. 马超地位高但不受重用…401
322. 荀彧没变但曹操变了…402
323. 九品中正制的优缺点…403
324. 三句话总结袁绍的缺点…404
325. 关羽身上的忠义精神…405
326. 诸葛亮一家各为其主…406
327. 诸葛亮能去的地方并不多…407
328. 李傕欲霸占皇妃…408

329. 诸葛亮可以自称"孤"…409

330. 袁绍主持"学术辩论会"…410

331. 曹操让原配夫人改嫁…411

332. 智商情商皆一流的人…413

333. 若荆州不丢,刘备有望成大业…414

334. 吕布也不失人格魅力…415

335. 公孙瓒"出借赵云"…416

336. 华容道没有"义释曹操"…417

337. 于禁未能入配曹魏太庙…418

338. 朱元璋让孙权为自己"守墓"…419

339. 曹操想让老部下们陪陵未实现…420

340. 中国佛教史西行求法第一人…422

341. 孙吴刮起一股"围棋风"…423

342. 中国历史上第一位女画家…426

343. 三国时期的一起外星人事件…428

344. 孙权的潘皇后死于宫女之手…429

345. 孙权晚年被"神医"耽误…431

346. 曹操较刘备更胜一筹…432

347. 实力不足是夷陵之战的败因…433

348. 刘表临终前已难以控制荆州…434

349. 诸葛亮曾通过陆逊"走后门"…435

350. 刘表年轻的时候很厉害…436

351. 刘琦并非刘备害死…438

352. 张鲁的实力很有限…439

353. "死诸葛走生仲达"…440

354. 徐庶不可能"一言不发"…441

355. 曹操所登碣石或在山东…442

356. 浦元为蜀汉造刀…444

357. 记录汉魏禅让的"三绝碑"…446

358. 刘禅的一段传奇经历…447

359. 最让孙权头疼的人:山越…449

360. 曹操对毕谌的安排有深意…453

361. 曹操发狠誓要抓住的人…454

362. 被曹操揪住胡子骂的人…455

363. 李世民批评曹操"万乘之才不足较"…456

364. 汉末三国最有见识的女人…459

365. 诸葛亮的军事能力不容怀疑…461

366.《出师表》贡献出二十多个成语…462

367. 姜维不可能成为权臣…463

368. 名将陆逊的"三大战役"…464

369. 刺史和州牧的区别…465

370. 曹叡只能托孤给司马懿…466

371. 穿越回三国去创业…467

372. 大臣给皇帝造绯闻…468

373. 最"亲密"的敌我关系…469

374. 孙皓上演荒唐"北伐"…471

375. 孙皓把恩人丢进河里喂鱼…472

376. 孙皓一语成谶…473

377. 三国的正史与野史…474

378. "七分真实,三分虚构"是错觉…475

379. "少不读《水浒》,老不读《三国》"…476

380. 读出三国的"正能量"…477

1. 三国不是魏蜀吴

人们通常认为三国只有魏、蜀、吴三个政权,或者称为曹魏、蜀汉和孙吴,其实这些都不对。220年曹丕篡汉称帝,定都洛阳,国号确实是"魏",史称曹魏,标志着三国历史阶段的开启。221年刘备称帝,定都成都,国号却不是"蜀",而是"汉"。229年孙权称帝,定都建业,国号"吴"。所以真正的三国应该是魏、汉、吴。魏、蜀、吴的称呼多因《三国志》所起,《三国志》由《魏书》《蜀书》《吴书》构成,给人以错觉,认为刘备建立的政权是"蜀"。

其实,刘备称帝时在祭天文告里已经说得很明确,他建立的新朝廷是刘汉王朝的延续,国号仍然是"汉",所以刘备当皇帝不称登基而称继位。对其他两方来说,在当时也不存在一个"蜀国":曹魏认为自己是唯一合法政权,自然不承认"蜀国"的存在,提到时多称其为"贼";孙吴与蜀汉结盟,双方举行过正式盟誓,互相承认,提到蜀汉时通常称其为"汉国"。

《三国志》之所以不承认"汉国",是因为晋朝由曹魏禅让而来,而曹魏又由东汉禅让而来,所以晋朝立国的前提是汉朝已经于曹魏政权建立时结束,对于刘备"承汉祚"的说法自然不予认可,《三国志》写于晋朝,自然要遵循官方承认的历史观。

2. 三国人物的年龄

活跃在汉末三国舞台上的主要人物，其出生时间多在 2 世纪 30 年代至 90 年代之间，年龄相差较为悬殊。其中，有大致确切出生时间记载的人中，最年长的有陶谦，出生于 30 年代，是 30 后；袁绍、刘表属于 40 后；曹操、孙坚、张昭、孔融属于 50 后；刘备、关羽、张飞、吕布、荀彧属于 60 后；孙策、司马懿、马超、周瑜、鲁肃、郭嘉属于 70 后；刘协、曹丕、诸葛亮、孙权、陆逊属于 80 后；曹植属于 90 后。至于司马师、刘禅、司马昭，他们的年龄更小，是出生于下个世纪的人。

3. 三国人物多单字名

看三国，会发现人物的名字几乎都是单字的，很少有双字名，这是王莽改制的结果。王莽改制时规定只能取单字名，王莽有个孙子名叫王会宗，因此改名为王宗，王宗后来参与到一场叛乱中，王莽下令把他的名字改回王会宗，并规定今后谁犯罪就给谁取两个字的名字，所以在当时取双字名是一种惩罚。王莽改革的政策后来大多数被废除了，而这项政策却被人们沿袭了下来，汉末三国时代人们仍然习惯于取单字名。有人说三国不也有很多两个字名字的人吗？像蔡文姬、黄月英、孙尚香、邢道荣，还有诸葛亮的好朋友石广元、孟公威、崔州平，他们的名字都是双字，这是怎么回事呢？其实蔡文姬的名字叫蔡琰，孙尚香、黄月英、邢道荣在史书里都没有，而崔州平的名字叫崔钧，石广元的名字叫石韬，孟公威的名字叫孟建，州平、广元、公威是他们的表字。汉末三国两个字名字的人确实非常少，但也不是绝对没有，诸葛亮的岳父名叫黄承彦，诸葛亮的老师名叫庞德公，诸葛亮有一个姐夫名叫庞山民，他们都是两个字的名字，史书里都有记载，至于他们为什么没有像当时大多数人一样取单字名则不得而知。

4. 曹操少年时大战水怪

梁朝人刘昭写过一本《幼童传》的书，是当时出版的一本儿童教育读物，里面记录了大量神童的故事，其中一件与曹操有关。这个故事说，曹操大约在十岁时还在家乡谯县（今安徽省亳州市），有一天下午，他不好好学习，偷偷溜出来跑到附近的涡河里游泳，结果发生了意外，正游泳时水里冒出来一个怪物，这个怪物叫"蛟"，向曹操袭来。对于蛟这种怪物，《说文解字》说它是"龙之属也"，是一种没有长角的龙，但龙其实是不存在的，所谓蛟其实是一种类似于鳄鱼的怪物。亳州的河道里现在肯定没有鳄鱼了，但在那个时候这种吓人的怪物在涡河里时有出没。面对怪物，曹操不慌不忙，"自水奋击，蛟乃潜退"。不仅如此，事后他心不惊、胆不战，又继续在水里玩了一会儿才上岸穿衣服回家，之后没有对任何人提起过。后来，又有人在涡河里发现了鳄鱼出没，大家吓得四散奔退，曹操一点儿都不惧怕，还笑大家胆小，经过追问，曹操才说出了上次的经历。

5. 史上并无"刘皇叔"

在《三国演义》里,刘备和汉献帝初次见面就开始叙家谱,叙到最后,发现刘备比汉献帝高了一辈,汉献帝当场就叫刘备"皇叔"。为了让大家相信这一段,小说里还详细罗列了两个人的传承关系,一代一代,写得很具体,看着跟真的一样。但这是小说虚构的,刘备和汉献帝刘协都是汉景帝的后代,刘协是汉景帝的第十三世孙,刘备是第十八世孙,也就是说汉献帝其实比刘备高了五辈。这也不奇怪,因为刘备这一支早在西汉时就平民化了,而汉献帝刘协不仅是汉景帝的后代,他还是汉光武帝刘秀的后代,无论在西汉还是在东汉始终都是贵族,由于生活条件好,所以每一辈人的平均寿命就长,家族传承的速度就慢,辈分自然就高了。

6. "岁在甲子"藏秘密

汉末,黄巾军大起义打出了"岁在甲子,天下大吉"的口号,他们提前几个月就做出了起义的决定,要在甲子年(184)起义。起义是一件很冒险的事,涉及的人很多,保密性要求高,为什么不在当年就起事,而要冒险拖上几个月非要等到甲子年再起事呢?

其实,这与汉安帝刘祜推出的一项制度有关。刘祜是东汉第六位皇帝,107年至125年在位。刘祜驾崩的前一年(124),他下诏正式启用了干支纪年法,规定以当年作为六十年一甲子的开始,之后开始循环。干支纪年法早就有了,不是刘祜的发明,相传诞生于黄帝时代。但在刘祜之前干支纪年法不是唯一的纪年办法,还有岁星纪年法,而后者的影响更大。岁星即木星,通过它十二次入宿而定轮回,所以当时一个轮回不是六十年而是十二年。但木星入宿在时间上有细小误差,所以刘祜就以诏令的形式将岁星纪年法更改为更科学的干支纪年法。

中国历史有确定纪年的是公元前841年,有人认为第一个甲子年是公元前837年,但那是后人倒推上去的,倒推的基点就是刘祜颁布干支纪年法的124年,所以124年才是真正意义上的第一个甲子年。124年经过一个甲子正好是184年,在太平道看来这不仅是一次天干地支的轮回,而且是有史以来的第一次轮回,是一个新时代的开始,是不容拒绝的诱惑。这才不惜要等上几个月,非要等到甲子年再起事,而这恰恰成了这场起义失败的最大原因。

7. 没有"三英战吕布"

"温侯吕布世无比,雄才四海夸英伟",说的是虎牢关前"三英战吕布"的故事,说曹操联合所谓"十八路诸侯"讨伐董卓,董卓的部将吕布在虎牢关前一连打败众多将领,刘备、关羽、张飞于是一起出战,三人合力共战吕布。

其实,这只是小说虚构出来的情节,刘备、关羽、张飞均未参加讨伐董卓的关东联军,也没有机会在那时跟吕布交手。刘备等人与吕布第一次交手,发生在五年后的徐州。

8. "赤兔马"应为"赤菟马"

赤兔马第一次出现是在《三国志》和《曹瞒传》中,那时吕布逃出长安投奔袁绍,袁绍安排他攻打黑山军首领张燕,吕布干得很漂亮,声名进一步远播,《三国志》记载:"布有良马曰赤兔。"裴松之引《曹瞒传》作注:"时人语曰:'人中有吕布,马中有赤兔。'"这是赤兔马第一次也是唯一一次在史书中出场。

赤兔,从字面上看是说马像红色的兔子一样,但仔细想想这种比喻并不贴切,因为用"红色的兔子"说一匹马实在不知道想说什么。如果说跑得快,兔子未必一定能跑过马。如果说威猛,大家都知道兔子是最温驯最可爱的动物,所以兔子和马根本不沾边。还有一种说法,认为把马比成兔子是说马的头形像兔头,这种马才是好马,但这个说法较勉强。

其实,这匹马在史书上还有另外一个名字叫赤菟。《后汉书》记载:"有顷,布得走投袁绍,绍与布击张燕于常山。燕精兵万余,骑数千匹。布常御良马,号曰赤菟,能驰城飞堑,与其健将成廉、魏越等数十骑驰突燕阵,一日或至三四,皆斩首而出。""菟"是一种植物,开着淡红色的花,"赤菟马"意思就是像"菟花"一样颜色的马。古时人们把老虎称为"於菟",《左传》记载:"楚人谓虎于菟。""赤菟马"就是红色的、像老虎一样威猛的马,《后汉书》的这个记载显然更贴切。

9. 关羽不可能骑赤兔马

大家都知道,关羽死后孙权把他的赤兔马送给了马忠,这已经是赤兔马第四次换主人了,前面赤兔马的三个主人分别是董卓、吕布、关羽。

不过,小说里说的这个情节有些经不起推敲:关羽死于220年,董卓把赤兔马第一次送给吕布是190年,如果一开始赤兔马是四五岁,到关羽死的时候它已经三十多岁了,马的平均寿命只有人的三分之一左右,三十岁的马相当于一百多岁的人。到关羽死时如果赤兔马还在,它已经完全驮不起关羽,更不要说再去为马忠服务了。

在史书里赤兔马是出现过的,但只出现了一次。发生在吕布协助袁绍于太行山作战时,赤兔马与董卓、关羽、马忠都没关系。

10. 貂蝉是虚构的人物

貂蝉虽然跻身于中国古代"四大美女"的行列，但与西施、王昭君、杨玉环等不同，貂蝉的事迹在史书中没有留下任何记载。

董卓确实有过一个奴婢，吕布也跟她有过私情，但史书没有说这个奴婢名叫貂蝉，而董卓的这个奴婢后来是否成了吕布的妻子，也不太好说。

有人认为这个奴婢就是貂蝉无疑，后来成为董卓的小妾。依据是今甘肃省临洮县梁家村有貂蝉墓，貂蝉作为董卓的小妾死后葬在了董卓的老家，非常合情合理。但这个说法有致命的错误，先不说这座墓建于何时、有没有后人的伪托，单说这个地方就不对。董卓的家乡确实是临洮，但汉末的临洮是在今甘肃省岷县，而不是现在的临洮县。

根据史书的记载，吕布有妻子也至少有一个女儿，不过他的妻子叫什么名字史书没有说。推测一下，吕布从家乡五原郡出来的时候已经二十多岁了，按照当时的风俗应该已经成家了。吕布手下有魏越、魏续兄弟俩，吕布对他们格外信任，史书说吕布与他们有外内之亲，似乎暗示吕布的妻子或许姓魏，不会娶一个叫貂蝉的女子。当然吕布也可以娶貂蝉做小妾，但都没有证据。

在古人的姓氏中似乎只有姓"刁"而没有姓"貂"的,貂和蝉都是动物,汉朝皇帝的侍从官员们帽上经常装饰这两种东西,所以"貂蝉"合称时借指达官贵人或者宫中的女官,"貂蝉"不太像人的名字。

11. 吕布的兵器不是戟

提起吕布,他一出场,"标配"除貂蝉和赤兔马外,还有方天画戟。作为三国时代最"能打"的武将,吕布在战场上都是骑着枣红色的赤兔马,手里握着寒光四射的方天画戟。有人说,吕布后来被曹操所杀,曹操把吕布的方天画戟赏给了儿子曹彰,还有人说赏给了部将许褚,但这些只是猜测,史书均无记载。

戟是一种古老兵器,它是戈和矛的复合体,简单地说就是在戈的头部装上一个矛的尖,这样它就有了钩与刺的双重功能,在格斗中的杀伤力比戈和矛都强。从考古发掘看,戟出现在商朝,在西周以及春秋战国时期广泛应用,后来却越来越少了,这是什么原因呢?

这要从戟的特殊构造找答案,因为戟的头部比较复杂,就使得头部较重,再加上戟杆与矛、戈完全相同,这样一来与矛、戈相比它就是一种"费力杠杆"。所谓"费力杠杆",就是动力臂比阻力臂短,动力比阻力大。如果这不太好理解,就想一想生活中的常用工具,铁锤就是费力杠杆,头部重,抡起来比较吃力,而瓶起子是省力杠杆,原理与它相反。

什么叫"方天戟"呢?戟的最前部是矛的样子,侧面是戈的样子，其中侧面的这种构造称为小枝。如果一侧有小枝，就称为青龙戟，如果两侧都有，样子相当于前部装了一个四方的头，称为方天戟。也就是说，相对于单侧有特殊装置的青龙戟，方天戟的构造更复杂，也就更重，从杠杆原理上看，用起来更费劲。

什么叫"画戟"呢？就是给戟杆上做一些装饰，要么画上彩画，要么镂雕上彩纹。所以，"方天画戟"就是头部两侧都有小枝的、杆部绘有彩画或镂雕图案的戟。为什么要装饰图案？这对提高戟的战斗力有什么帮助？应该说，没有任何帮助，反而会使着不顺手。之所以如此，是因为戟后来在实战中的作用越来越低，逐渐由实战性兵器发展成一种仪仗用兵器，既然是做仪仗用的，就要好看一些、威风一些，所以要装饰一下。

戟主要流行于车战时期，大家站在车上，手里抡个吃力的家伙倒也没啥，但到了骑战时代，戟就不行了，力气小的人就使不动了。汉末三国时代武将们的常用兵器较少是戟，尽管史书上也提到"小戟""手戟"，但那都是近战的短兵器，主战兵器使用戟尤其是使用方天戟的非常罕见。大家用的兵器通常是长刀和矛，近战兵器有剑和短刀等，戟退出常用兵器的行列，原因就是这种兵器太费力，不好用。

吕布平时的兵器也不是戟，《后汉书》里关于吕布刺杀董卓有这样描写的："卓将至，马惊不行，怪惧欲还。吕布劝令进，遂入门。肃以戟刺之，卓衷甲不入，伤臂堕车，顾大呼曰：'吕布何在？'布曰：'有诏讨贼臣。'卓大骂曰：'庸狗敢如是邪！'

布应声持矛刺卓,趣兵斩之。"

  吕布先让李肃等人假扮卫士设下埋伏去杀董卓。李肃用的是戟,这个戟就是仪仗用的兵器,属于"就地取材"。为防止侍卫的刺杀,他们平常手里的家伙都是摆设一类的东西,所以连董卓的铠甲都没有刺透,吕布作为董卓信任的近卫指挥官,手里拿的才是常用兵器,也就是矛。

12. 吕布两次叛杀各有原因

很多人认为，吕布杀丁原是因为董卓给了他一匹赤兔马，如果真是这样的话，那就把吕布的智商看得太低了。

其实，对吕布来说更大的诱惑是董卓的一个承诺。《后汉书》记载董卓与吕布"誓为父子"，董卓没有儿子，收吕布为义子并举行了正式的盟誓，等于明确吕布是他未来的继承人，这才打动了吕布。

不过，董卓虽跟吕布"誓为父子"，但吕布后来又杀了董卓，很多人认为这是王允、貂蝉联手使出的"连环计"所促成的，但史书对"连环计"没有记载，也没有提到过貂蝉这个人。

吕布再次"反水"杀董卓，根本原因在于：吕布随董卓到了长安后，以吕布为代表的并州军作用下降，被边缘化，凉州军的一些将领对吕布怀有敌意，吕布失去安全感，这才铤而走险。

13. 关羽的儿子与女儿

史书提到过关羽有一个儿子，名叫关平，是关羽的长子，生于何年不详。据《华阳国志》记载，曹操在下邳城灭吕布时，关羽曾向曹操请求想得到吕布部将秦宜禄的妻子，理由是"妻无子"，由此可知，那时关羽虽有妻子，但还没有儿子。

下邳之战发生在建安三年（198）年末，所以关平出生的上限应该是199年，关平随父亲就义时应该不到二十岁。史书对关平没有太多记载，只说他随父亲而死。有人说关平字坦之，这不是史书的记载，它来自一部名为《走麦城》的古代戏曲，剧中的关平也被称为"关坦之"。关平在关羽军中担任何职，史书也没有记载。

除了关平，关羽至少还有一个女儿，民间认为她的名字叫关银屏，但史书也没有这方面的记载。孙权曾为儿子向关羽求亲，求的应该就是关羽的这个女儿。但关羽对孙权一向有意见，益州城外"单刀会"关羽又吃了大亏，正在生孙权的气，所以不仅没有答应，还将孙权辱骂了一番。在一些传说中，关羽的这个女儿后来嫁给了蜀汉名臣李恢的儿子李遗，不过这一点史书也没有记载。

在《三国演义》等文艺作品中，关羽还有两个儿子，一个是关兴，一个是关索。根据史书记载，关羽确实有关兴这个儿子，年龄比关平小，可能由于这个原因，他没有随父亲驻守荆州，从而避免了失荆州后被杀。《三国志》记载："兴字安国，少有令问，丞相诸葛亮深器异之。弱冠为侍中、中监军，数岁卒。子统嗣，尚公主，官至虎贲中郎将。卒，无子，以兴庶子彝续封。"

至于在后世名气很大的关索，史书则从未提及。关索最早出现在《全像通俗三国志传》中，说他是在关羽杀人逃难时出生的，后来刘备占据荆州后，关索前来荆州投奔父亲。如果按照这个说法，关索就是关羽的长子。在《三国演义》中关索是关羽的第三子，说他在荆州失陷后逃难到鲍家庄养病，伤愈后听说东吴那边的杀父仇人吕蒙、潘璋等已死，就回了蜀汉，后来随诸葛亮南征，之后带兵镇守南中，至今云南一带仍流传许多以关索为主角的"关索戏"。

归纳起来，关羽儿女的情况是：长子关平，随父亲死在荆州，死时应不满二十岁；次子关兴，在蜀汉为官，早逝；至少有一个女儿，姓名及下落不详。至于说名气最大的关索，在史书中没有任何记载，应该是虚构出来的人物。

14. 诸葛亮夫人是"白富美"

人们一般认为诸葛亮娶了一个"丑媳妇",这来自《襄阳记》的有关记载。《襄阳记》说,诸葛亮的岳父黄承彦很欣赏诸葛亮,对诸葛亮说:"听说你正在找媳妇,我家有个丑女,黄颜色的头发,脸是黑黑的,但才能跟你相配,你愿意不愿意娶?"诸葛亮一听很高兴,就答应了这门婚事,所以大家都说诸葛亮娶了个丑媳妇。

诸葛亮的妻子真的很丑吗?除《襄阳记》外没有其他记载,真实的情况其实未必,这个可以从遗传学的角度来分析:诸葛亮的妻子黄氏,也就是民间说的黄月英,她的母亲姓蔡,有个亲姐妹嫁给了刘表,如果蔡氏姐妹长得比较难看的话,刘表是不会娶的,所以诸葛亮的岳母很有可能是个美女;诸葛亮的岳父黄承彦是被荆州大财主蔡讽相中选为女婿的,最起码也不应该难看。

母亲是美女,父亲也不难看,从遗传学的角度来看,黄月英很大程度上应该是个"白富美"。至于黄承彦的那些话,其实是自谦,因为女方主动提的亲,担心被拒绝,所以故意么一说。

15."木牛"意思是没有牛

都知道"木牛流马"是诸葛亮发明的,它们其实是两种不同的东西,名字虽然有些怪异,但不是传说,史书有明确记载。

据《三国志》记载,诸葛亮第四次北伐兵出祁山就用木牛运送粮食,《诸葛亮集》中还载有木牛流马的制作方法,即《作木牛流马法》。根据《作木牛流马法》提供的信息,木牛大概是这样的:腹部是方形的,头部是弯曲的,每天行程较短,"宜可大用,不可小使"。根据历代学者的大量研究,比较一致的看法是木牛是一种人力驱动的四轮车,体量较大。既然是一种车子,为什么起了个"木牛"的名字呢?

现在流行的网络词汇里把"没有"称为"木有",古人会不会也这么用过?"木牛"即"没有牛",也就是不用牛也能拉着跑的车。这不是臆想,20世纪60年代出版的《中国古代农业机械发明史》一书就持这样的观点,其实很有道理。

16. "流马"是微型集装箱

流马也是一种人力推动的车子,算是木牛的"简装版"。

之所以有了木牛后再推出流马,是因为山里面有些地方道路不好,木牛体形较大,运行不方便,于是进行了简化。而之所以叫"流马",是因为它的上面有一种特制的方囊,这是一个了不起的发明,类似于今天的集装箱,算是微型集装箱,属模块化设计的思路,它们尺寸大小都一样,可以拆卸,路好的时候放在车上推着走,推不动了就拆下来挑着走,前面路好了,再找一个空车,把方囊安在另外的流马上就可以走了。

由于方囊连着方囊,像是流动的马,所以叫流马。

17. 八阵图不是传说

蜀地缺好马，蜀军以步兵为主，要与以骑兵为主的魏军对抗就必须弥补这个缺陷，为此诸葛亮亲自钻研了阵法，《三国志》说他制作了八阵图，用阵法提高蜀军的战斗力。

不过，八阵图虽记录于正史，但缺少对它详细情况的记载，所以历来有不少争论，有人甚至怀疑它是否存在。其实，类似八阵图这样练兵、作战的阵法在三国之前就已存在，它不仅用于两军对垒，还应用于行军、宿营、训练等各方面，也许它的基本阵形为八个方阵，或者纵横各八行，因此叫八阵图。在敌众我寡的情况下，可以通过严密的阵法和各兵种间的配合提高战斗力，这是八阵图的基本指导思想。

还有一种意见认为，八阵非实指，而是某种阵法的总称，这种说法看起来也有道理，《孙膑兵法》中就有"八阵篇"，讲的是如何根据敌情配备兵力，而非一种具体的阵法。诸葛亮的八阵图虽然已不知其具体内容，但绝不是传说，除《三国志》提到外，《水经注》中也记载着定军山下有诸葛亮所布八阵图的遗迹，《水经注》成书于诸葛亮之后二百多年，它的记载有一定可信度。

18. 曹魏"尖端兵器"落后于蜀汉

在街亭古战场所在地附近曾发现过一把铸有"蜀"字的弩机,后被称为"诸葛连弩",这是诸葛亮革新兵器的一项重要发明,在当时属"尖端兵器"。

《魏氏春秋》记载,诸葛亮"损益连弩,谓之元戎,以铁为矢,矢长八寸,一弩十矢俱发",之前制弩沿用秦汉工艺,弩机以青铜制成,一弩一矢,经过诸葛亮的改造,箭矢改用铁制,提高了杀伤力,尤其是一弩十矢的设计,使单发变成了连发。

十支箭是否一次性射出呢?对这个问题还有不同理解,明代著作《天工开物》对诸葛连弩的制作有详细描述,按照它的描述,诸葛亮在原有的弩机上增加了一个箭槽,这一装置可以放入十支短箭,扣动一次扳机就发出一矢,箭槽中就掉下一矢,这样反复扣动扳机,实现连续发射。即便不是十矢齐射,这种手动变半自动的方法也极大地提高了发射频率。

弓弩是对付敌人骑兵的利器,弓弩要提高杀伤力,除增加射程和力度之外,更要提高速度。面对敌人的骑兵,射击速度是制胜关键,无论是手拉的弓箭还是弩机,一次一发,弓弩手再怎么训练速度也难以提高,改成一弩十发后,速度增加了数倍。

当时曹魏军中也有连发的弓弩,但它达不到一次连发十矢。《北书堂钞》里有魏明帝写的一首诗,内称"长戟十万队,幽冀百石弩。发机若雷讯,一发连四五",可见它的发射效率只是诸葛连弩的一半。

19. 赤壁取胜是打了时间差

赤壁之战中,曹操在荆州地区的总兵力大约有二十万,周瑜的人马仅有三万,加上刘备、刘琦的人马,孙刘联军勉强有五万人。五万对二十万,又是如何取胜的呢?

秘密在于时间差。曹操虽有二十万,但分处襄阳、江陵两地,曹操留一部分人守城,其余人马从襄阳、江陵两个方向分别沿着长江、汉水向前推进,打算在夏口(今湖北武汉)会师。襄阳兵团大概有十万人,江陵兵团是五万到七万人,周瑜不等曹军会师,率主力越过夏口,迎击曹操亲自率领的江陵兵团,双方相遇于赤壁,这就形成了五万对五万到七万的战场格局。

熟悉水战又以逸待劳,孙刘联军取胜也就不足为奇了,拥有十万人马的襄阳兵团竟然没派上用场。赤壁战败的消息传来时他们还行进在汉水上,于是又撤回了襄阳。

20.汉灵帝是"文艺青年"

有这样一位皇帝,他被诸葛亮评价为东汉最昏庸的两位皇帝之一。一般认为,东汉分裂成三国他要负重要责任。

但他同时还是一位才华横溢的诗人,他写的诗被收录在汉代最权威的诗集《汉诗》中;他还是一位学者,下令刻制了中国古代第一部石经《熹平石经》;他还是一位文艺青年,创办了世界上第一所艺术学校——鸿都门学;他还是一位改革家,推出了"三互法"、设立侍中寺、刺史改州牧等重要改革举措。

这位皇帝,就是汉献帝刘协的父亲——汉灵帝刘宏。

21. "网红上将"潘凤

在三国人物里,潘凤称得上一个"网红",但他是小说虚构出来的。

《三国演义》描写十八路诸侯讨董卓时,董卓手下的华雄挑战,袁术派俞涉出战,三个回合就被斩于马下,这个时候韩馥推荐潘凤上场,结果潘凤也很快被华雄斩了,接下来是关羽温酒斩华雄。从上面这个设计来看,俞涉、潘凤都是打酱油的,他们的作用是衬托华雄,而华雄则是衬托关羽。

不过,即使在小说里,潘凤也只是一个跑龙套的角色,他的出场和最终被斩都十分迅速,并且多少有一些搞笑的意思,但他成了"网红"。其中的原因,很大程度上是韩馥在介绍潘凤时说的一句话:"吾有上将,潘凤可斩华雄。"这个"上将",并不是军衔,是名将、勇将的意思,可能大家对"上将"这个词很感兴趣。

22. 许褚没有"裸衣战马超"

"许褚裸衣战马超"是《三国演义》中武将单挑最精彩的一个片段,但这件事在史书上是没有的。不过,许褚与马超也有过交锋,也发生在潼关大战中。

史书记载了两件事。一件事是,潼关大战期间曹操到黄河边上查看军情,指挥大家渡河,突然马超的人就杀到了。许褚保护曹操赶紧上了一条小船,马超下令放箭,许褚手举马鞍替曹操挡箭。如果没有许褚,曹操这一次必死无疑。另一件事是,曹操与马超阵前相见,马超想仗着自己武功高强趁机杀了曹操,正准备动手,突然发现曹操后面站了一个人,直勾勾地盯着他,让马超心里发毛。马超问曹操:"听说您手下有一员猛将许褚将军,不知道在哪里?"曹操笑着指着许褚说:"你说的就是我们的虎侯!"马超一看,就放弃了杀了曹操的想法。

23."零陵上将"邢道荣

在三国人物里,邢道荣现在的名气也很大,但是史书上完全没有这个人,他也是《三国演义》虚构的人物。

在《三国演义》中,邢道荣是零陵郡太守刘度的手下,手持一面开山大斧。刘备攻取零陵郡,刘度的儿子刘贤说刘备虽有赵云、张飞之勇,但是我有"上将邢道荣",可力敌万人。结果这位"上将邢道荣"就出场了,只是他更搞笑,三两下就死在了赵云手里。

邢道荣之所以也成为三国武将中的"网红",很大程度上也是因为"上将"这个词,这一点与"上将潘凤"类似。所以,有人写了一首打油诗:"百战军中最从容,掩映大斧骑万重。苍天总为上将妒,不教潘凤战道荣。"

24. 甘宁曾是"黑社会成员"

甘宁是益州人,也就是四川那边的人,他后来怎么成了江东名将呢?

甘宁年轻的时候在家乡好游侠,不务正业,人们给他起了一个名号叫锦帆贼,属于社会上的"黑恶势力"。但是有一天,甘宁忽然像变了个人,他不干坏事了,专心向学,最后来到刘焉的手下,当了一名郡丞,相当于副市长。

只是当时益州的形势不稳,经常发生内乱,甘宁后来逃到了荆州,投奔刘表,最后又辗转投奔了黄祖。在这些人手下甘宁都不是很如意,最后甘宁转投孙权,遇到了明主,这才大放异彩,成为一代名将。

25. 左慈是古代最早的魔术师

小说和民间传说对左慈这个人渲染比较多，把他说得神乎其神。其实历史上真有左慈这个人，他是一位道教人物，不仅《后汉书》里有他的传记，在曹植等人的文章里也记录有他的一些事。

在当时，左慈被归入方士一类人物，这些人精通所谓方术，其中左慈有一个比较拿手的绝活叫辟谷，也就是可以很多天不吃饭。曹操跟左慈探讨过有关问题。左慈劝曹操说，你干脆把江山社稷都放下，跟着我研究道术去。曹操当然不会接受。据史书记载，左慈还有几个绝活，比如盘中钓鱼、盆内生姜、取酒不竭、隐遁之术等，这些都不是小说编出来的，在当时可能有很多人看过，所以才记载在史书里。其实这些都是魔术，表演时用的是障眼法，左慈可以说是中国历史上最早的魔术师。

26. 周瑜的气量并不小

说到周瑜,一般会认为他气量狭小,最后被活活气死了,但这并不符合史实。

从史书记载来看,周瑜是一个为人相当大气的人,当时有很多人对周瑜的胸怀有过赞美,比如说刘备说周瑜"气量广大",还有周瑜的好朋友蒋干说周瑜"雅量高致",还有程普说"与周公瑾交,若饮醇醪",也就是跟周瑜交往就像喝了美酒一样,不知不觉会让你沉醉其中。

那么,周瑜气量狭小的看法是从哪里来的呢?这主要源自《三国演义》里"三气周瑜"的描写。其实,在当时无论是从诸葛亮和周瑜二人的年龄、地位还是从社会影响来说,他们都还不是一个层面的人,周瑜早已功成名就,无人不知,而诸葛亮刚刚出山,还没有做出什么引人瞩目的事情,知道的人也有限,诸葛亮还没有资格直接去跟周瑜过招。

27. 曹操与蔡文姬并非青梅竹马

文姬归汉的故事世代传颂，关于曹操花了很大代价和精力做这件事的原因有各种说法，其中一个著名的说法认为曹操与蔡文姬从小青梅竹马，因为念旧情才这么做的，但这个说法完全不靠谱。

曹操跟蔡文姬的父亲蔡邕曾是同事，二人在朝廷都担任过品秩六百石的议郎一职，他们那时相识并成为挚友。

曹操很早见过蔡文姬也是有可能的，但说到二人"谈过恋爱"，那又是完全不可能的，曹操出生于155年，蔡文姬出生于哪一年史书没有记载，根据她的婚姻状况以及主要经历推测，多数人认为她出生于177年前后，也就是说曹操比蔡文姬大了二十多岁。曹操跟蔡邕做同事时约三十岁，而蔡文姬那时还只是一个几岁的小朋友，二人无法"青梅竹马"。

28. 曹操接回蔡文姬的真实目的

曹操接回蔡文姬，其实是想让她续写史书。东汉初年，汉光武帝设修史馆，任务是写"当代史"，书名叫《东观汉记》，历史向前发展一段写一段，许多学者都参与了这项工作，汉灵帝主要撰写者就是蔡邕，他写的内容最多，《汉灵帝纪》就是他写的。

蔡邕死后的主要撰写者是杨彪。曹操对杨修的父亲杨彪没有多少好感，曾找借口整治过他，这是一个政治上不在"同一个战壕"的人，书写历史的笔掌握在这样的人手里，曹操当然不放心。那时修史不像现在有档案馆、图书馆以及数据库，那时资料匮乏，人才难找，做学问主要靠私学、家传。朝廷东奔西走，国家档案、图书早已散失殆尽，个人所藏图书可以作为一个补充，同时还要靠学者们默诵的苦功。

蔡文姬归来后，曹操曾问她家中藏书的情况，蔡文姬表示书虽然散失了，但她可以默写其中的数百篇。蔡文姬在父亲左右，对蔡邕修史方面的工作很熟悉，蔡邕虽然不在了，但蔡文姬还在，让她靠着记忆续写《东观汉记》，这才是曹操接她回来的主要原因。

那么，蔡文姬续写的《东观汉记》为什么看不到了呢？这是因为后来政治形势发生了变化，曹丕禅代，汉朝灭亡，汉献帝成了山阳公，《东观汉记》写到汉灵帝就终止了，蔡文姬续写的篇章也就没有流传下来。

29. "文姬归汉"的说法始于宋朝

"文姬归汉"的故事在《三国志》里没有记载,主要记载在《后汉书》里。但是,《后汉书》在写到蔡文姬归来时并没有用"文姬归汉"这样的说法,一直到宋朝之前,这样的说法都不存在,尽管这个故事为许多人所知晓,但没有"归汉"这样的标签,直到宋朝,蔡文姬的归来才被称为"归汉"。

宋朝诞生了一批以"文姬归汉"为主题的画作,据《宣和画谱》记载,北宋时画家李公麟画过蔡文姬归来的画,只是没有保存下来,画里的内容以及标题都不清楚。随后,画家李唐绘制了《文姬归汉图》册页,共十八幅,基本遵循的是《胡笳十八拍》的诗意,描绘了蔡文姬被迫入胡中、在胡地思念汉土以及终于回归汉土的故事。这幅画至今仍能看到,真迹藏于台北故宫博物院,王铎曾题此画为唐朝画家阎立本所画,但据清朝学者胡敬在《胡氏书画考三种》中考证,此画实为李唐所画。

台北"故宫博物院"还收藏有一幅《文姬归汉图》,画上本无名款,清朝学者考证认为是南宋画家陈居中所作,画作描绘了蔡文姬辞别左贤王以及儿子,随汉使回归的情景。与李唐所画不同,此画非册页,只有一幅,但画中内容分为两部分,一是蔡文姬与左贤王及儿子告别，一是汉使的迎接队伍。值得注意的是，此画中汉朝使者穿的是宋人服装，匈奴人穿的则是金人服装，"借古说今"的意味十分明显。此后，以蔡文姬"归汉"为主题的画作还有不少，如刘辰翁的《文姬归汉图》、张瑀的《文姬归汉图》等。"文姬归汉"的故事主题逐渐形成并强化，影响到明清各朝，并被小说、诗歌、戏曲等一再演绎，在人们心中固化为一种文化符号。

宋朝距蔡文姬回归已有数百年，为何到了宋朝蔡文姬回归突然成了"热门故事"呢？这与宋朝的"国际形势"有关。"靖康之难"后，辽、西夏以及之后的金等少数民族政权崛起，两宋国力虽远强于它们，却在战争中连连败北，社会情绪整体很低落，这时人们想到了蔡文姬的故事，并将其定位为"归汉"，其实这是对往日辉煌的一种怀念与留恋。所以，"归汉"是后人加给蔡文姬故事的主题定位，具有一定的时代特色，站在东汉末年的角度看，"归汉"的定位却未必成立。

30. 说蔡文姬"归汉"并不准确

把蔡文姬从南匈奴人那里回来称为"归汉",潜在含意是承认南匈奴与汉朝是对等关系,认为南匈奴人的地盘不是汉朝,这不符合历史。东汉末年,匈奴分裂为北匈奴和南匈奴两部,南匈奴亲汉内附,北匈奴被打败北走,北匈奴原有地盘被后来崛起的乌桓、鲜卑等部族瓜分。南匈奴没有建立独立政权,其部族首领接受汉朝册封,无论是南匈奴自己还是东汉朝廷都认为南匈奴只是东汉政权的一部分。

内附的南匈奴主要居住在两个地方:一个是河东郡平阳(今山西临汾附近),另一个是所谓的"西河美稷"。后一个地方至今存在争论,有人认为它是内蒙古自治区鄂尔多斯市,也有人认为它在山西离石。南匈奴的首领称单于,当时有呼厨泉、于扶罗等著名的单于,左贤王应该是他们手下的部族首领,叫什么名字已不得而知,到底是生活在平阳还是生活在"西河美稷"也无法推断。

蔡文姬落于南匈奴人之手后,可能生活在内蒙古自治区鄂尔多斯市,也可能生活在今天的山西省北部,甚至生活在山西省西南部的临汾一带,而且后面两种可能性更大,这与一般人印象中的情形会有所不同。但即便生活在内蒙古自治区鄂尔多斯市，在当时这里也在东汉行政区划之内，并不是"外国"。

所以，蔡文姬归来不能称为"归国"，称"归汉"也不够严谨，宋朝人之所以说成"归汉"，是因为宋朝与辽、西夏、金的关系和汉朝与南匈奴的关系在性质上有所不同，宋朝人是站在自己的角度理解这件事的，站在历史的角度就不能这样看了。

那么，应该怎样定位蔡文姬由南匈奴回归这件事呢？蔡文姬的家乡是"陈留圉"，即陈留郡圉县，此地在今河南省开封市杞县圉镇，该镇目前建有"蔡邕、蔡文姬纪念馆"。蔡文姬回归后，没有居住在曹操的大本营邺城，而是回到了自己的家乡。

蔡文姬，一个中原女儿，在命运驱使下，来到同是"本国领土"的内蒙古或山西生活了一段时间，最后又回到自己的家乡圉县，这个过程称"文姬归圉"似乎更合适。

31. 半个郡被夸张成一个州

"刘备借荆州——有借无还",刘备的信誉因此大打折扣。《三国演义》说到"三气周瑜",多围绕荆州的"借"与"要"展开,给人的印象是要债的快被逼疯、欠债的一味要赖,不管做了怎样的艺术处理,对刘备的形象都显然不利。

史书中对"借荆州"也多有描述,不过记载往往比较含糊,尤其没有具体指出这里的"荆州"指的是什么。荆州本是天下十三个州之一,下面有七个郡,刘备"借荆州"时这七个郡并不都在孙权手里,刘备要借的只是其中的一个郡,也就是南郡,它的郡治是江陵。

赤壁之战后,刘备暂时栖身于南郡油江口,这里连县城都不是,只是长江边上的一个小镇子,刘备把它改为公安县。刘备特别想要公安所在的南郡,于是向孙权提出这个要求,孙权经过反复考虑,出于共同对抗曹操的想法,最终借给了刘备。不过,即便南郡孙权也不是全借出了,因为南郡北部的襄阳并不在孙权手中,那是曹操的地盘,所以孙权借给刘备的只不过是半个南郡,荆州七郡中剩下的六个半郡,要么不在孙权手中,要么孙权并没有借给刘备。

32. 孔融编典故讽曹操

孔融在曹操身边一向以"老愤青"的姿态出现，不仅经常跟曹操对着干，还对曹操搞过人身攻击。《后汉书》记载，曹操攻下邺县后，曹丕看上袁绍的儿媳甄宓，把她娶回家。孔融听说后马上给曹操写来一封信，却不是来贺喜的，孔融在信里阴阳怪气地说了不少不怀好意的话，还说了一句"武王伐纣，以妲己赐周公"。这一句出自何典，又是何意，连饱读诗书的曹操也搞得一头雾水。

后来曹操见到孔融，当面请教这出自哪个典故，孔融回答说"以今度之，想当然耳"，意思是根据现在的情况顺手编的，曹操听了简直气得要死。周公是武王的弟弟，妲己是殷纣王的爱妾，武王并没有把妲己赐给周公，所以曹操翻遍史书也找不出来这是什么典故，原来竟是孔融现编的，是把曹操比作武王，曹丕比作周公，甄宓比作妲己。

武王跟周公是兄弟，曹操跟曹丕却是父子，这里面似乎隐含着曲曲折折的暧昧之意，似乎暗示着甄宓原是曹操所爱，后来给了儿子，在这件事上曹操和曹丕父子不像父子，兄弟不是兄弟，而妲己更不是什么好女人，早已恶名远扬，用她来比甄宓，这种话也只有孔融一个人敢说。

33. 曹操"黑史"多与裴松之有关

《三国志》作者陈寿笔下的曹操几乎没什么大的缺点,是个"高大全",现在人们所熟知的曹操的那些"黑史"大多与陈寿无关,这些材料多来自裴松之为《三国志·武帝纪》所做的注解。

裴松之注《三国志·武帝纪》共有一百四十一处,引用史籍多达二十二种,内容十分庞杂,既有曹魏官方史书《魏书》,也有曹操"铁杆粉丝"王粲写的《汉末英雄记》,这些都是讴歌曹操的,裴松之引用这些材料,进一步丰富了历史细节。但在所引用的史料里也有像吴人所撰《曹瞒传》以及晋人所著《魏晋世语》等,《曹瞒传》是孙吴"对敌宣传"读物,从书名就知道对曹操怀有敌意,写的时候毫无顾忌,不顾史实,裴松之却一口气引了十三条,几乎全为负面,在这些记录里曹操成了"酷虐变诈"的人,能力、人品均有问题,连他姓不姓曹都有疑问。在对待曹操的身世上,《魏晋世语》等书与《曹瞒传》一样也希望把水搅浑,还有孙盛的《杂记》,凭空制造出曹操杀吕伯奢一家的奇案。

裴松之还引《献帝春秋》五条、《献帝起居注》五条、《献帝纪》一条、《献帝传》一条、《山阳公载记》一条,这些著述多同情汉献帝,自然对曹操没什么好感。

34. "说曹操,曹操到"的由来

"说曹操,曹操到"这个俗语出自《三国演义》,说汉献帝被李傕、郭汜围困,有人建议曹操可来救驾,信使还没有出发,曹操带着大兵就已经到了,汉献帝高兴之余脱口而出:"说曹操,曹操到。"

不过,"说曹操,曹操到"的后面其实还有内容,也出自《三国演义》,说后来吕布与曹操对战,曹操中了埋伏,混战之中吕布截住了曹操,问曹操在哪里,曹操顺手指了下别的地方说骑黄马的那个人就是,结果吕布就错过了曹操。毛宗岗评《三国演义》,看到这里时引用了当时流行的一句谚语:"方说曹操,曹操就到。当面错过,岂不好笑。"

35. 曹叡差点儿成"袁叡"

《三国志》记载,魏明帝曹叡驾崩于景初三年,即239年,并说他"时年三十六"。古人在史书中一般很少提到人的年龄,陈寿却在此强调曹叡死时三十六岁,据此推断曹叡是203年出生的,考虑到古人有虚岁的传统,那就推后一年,至少也是204年出生的,那么曹丕至少要在203年已经娶了曹叡的母亲甄宓才行。

于是问题来了:204年二月曹军才开始围困邺城,数月后才将城攻破,如果曹叡出生在204年,他就不是曹丕的儿子。甄宓原来是袁绍儿子袁熙的妻子,那么曹叡就变成袁熙的儿子了。《三国志》的作者陈寿要么是笔误,要么就是"高级黑",不露声色地来一笔,就像说曹嵩"莫伸其本末"一样,故意造成疑案。

曹叡小时候,爷爷曹操特喜欢他,曹操对他说"我基于尔三世矣",也就是从我到你是三代人,说得不能再肯定了。曹叡究竟是不是曹丕的儿子?这个问题对曹操来说是个必须弄清的问题,显然,只有毫无疑义的情况下曹操才能这么喜欢曹叡,才能让这个孙儿"每朝宴会同,与侍中近臣并列帷幄"。对曹丕来说,更不会把曹叡的身世搞错，也只有在毫无疑问的情况下才能把江山社稷交给曹叡。所以，曹叡不可能是"袁叡"，"时年三十六"的记述只可能是《三国志》有意或者无意地搞错了。

36. 曹操杀吕布的另一个原因

白门楼上曹操最后下决心杀吕布，刘备在旁边说的那番话固然起了一定作用。吕布这个人诚信度较低，缺少政治伦理，凡与他合作过的人，丁原、董卓也罢，袁绍、袁术、刘备也罢，都吃过他的亏，曹操爱才，却不养虎为患，这当然是曹操要考虑的。

除此之外，吕布自己说的一句话也提醒了曹操，坚定了杀他的想法。

在此之前，曹操自认为之前没见过吕布，吕布在白门楼上初见曹操，为了跟曹操套近乎，对曹操说"昔日在洛阳，会温氏园"，这句话大概让曹操吃了一惊。董卓携凉州军到洛阳，曹操当时是朝廷的骑都尉，董卓大权在握，总揽一切，而吕布刚杀了上司丁原投靠董卓，是董卓面前的大红人。吕布出入都跟着董卓，了解很多事。在董卓制造的恐怖环境下，曹操那段时间其实做过一些阿谀董卓的事，有个故事说曹操曾向董卓献过刀，这个故事虽然被美化为一次"刺董"，但至少说明曹操在董卓面前是装过的，拉拉扯扯、献个媚什么的，估计曹操没少干。献刀的故事也许是传说，曹操向董卓献美女却记录在案，《汉书通志》中记载："曹操未得志，先诱董卓，进刁蝉以惑其君。"这个刁蝉，也许就是那位貂蝉。

类似的事曹操干过多少？天知、地知，曹操知、董卓知。曹操当然不会再提起，董卓也已焚尸灭迹，但吕布的一句话又提醒了曹操：吕布也知道啊！

37. 神秘消失的三国五大名将

三国时期神秘消失的五大名将：第一名麹义，原来是韩馥的部将，后来投降了袁绍，在许多战役里都为袁绍立下了大功，但后面就不知所踪了；第二名阎行，原来是韩遂的部将，挑战过马超，险些要了马超的命，投降了曹操之后史书对他就没有再做记载；第三名马岱，是马超的从弟，和姜维一起联手诛杀了魏延，因功升为平北将军，再往后，史书对他没有再做记载；第四名严颜，张飞义释严颜，成就了一段历史上的佳话，严颜投靠了刘备，再往后就没什么消息了；第五名高览，原是袁绍的部将，民间所谓"河北四庭柱"之一，与颜良、文丑、张郃齐名，官渡之战期间投降了曹操，再往后，也没有了下文。

38. 汉末三国的"酒王"

曹操说"何以解忧，唯有杜康"，虽然这样写，但他不是三国时代酒量最大的人。

刘表给自己做了三个大酒杯，分别叫伯雅、中雅和季雅，最大的伯雅能装七升酒，如果按现在来说，就是七公斤，不过汉朝的升只相当于现在的五分之一，即便是这样也是二斤八两。但刘表还不是那个时候最能喝的人，他比不过下面这个人。

谁呢？刘备的老师卢植。史书上说卢植的酒量是一石。汉朝的一石是一百二十斤，当然汉朝的一斤比我们现在的斤要小得多，一百二十斤换算下来大概是现在的三十公斤，这个纪录估计很难被打破了，卢植当之无愧是三国时代的"酒王"。

39. 戏台上关羽穿绿的原因

在戏剧舞台和影视剧里，关羽一出场，他的穿着打扮就非常有特点：头戴绿色的帽子，身披绿色战袍。一身绿，这样的装扮有没有史书做依据呢？

史书里只说关羽有一脸漂亮的胡子，诸葛亮曾经夸赞关羽是"美髯公"，除此之外的长相、穿戴就没有更多记载了。在小说里，这方面的描写更具体些，有对关羽身高、肤色、眉毛的描写，但平时穿什么衣服倒着墨不多。平话里提到过关羽喜欢戴一顶青帽，不过青色还不是绿色。青色怎么变成绿色的呢？很大程度上跟关羽的脸色和所骑的马有关。

关羽是红脸，骑着红色的赤兔马，红色是最难搭配的颜色，写在文字里无所谓，但在舞台上表现就困难了。为突出关羽的红脸，只好给他配了一顶绿色的帽子；为了搭配关羽红色的战马，只好给他配了一身绿色的战袍。

40. 曹操还是一位美食家

曹操专门写过一本叫《四时食制》的美食专著,《太平御览》《初学记》都提到和引用过这部书。

从现存文字片段可以看出曹操最爱吃的东西是鸡,鸡的各个部位味道怎么样、怎么做好吃,曹操都门儿清,所以手下问曹操军中口令,曹操脱口而出说了个"鸡肋"。

除了爱吃鸡,曹操也爱吃鱼,而且会做鱼,在《四时食制》里还列举了很多美味的鱼,如发鱼、羹鲇、松江鲈鱼、官渡泥鳅等,并且记录了十四种做鱼的方法,可惜具体内容已失传了。

41. 生活在三国能吃到什么

先秦时代,人们的蔬菜、水果还较为有限,西汉时张骞等人沟通了与西域的经济文化交流,从而引入一批新品种,丰富了内地人们的生活。

到了三国时代,人们食物中的蔬菜种类虽然不能与现在相比,但也很丰富,常吃的有韭菜、茄子、萝卜、冬瓜、藕、芋头、茭白等。还有一些蔬菜与现在的叫法不太一样,比如芸薹,就是现在的油菜;薤菜,是现在的空心菜;菘,是现在的白菜;葵,是现在的苋菜。还有葫芦,现在人们基本不再食用了,但在当时是一种重要的蔬菜品种。

三国时代人们能吃到的水果主要有桃、李、杏、橘子、梨、酸梅、荔枝、桑葚、樱桃等,还有刚刚引进,显得较为稀罕的葡萄、石榴等,而现在人们常吃的西瓜、草莓、菠萝等水果,那时还没有引进中国内地。

三国时代人们常吃的鱼类有鲤鱼、白鱼、鲈鱼、鲇鱼等,也能吃到一些海鲜,主要有牡蛎、鳖、蚌、乌贼等。当时有一些比较有名的鱼,如渤海的鲍鱼、吴地的鲈鱼、蜀地的丙穴鱼、洛阳的鲤鱼、武昌的鲂鱼等。

除了吃鱼，人们还经常吃一些乳制品，如酥酪、果酪等，它们都是以奶类为原料而制成的，含有丰富的蛋白质。其中果酪是用果肉或果仁与奶制品一起制成的，人们也经常把酥酪、果酪制成干块状，相当于那时候的糖果。

42. 曹操送诸葛亮鸡舌香

《魏武帝集》中收录了一封信,题为《与诸葛亮书》,现在能看到的只有两句:"今奉鸡舌香五斤,以表微意。"

众所周知,诸葛亮是曹操"错过"的一位人才,诸葛亮出山前一直隐居荆州,曹操赤壁之战前才第一次涉足荆州,而此前一年诸葛亮已正式加入刘备阵营,二人未有交集。此后曹操主要经营北方,诸葛亮随刘备入蜀,至曹操去世,二人也没直接打过交道,所以这封信的写作时间和背景都颇费思量。

中华书局《曹操集译注》认为:"这当是《与诸葛亮书》中的一句话。在赤壁之战以后,曹操曾经拉拢孙权,给孙权写信,写这封信可能是同样用意。"这种解释虽然留下的空白依然很多,但具有一定的合理性。

鸡舌香又称母丁香,是一种香料,外形为干燥的果实,呈卵圆形或椭圆形,因似鸡舌而得名。鸡舌香也是一味药材,味辛、性温,可治暴心气痛、胃寒呕逆、风冷齿痛、牙宣、口臭等症。鸡舌香原产于印尼马鲁古群岛,公元前3世纪作为"香药"传入中国。据《汉书》记载,汉朝的尚书郎向皇帝奏事时要口含鸡舌香,以使口气芬芳,所以鸡舌香是汉末朝臣们的一种日常用品,曹操送诸葛亮鸡舌香，其实跟曹魏方面后来送姜维、太史慈当归一样，是一种隐喻，是想拉拢诸葛亮，让诸葛亮到朝中当官。诸葛亮年轻时只是一名"布衣"，跟随刘备后很长时间里职务一直未明确，以宾客的身份为刘备出谋划策，曹操注意到了诸葛亮，想让诸葛亮到自己这里来。

43. 曹操要喊袁绍"叔叔"

袁绍比曹操大了十岁左右，单凭年龄论，似乎曹操还不至于喊袁绍为叔叔。但袁家和曹家还是亲家，曹操为拉拢袁绍的长子袁谭，让自己的儿子曹整娶了袁谭的女儿，这样一来，曹操的儿媳妇就是袁绍的孙女，曹操比袁绍矮了一辈。

除此之外，曹操比大将何进也矮了一辈。何进是汉末风云人物，袁绍和曹操都曾是何进的部下，何进有个儿子叫何咸，就是大学者何晏的亲生父亲。何进、何咸都死得早，何咸的妻子尹氏长得很漂亮，曹操就纳尹氏为妾，何晏成了曹操的养子。曹操娶何进的儿媳妇，双方等于差了一辈。

44. 袁术是孙权的"老丈人"

袁术死后,他的后事是从弟袁胤料理的,袁胤后来率领袁氏旧部奉袁术灵柩投奔了庐江郡太守刘勋,其中包括袁术的妻子和儿女。孙策紧接着攻打刘勋,刘勋失败,逃奔曹操,袁术的家眷于是被孙策所得,其中包括袁术的女儿。

后来,孙权娶了袁术的女儿,这就是孙权的袁夫人,她为人很有德行,没有生育,孙权屡次将诸姬所生的儿子交给她抚养。

45.孙权娶自己的侄女

在孙权的众多妻妾中,有一位徐夫人,她的父亲叫徐琨,徐琨的父亲叫徐真。

孙家、徐家关系一直不错,孙坚有个妹妹就嫁给了徐真,也就是说,徐夫人的爷爷是孙坚的妹夫,徐夫人与孙坚差了两辈。如果这样论,徐夫人的父亲跟孙权是平辈,徐夫人是孙权的侄女辈。

徐夫人一开始嫁给了陆逊的族人陆尚,陆尚死后,孙权看上了她,非要娶过来,结果徐夫人又嫁给了孙权,孙权对这个侄女非常疼爱。

46. 曹丕也以"侄女"为妃

曹操干过一件事,是把自己的三个女儿同时送进汉献帝刘协的后宫当妃子,其中曹节后来还成为汉献帝的皇后。

曹操这么做,是想进一步控制汉献帝,之前汉献帝的董贵人、伏皇后先后牵扯进谋反事件,虽然都被平息了,但曹操在政治上失分不少。汉献帝刘协跟诸葛亮同岁,比曹丕大六岁,曹丕的亲姐妹嫁给汉献帝,意味着曹丕与汉献帝既是平辈又是同龄人。

曹丕后来代汉,刘协被降为山阳公,迁往山阳国居住。不久,刘协主动把自己的两个女儿献给曹丕为妃。刘协的这两个女儿虽然不可能是曹操的女儿所亲生,但论起来她们也算是曹丕的侄女。选侄女为妃,似乎有违人伦,但曹丕不仅欣然接纳,而且对这两个"侄女"颇为宠爱。

47. 诸葛亮和王朗是亲戚

诸葛亮骂死了王朗，这个情节人所共知，王朗在大家心目中是一个心理极度脆弱的人，居然能被人活活骂死。

其实这是小说虚构的情节，真实的王朗是当时的名士、曹魏的重臣，他位至三公，最后以高寿死于任上。

有趣的是，诸葛亮与王朗还有亲戚关系。王朗有个儿子名叫王肃，也是曹魏名臣，他有两个女儿，一个女儿嫁给了司马昭，另一个女儿嫁给了荆州大族蒯良的儿子蒯钧，蒯良有个侄子名叫蒯祺，当过房陵郡太守，蒯祺的夫人则是诸葛亮的姐姐。如此一来，司马懿、司马昭、司马炎跟诸葛亮成为亲戚，而王朗也是诸葛亮的亲戚，关系虽然有点儿绕，但都货真价实。

48. 朝廷初迁许县住房紧张

汉献帝建安初年，朝廷刚迁到许县那阵，曹操在许县广泛招揽人才，杜畿经荀彧推荐到司空府任职，后外派为护羌校尉兼任凉州刺史部西平郡太守。

杜畿不是颍川郡人，跟荀彧没有什么交往，他被荀彧所注意纯属偶然。杜畿刚从荆州回到许县时同侍中耿纪认识，两个人经常在耿纪家里深夜闲聊。荀彧跟耿纪是邻居，一天夜里，荀彧听到他们的谈话，认为杜畿这个人才识出众。第二天，荀彧对耿纪说："你身边有这么才识出众的人不向天子推荐，岂不是白拿了朝廷的俸禄？"荀彧于是主动邀请杜畿相见，倾谈之下更是觉得自己判断得不错，于是把他推荐给了曹操。

荀彧时任尚书令，相当于朝廷秘书局局长；侍中相当于皇帝的顾问或随身秘书。论品秩，侍中比尚书令还要高。两个朝廷重臣互为邻居，夜里居然能听到对方家里的谈话，说明朝廷刚迁到许县时住房多么紧张。

49. 魏延的"子午谷计划"无胜算

魏延曾经提出过著名的"子午谷计划",具体是,魏延率领五千人马从秦岭山中的子午谷偷袭长安,诸葛亮率主力从其他栈道发起进攻,双方相会于关中,将关中占领。

诸葛亮否决了魏延这项计划,有人认为魏延的计划有一定的可行性,尤其在敌强我弱的情况下,不出奇兵、不冒险根本无法取胜。有人由此断定诸葛亮的军事才能一般,"应变将略,非其所长"。

应该说,魏延的偷袭计划胜算其实并不高,以五千人马就想攻下城池高大坚固的长安几乎不可能,诸葛亮曾率十万大军打不下一座小小的陈仓城,而在长安城下一旦陷入胶着对峙,攻入关中的蜀军将有来难回。

50. 曹操为程昱改名字

程昱是曹操手下最重要的谋士之一,他原本并不叫这个名字,而叫程立,改名则是因为他做过一个梦。

据《魏书》记载,程昱年少时经常梦到自己登上泰山,在山上两手捧日,因为与荀彧交好,他后来就将梦境告诉了荀彧。程昱投奔曹操后,荀彧就向曹操提起了这件事情,曹操听后大喜,认为自己就是程昱手中的太阳,程昱梦到捧日自然是指将辅佐自己成就帝王大业。

为顺应梦境,曹操让程昱在"立"字上加一个"日"字,"程立"于是改为"程昱"。

51. 程昱把老家整个县都抢了

程昱是曹操手下文武两方面能力都很突出的人，立下过很多大功，尤其是早年在兖州时。那时，曹操与吕布战于兖州，这一仗打得很激烈，当时兖州一带闹了蝗灾，最大的问题是缺粮。曹操不得已向袁绍求援，袁绍开出条件，说援助可以，但要曹操把家眷送到他那里，实际上就是做人质。曹操认为这是对自己的侮辱，但眼下舍此没有更好的办法，于是有点儿动摇。

程昱当时从外面办事回来，听说这件事马上来见曹操，他力劝曹操不要答应袁绍，并表示眼前虽有困难但只要大家齐心协力一定能克服。曹操得到了程昱的支持，打消了原来的念头。程昱立即行动，利用自己在兖州一带的影响力替曹操分忧解难，他四处征集粮食，甚至"掠其本县"，也就是回到家乡东阿县把老百姓的粮食搜刮一空，以充曹操的军粮。一般人都很看重名声，即使不太看重的也会顾忌在家乡父老眼里的形象，在外面再作恶但一般不会跑到家门口干坏事。程昱把老家整个县都抢了，虽属被逼无奈，但也留下了恶名。

52. 陈寿是刘禅儿子的同学

蜀汉有个大学者名叫谯周,他还有个身份是史学家。邓艾带着大军攻到成都城下时,就是他劝刘善投降的。作为一个文人,谯周有这样的思维是没有错的,毕竟当时形势已经非常明朗,灭掉蜀国只是时间问题。

谯周曾经做过刘禅的儿子刘璿的老师,除了刘璿,他还有两个比较著名的学生,一个是名将罗宪,一个是《三国志》的作者陈寿。刘璿被刘禅立为太子,陈寿就成了太子的同学,所以在蜀汉也担任过官职,只是官运不行,他因为不满黄皓乱政而屡遭罢黜。

53. 曹操"七十二疑冢"由来

南宋诗人范成大奉旨出使金国,路过漳河时写了一首怀古的诗,题目叫《七十二冢》,诗中写道:"一棺何用冢如林,谁复如公负此心。闻说北人为封土,世间随事有知音。"范成大担心大家看不明白,专门给这首诗作了一个注:"七十二冢在讲武城外,曹操疑冢也。森然弥望,北人比常增封之。"

"曹操疑冢"的传说于是越传越广,而且基本形成共识——其数量为七十二个。此后,关于"曹操疑冢"的故事传播得更广泛,不仅民间传说、戏剧曲艺中经常提及,在文人墨客的凭吊怀古之作里,大多也都将其视为正史加以评伐或歌咏。"曹操疑冢"还被蒲松龄写进《聊斋志异》中,影响力更大了。

其实,至少在唐朝以前,曹操墓的位置都是明确的,谢朓、裴松之、李世民等人都曾临墓凭吊过,不存在"疑冢",后来漳河不断改道,冲毁了曹操墓,加之人们对曹操的看法越来越负面,"疑冢说"才产生并越传越神。

54. 曹操打过"地道战"

建安二年（197）十一月，曹操率军再征南阳张绣，战事进展还算顺利，但这时突然传来消息，说袁绍要进攻曹操的大本营许县，曹操不敢怠慢，赶紧回师。回师许县，最快速的推进方式是走南方大道，东汉的南方大道跟东方大道、东北方大道一样，是全国交通路网里的骨干线路，它起自洛阳，连接鲁阳、宛县、穰县、襄阳以及南郡的治所江陵、武陵郡的治所汉寿，走这条路就好比上了高速公路，直线距离最短，路也最平坦宽阔。曹操一心火速回师以解许县之危，因此想都没有想，指挥人马沿着南方大道向北疾行。谁知，这条行军路线差点儿让他们全军覆没。

穰县以北是一片山地，地势很险要，南方大道穿山而过，在此形成了一处要塞，此地就是安众，曹操大概没有想过这么快就会撤军，所以忽视了背后的这处要点。刘表这时为支援张绣派来了一支援军，刘表的援军恰恰发现安众这个地方很重要，于是分重兵来占领，结果断了曹军的后路。刘表的人马进入安众要塞后立即整修防御工事，以南方大道为轴线，以山地为依托，很快建成了一条东西连绵数十里的"安众防线"。

曹操率军抵达安众，才发现过不去了，如果绕道而行，无论是向西还是向东都是山区，道路不畅，费时费力不说，敌军依托有利地形更容易袭击自己，"安众防线"就像一条铁链，牢牢地缚住了急于回师的曹军。这时，张绣也指挥人马从后面杀来，曹军面临前后被夹击的不利处境。双方陷入僵持，情况对曹军越来越不利，虽然曹军人数占优势，但在有限的区域内兵力难以全部展开，在这种情况下，守着有利地形的一方更有优势，曹军陷入了兵法上所说的"死地"。在此关键时刻，曹操发挥了军事上的天才想象力，指挥人马神不知鬼不觉地突破了看似牢不可破的"安众防线"，而且基本上没有什么损失。

曹操是怎样做到平安突围的呢？史书对此没有详细记载，《三国志》只是说曹操先是给荀彧写了封信，说只要到了安众，必然能打败张绣，后来果然就把张绣打败了。回到许县后，荀彧也曾向曹操讨教过破敌的原因，曹操说："虏遏吾归师，而与吾死地战，吾是以知胜矣。"但这番话等于没有说，因为不是所有的归师都能打胜仗，也不是在所有的死地里都能起死回生。其实，曹军之所以化险为夷，是因为他们采取了敌人想象不出来的作战方式——地道战。

曹操白天与敌人对阵，晚上则悄悄在最险要的地段挖掘地道，对于这一点，《三国志》里有过一些简单透露，说曹军"夜凿险为地道"。这项巨大工程估计颇费了些时日，绝不是一夜之间可以完成的，据史书的记载，曹军到达安众是在五月，而回师到许县，荀彧向曹操讨教破敌秘密时已经是七月了，这从侧面印证了安众地道挖掘工程的巨大工作量。曹军的工兵部队以顽强的毅力挖通了"安众防线"，曹操才指挥人马趁夜从地道遁去。

55. 汉末三国三个曹节

在汉末三国，史书提到名叫曹节的人有三个。一个是曹操祖父曹腾的父亲，也就是曹操的曾祖父，《三国志》裴松之注引司马彪《续汉书》记载："腾父节，字元伟，素以仁厚称。"一个是宦官曹节，《后汉书》记载："曹节字汉丰，南阳新野人也。其本魏郡人，世吏二千石。顺帝初，以西园骑迁小黄门。桓帝时，迁中常侍，奉车都尉。"一个是曹操的女儿，后来做了汉献帝刘协的皇后，《后汉书》记载："献穆曹皇后讳节，魏公曹操之中女也。"

有人常把前两个曹节混为一人，其实没有这样的可能。史书对曹腾的父亲曹节记载较少，只有司马彪《续汉书》还有一些记载："邻人有亡豕者，与节豕相类，诣门认之，节不与争；后所亡豕自还其家，豕主人大惭，送所认豕，并辞谢节，节笑而受之。由是乡党贵叹焉。长子伯兴，次子仲兴，三子叔兴，腾，字季兴。"从这段记载中可以看出，曹腾的父亲曹节品行不错，不与人争，他有四个儿子，其中曹腾年龄最小。所以，曹腾是宦官，但曹腾的父亲曹节不可能也是宦官，否则就不会有四个儿子了。

曹操给女儿也取名为曹节，似乎有些不合情理，侯康著《三国志补注续》认为："若腾父名节，太祖不应复以名其女。"所以也有史书称曹腾的父亲名叫曹萌，在繁体字中"节"与"萌"相近，可能是史书传抄时弄错了。

56. 曹操不是"盗墓祖师爷"

把曹操当作盗墓一行的"祖师爷",这不是《盗墓笔记》《鬼吹灯》《寻龙诀》这些作品渲染出来的,这个说法自古有之。

《后汉书》记载:"又梁孝王,先帝母弟,坟陵尊显,松柏桑梓,犹宜恭肃。操率将吏士,亲临发掘,破棺裸尸,掠取金宝,至令圣朝流涕,士民伤怀。又署发丘中郎将、摸金校尉,所过毁突,无骸不露。"《南史》也记载:"以魏武有发丘中郎将、摸金校尉,乃置此二官,以建安王休仁、山阳王休佑领之,其余事迹,分见诸列传。"除了正史,一些文史杂著也有记载,《水经注疏》记载:"操引兵入砀,发梁孝王冢,破棺,收金宝数万斤。"《昭明文选》记载:"又梁孝王,先帝母昆,坟陵尊显;桑梓松柏,犹宜肃恭。而操帅将吏士,亲临发掘,破棺裸尸,掠取金宝。至令圣朝流涕,士民伤怀!操又特置发丘中郎将、摸金校尉,所过隳突,无骸不露。"以上这些记载大体可归纳为:曹操曾亲自率兵发掘了梁孝王墓,破棺裸尸,将墓中的金银财宝搜掠一空,曹操觉得这是个生财之道,干脆设立摸金校尉、发丘中郎将等官职专门干盗墓的事。

上面这样的说法几乎成了定论,曹操于是成了"盗墓祖师爷"。然而这些是值得推敲的,上面所记载的内容可谓漏洞百出。一般认为,《昭明文选》里的《为袁绍檄豫州文》是曹操为"盗墓祖师爷"的出处,其他所有记载都源于此。这篇文章的作者是陈琳,"建安七子"之一,他先事袁绍、后投曹操,这篇檄文是官渡之战前夕为袁绍所拟的,是历史上最著名的檄文之一。然而,《昭明文选》并不是这篇檄文的最早出处,比《昭明文选》更早的《魏氏春秋》曾把这篇檄文全文收录,裴松之为《三国志》作注时又将其采用,《魏氏春秋》才是这篇檄文以及这件事的原始出处。

《魏氏春秋》是东晋史学家孙盛撰写的杂史,专门记述曹魏的历史,现已散佚,仅存一些片段,多为裴松之注《三国志》引用而得以保留。《魏氏春秋》虽不像《曹瞒传》那样赤裸裸地反曹,但也并没有站在曹氏的立场上说话,所记的事情比较杂乱,人们所熟知的曹操"姿貌短小"就出自它。由于孙盛生活的年代距三国较近,所以能收集到不少原始史料,当年影响很大的《为袁绍檄豫州文》就被他全文收录了。这篇文章肯定是有过的,但当时是作为"对敌宣传"和战争动员用的,立场有严重偏颇,所以不能当信史看。这篇檄文大揭曹操的"黑史",比如说,曹操曾派七百名精兵包围皇宫、拘禁皇上,还说曹操平时住在皇宫里,"当御省禁,卑侮王室",都是无稽之谈。

当然,要辩明曹操盗墓的问题,还要将檄文中的具体记载与历史史实进行对照。檄文没有说曹操发掘梁孝王墓发生于何时,但既然是官渡之战前发布的檄文,这件事肯定发生在200年之前,这是时间的下限。时间的上限应该在曹操起兵反董卓之后,即

189年年底以后。也就是说,假如曹操真干过盗掘梁孝王墓这件事,只能在190年至200年的这十年中。

曹操于190年年初在己吾起兵,该地属陈留郡,即河南省商丘市宁陵县一带,当时曹操在这一带募兵,活动范围较为有限。梁孝王墓在芒砀山,即今豫、皖、苏、鲁四省接合部的河南省永城市芒山镇,由宁陵到永城有一百五十公里,合汉朝四百二十多里,在交通不便的时代,这是一个很远的距离。汉末永城属梁国,不属陈留郡,曹操在老朋友、陈留郡太守张邈的关照下来己吾募兵,活动范围不会超过己吾县,不可能跑到梁国去,更别说去盗墓了。

再往后,曹操带着招募来的数千人马参加了酸枣会盟,之后与董卓的军队激战于汴水,失败后渡过黄河投奔袁绍,在袁绍的支持下曹操去兖州发展,活动范围越来越往北,距芒砀山越来越远。曹操与吕布在兖州激战多年,其间形势异常紧张,不可能分身去盗墓。后来曹操在兖州完全站住了脚,被朝廷正式确认为兖州牧,196年汉献帝由长安东归,曹操由兖州来到洛阳迎接汉献帝,之后迁都许县。

再往后,就是官渡之战了,在此期间曹操曾三次向东面用兵:一次是征袁术,是东南方的淮南方向,不过芒砀山;一次是征吕布,是徐州的下邳方向,此战经过梁国,并在梁国与刘备会合,但为了抓紧战机,在梁国只是匆匆一过,不可能放着吕布不管北上芒砀山去盗墓;还有一次是征刘备,也是徐州方向,有可能过境梁国,但这一仗更匆忙,当时官渡前线已形成对峙,曹操打的是"时间差",每一分每一秒都得争,也不可能去什么芒砀山。

综上所述,曹操并没有机会去盗掘梁孝王墓。而且,曹操迎天子后已身为朝廷三公之一的司空,百官之总、众目所视,绝不可能公开去盗掘皇家陵园。而且,陈琳檄文所记还有其他漏洞,檄文说梁孝王是"先帝母昆",这就有些莫名其妙了,"先帝"通常指在位皇帝前一任的已故皇帝,应该是汉灵帝,他的母亲姓董,这里是说董氏的弟弟呢还是说汉灵帝的同母兄弟?无论哪一种情况都与梁孝王不符。檄文还说,梁孝王墓被盗掘后,"至令圣朝流涕",意思是汉献帝曾大哭了一场,这件事如果发生在汉献帝东归以后,那就尴尬了,因为曹操就在汉献帝的眼前,低头不见抬头见;如果是东归之前的事,汉献帝彼时身处长安,形同傀儡,一天到晚估计盘算的都是如何活下去,一个十几岁的少年皇帝,在那种情况下还能为一个数百年前的亲王墓被人盗掘而大哭,不可思议。

还有一点,在那段时间里天下既有战乱又有严重的自然灾害,粮价暴涨万倍,平时数十钱一石的粮食涨到了数十万钱,到了有钱也买不来粮食的地步,不断出现人相食的惨剧,在这种情况下,墓里面的那些金银财宝还有什么用?曹操真要有盗墓这把子力气,还不如组织大伙去种地呢。

57. 荀彧的岳父是宦官

荀彧是曹操手下的诸葛亮，他是汉末世家大族出身，本来效力于袁绍，为什么转投了曹操呢？这里面有荀彧对袁绍、曹操个人能力的判断，但是，有一个非常隐秘的原因也很重要，这个与荀彧的夫人有关。

荀彧的夫人姓唐，唐氏的父亲是汉灵帝时期著名的宦官唐衡，唐衡当宦官后不可能再有子女，唐夫人可能是唐衡当宦官之前就有的女儿，或者是养女。唐衡虽然权势熏天，但他也想有个好名声，就想结交一下士人，于是想把女儿嫁给一个叫傅公明的读书人，但是被这位傅先生一口回绝了，弄得唐衡很尴尬。荀彧的父亲为了给唐衡解围，主动提出把这个唐小姐迎到自己家，给自己当儿媳妇。

这件事成为荀彧的隐痛，别人当面不说，但背后里难免有议论，而荀彧投奔曹操后，大家就不敢再拿宦官的事开玩笑了。因为你讽刺了荀彧，就等于讽刺了曹操，曹操的父亲曹嵩是宦官曹腾的养子。

58. 刘备打曹操的"小报告"

关于曹操与刘备相识的时间,大部分史书提到的都是在杀吕布之前,在更早几年的郯城之战二人曾有过交手,但未必见过面。

在《三国演义》里,刘备因为黄巾起义与曹操见过面,后来在十八路诸侯讨董卓时再见。其实这些都不是他们认识和打交道的准确时间。

关于他们最早相识的记载是在王粲所著《汉末英雄记》一书里,共有两条。其一:"灵帝末年,备尝在京师,复与曹公俱还沛国,募召合众。会灵帝崩,天下大乱,备亦起军,从讨董卓。"其二:"操与刘备密言,备泄之于袁绍,绍知操有图己之意。操自咋其舌流血,以失言戒后世。"这说明,早在董卓乱政时二人就已相识,这样的记载看起来有些突兀,且无旁证,但王粲是曹操身边的近臣,相当于高级秘书,他不会胡编,所以这两条记载可信度较高。

59. 诸葛亮未阻止东征的原因

关羽死后,刘备执意东征伐吴,很多人都出来劝,但劝的人里似乎没有诸葛亮。有人认为诸葛亮也劝了,但史书没有写,不过,这只是揣测。

真实的情况可能是诸葛亮确实没有去劝阻刘备,原因主要有两方面:一方面,刘备的手下有相当一部分人是从荆州到的益州,他们的亲戚、朋友以及家产都在荆州,荆州沦陷了,这些人肯定急着打回去,这种情况下诸葛亮不能劝;另一方面,刘备东征也许有一定的胜算,东征之前是汉中之战,对手是曹操,这一仗更难打,结果刘备打得非常精彩,东征如果打好的话,也许能把失去的荆州夺回来。正因为如此,诸葛亮才没有坚持劝阻刘备。

60. 刘备不发兵救关羽的真相

关羽发动北伐，以至于最后失败被杀，而在成都的刘备、诸葛亮自始至终都没有派援军来救援，由此人们产生了很多疑问。

其实，这里面没有阴谋，也没有"内幕"疑问，原因主要有两方面：一方面，关羽发动北伐，种种迹象表明他事先没有跟刘备、诸葛亮进行统一规划，自然缺乏后面的有效配合；另一方面，关羽北伐的前几个月里，都是一路高歌猛进、势如破竹，所以他也没有向成都方面请求救援，荆州战场发生逆转是瞬间的事，关羽这时候再派人到成都求援，已经来不及了。

61. 刘备借刀杀关羽之说不成立

有个挺著名的说法，认为关羽之死是刘备、诸葛亮设计出来的，说刘备考虑到自己死后儿子刘禅继位，可能指挥不动这位"关叔叔"，于是借孙权之手除掉了关羽。

这个说法并不成立，先不说刘备、诸葛亮在感情上有没有除掉关羽的可能性，即便是有，他们也不可能拿荆州去跟关羽做交换，荆州是诸葛亮隆中对策的战略基点，而且蜀汉很多大臣、武将的亲戚朋友都生活在荆州，诸葛亮不可能弃他们于不顾。

"借刀杀人"的说法最早是章太炎年轻时提出来的，随着年龄的增长、阅历的增加，章太炎对自己的观点进行了修正，只不过他早年提出来的观点太吸引眼球了，以至于他后面的修正反倒没再引起人们的注意。

62. 刘封不救关羽的原因

关羽走麦城后，也曾向友军求援，离关羽最近的友军是上庸三郡的刘封、孟达，但他们没有来，刘封给关羽的理由是上庸新近归附，内部不稳，来不了，结果关羽被杀。

刘封不来救关羽，这件事有没有毛病呢？这里没有太大的毛病，上庸不归荆州管，刘封不是关羽的直接下级，这是其一；刘封所说的内部不稳也是实情，上庸到刘备手里也才几个月，这里山大沟深，长期被地方大族控制，你让他们离开家乡到别的地方去打仗，势必会激起兵变，这是其二。刘封后来因为这个被刘备所杀，里面多少有一定的冤情。

63. 关羽其实是"常败将军"

在《三国演义》里,关羽参加过的战役和战斗是三十二次,总体情况是二十三胜、五平、四败,胜率是85%,这个成绩显得不错,堪称常胜将军。

但是,在史书里关羽参加的战役和战斗只有十七次,总体情况是四胜、一平、十二败,胜率只有25%。

从85%到25%,这个反差是非常大的。其实这很正常,关羽长期跟随刘备,早年经常被别人打得东奔西走,败仗多一点儿并不奇怪。后世尊关羽为武圣,并不是说他从来不打败仗,而是说他作战勇敢,不怕牺牲,而且身上有一种难得的忠义精神。

64. 汉末三国的"全勤王"

在汉末三国时代,有这样一位名将:黄巾起义的时候他就参军入伍了,随后,关东联军讨伐董卓有他,北方群雄混战有他,界桥之战有他,官渡之战他还发挥了关键性作用。曹操带着他北征乌丸、南下赤壁,潼关之战他打头阵,西征马超他是主力。诸葛亮第一次北伐有他,他是魏军街亭之战的总指挥,诸葛亮第二次北伐有他,第三次北伐还有他,一直到第四次北伐他才牺牲在疆场。

从东汉末年到三国中期,长达半个世纪的时间里他一直冲锋陷阵,如果要颁发一个汉末三国的"全勤奖",一定非他莫属。这个人,就是三国名将、曹魏的车骑将军张郃。

65. 司马懿的确借刀杀张郃

有人说,张郃之死司马懿的嫌疑非常大,也有人不同意。怎么看呢?

司马懿在张郃之死问题上确实要负重大责任,诸葛亮第四次北伐,在没有打败仗的情况下主动撤军,司马懿下令追击,张郃反对,张郃认为兵法上说"归师勿追",但司马懿不同意,说你懂什么?听你的还是听我的?不仅去追,还就让张郃去,结果张郃被射杀于木门道。

这里至少有两个疑点:一是它不符合司马懿一贯的作战原则,司马懿对阵诸葛亮向来很保守,这么积极去追,显得非常蹊跷;另一个是,即便去追,也不一定让张郃去,张郃是曹魏的车骑将军,相当于全国武装部队副总司令,让他直接去冒险,司马懿的这个嫌疑算是洗刷不了了。

66. 司马懿杀张郃的原因

张郃之死是司马懿借刀杀人，司马懿为什么要这么做呢？

诸葛亮前三次北伐，曹魏这边负责指挥的是曹真，曹真后来打了一次败仗，想不通，结果就死了。谁来接替曹真？魏明帝曹叡犯了难，这个时候"诸夏侯曹""五子良将"大多数已离世，曹叡面临无人可用的尴尬，但诸葛亮又不好对付，随便派个人去又不行，最后迫不得已，曹叡起用了司马懿。

不过，曹叡对司马懿并不放心，所以在任命司马懿为大将军的同时又提拔张郃为车骑将军，一个相当于曹魏的武装部队总司令，一个相当于副总司令，让这样两个人在同一个战区共事，很容易出问题。张郃久在西部，在将士中威望非常高，又在军事安排上多次发表与司马懿不同的意见，这才让司马懿最终动了杀心。

67. 孙权为什么杀关羽

孙权抓住了关羽，最后把关羽杀了。关于这一点，有人认为孙权既缺乏胸怀，更缺乏大智慧：因为孙权可以把关羽招降，也可以把关羽直接送给曹操；把关羽杀了，只能增加刘备对自己的仇恨。

根据史书记载，孙权在杀不杀关羽问题上也犹豫了很久，大概也想到了杀关羽的负面影响，但最后还是把关羽杀了，孙权大概想到了两点：一方面，先不说关羽能不能投降，即便关羽真的投降，孙权大概心里也没底，关羽在荆州镇守了很多年，影响力非常大，关羽只要不死，就是一个随时会起爆的炸弹；另一方面，如果孙权把关羽送给了曹操，以曹操的政治智慧，肯定会加以利用，第一时间把关羽送回成都，既卖给刘备、关羽一个大大的人情，又挑拨了刘备与孙权的关系。关羽得到重生，他会立即领兵杀回荆州，以关羽在荆州地区的影响力，孙权要对付他会很吃力。

68. 关羽中的不是"乌头之毒"

关羽刮骨疗毒的故事尽人皆知，关羽中的是什么毒呢？

《三国演义》说是"乌头之药"，乌头是一种主要产于南方的中药，可散经络之寒而止痛，适用于风湿、类风湿性关节炎等病症的治疗。但其毒性很大，必须经过炮制才可使用，未经炮制少量即可使人中毒，轻者四肢麻木，重者躁动不安、肢体发硬、肌肉强直、抽搐，直到意识不清而昏迷。

乌头可内服也可外用，因中箭接触"乌头之药"在理论上是可能的，但很少的剂量能否致使关羽的胳膊无法动弹，这也值得怀疑。而且，类似"乌头"这样的毒，一般通过血液或消化系统吸收，迅速作用于人的神经系统，从而发生作用，这种毒类似于被毒蛇咬伤，不说"七步倒"，但也拖不了很久。

从《三国演义》的描写看，关羽中毒后受伤部位出现了青肿，胳膊不能运动，这符合中箭毒的病理特征，在没有抗毒血清的情况下，治疗方法应该是结扎伤口，防止毒素扩散，然后对伤口进行清洗和消炎，同时内服驱散和解毒的中药，让所中之毒慢慢消散。也就是说，类似箭头上带的"乌头之药"是依靠人体代谢和循环系统传播的，毒素不可能只停留在身体的一个部位，一旦传播出去，用"刮骨"的办法无法根除。

但是，《三国志》又确实记载了刮骨疗毒的事，该如何解释呢？

《三国志》说关羽中箭后创伤其实已被治愈，只是每到阴雨天就感到骨头疼痛，说明该毒的药性并不大。根据这个症状判断，关羽的身上已不存在箭毒，但中箭后遗留了骨伤，可能是外伤性骨髓炎，中医称附骨疽，民间称铁骨瘤。最常见的情况是外伤所引起的骨骼感染和破坏，时间长了会在原创面附近生出一些"死骨"，产生疼痛，通过手术的办法把"死骨"取出是治疗这类疾病的好办法，所谓刮骨疗毒指的应该是这个。

69. 背疽要了众多名人的命

在汉末三国名人中,刘表、曹休、刘焉都死于一种叫"背疽"的病,这是一种什么病呢?

"疽",指皮肤下面的疮肿,医书《灵枢》载:"热气淳盛,下陷肌肤,筋髓枯,内连五脏,血气竭,当其痈下,筋骨良肉皆无余,故命曰疽。疽者,上之皮夭以坚,上如牛领之皮。"背疽就是发于背部的疮肿,开始顶如粟米,根脚坚硬,发痒发痛,日后慢慢长大,色红灼热,溃破后状如蜂巢,俗称背疮。按一般理解,"疮"都是因为不讲卫生引起的,但像刘表、曹休、刘焉那样的人,日常生活中的卫生条件应该是绝没问题的,他们的"疮"是怎么得的呢?其实从现代医学的观点来看,背疽实为背部急性化脓性蜂窝织炎,诱发该病的原因有内外两方面:其外因是外感风热、火毒,湿热蕴结所引起;内因是七情郁结,脏腑蕴热而发。

刘表等人得此病,与个人卫生条件并无关系,而与精神状态有关,他们或极度郁闷,或忧思过重,或愤懑难解,都属于"七情郁结"。现在治疗背疽很容易,轻者用药膏加一定内服药即可,重者使用抗生素也可治愈,但古代对细菌和病毒感染缺乏全面认识,治疗的手段有限,人患上背疽,如果心情郁结再导致抵抗力下降,病情就不好控制,将越来越重,直至危及生命。

70. 刘备死于"拉肚子"

刘备病逝于白帝城，关于他最后的病情，《三国志》等史书没有具体的记载。

《诸葛亮集》中保留着一份刘备临终前给后主刘禅的遗诏，其中说："朕初疾但下痢耳，后转杂他病，殆不自济。人五十不称夭，年已六十有余，何所复恨，不复自伤，但以卿兄弟为念。"这份遗诏很有名，"勿以恶小而为之，勿以善小而不为。惟贤惟德，能服于人"就出自此。根据这份遗诏，刘备开始得的是"下痢"，以至于没能挺过来。"下痢"就是痢疾、拉肚子，本不是什么大毛病，为什么竟要了刘备的命呢？

刘备去世前经历了夷陵之战，在此前后关羽、张飞、马超、法正、马良、刘巴先后去世，孟达、黄权投降，接二连三的打击让刘备的心情极为沉痛。痢疾这种病，除饮食不洁外，"外感时邪"也是重要诱因，《证治要诀》等医籍都说痢疾为"滞下"，"以气滞成积，积之成痢"。当时是冬天，天气湿冷，刘备这个北方人大概不太习惯长江边上的这种气候，尽管饮食不会有问题，但由于心情过度沉郁，加上天气和年龄较大的原因，导致刘备的身体抵抗力下降，进而导致各种并发症，一病不起就不奇怪了。

71. 曹操身高约一米六四

史书上说曹操"姿貌短小",也就是高子不高。具体有多高?《三国志》没有具体记载。

有的书上提到他身高"七尺",如果是现在的"七尺",那就是超过两米三,打篮球绝对是中锋。但汉朝的尺子比现在短得多,一尺约为现在二十三点五厘米,算下来曹操的身高应该在一米六四左右。都说曹操和拿破仑是两个著名的小个子,但拿破仑的尸检报告显示其身高仅为五点二法尺,合一米五七,曹操比他高半头。

曹操长得虽不强壮,身体素质却不错,这与他注意加强锻炼有关。曹操擅长骑马,经常亲自带兵出征,曹操麾下有虎豹骑,远程突袭是其看家本领,一日一夜可行进三百里,在当时堪称最快的行军速度了,史书多次记载曹操亲率虎豹骑孤军深入作战,骑术不过关难以做到这一点。《三国志》还记载,曹操擅长骑射,能"手射飞鸟,躬禽猛兽"。曹丕在《典论》中回忆,在他五岁时父亲就亲自教他射箭,后来又教他骑马,"八岁而能骑射矣"。

72. 曹操的头风是高血压

曹操患有头风病，根据史书记载，这个病初发于官渡之战前后，当时曹操与袁绍对垒，其间曹军这边粮食快吃完了，士卒疲惫，为了稳定军心曹操对外装出胜券在握的样子，但内心里高度紧张，也就在这段时间曹操经常感到头疼，《三国志》说他得了头风。

头风是中医的称法，中医认为头是诸阳交汇之处，五脏精华之血、六腑清阳之气都注于头，头痛如果经久不愈就是病症，病因可以分为外感、内伤以及经络瘀阻等方面。如果按照现代医学来看，引起头痛的疾病可能是青光眼、脑肿瘤、脑血栓、脑供血不足以及高血压等。曹操此时四十五岁，正值壮年，他头痛的毛病从此开始发作一直伴随了他二十多年，中间时断时续，根据这些状况判断，曹操可能得了高血压。

从病理上说，诱发高血压的原因很多，既有家族遗传，又有环境诱发，劳累、精神紧张、情绪波动后都会发生血压升高，长期生活在这种状态下就会患上高血压病，曹操应该属于后一种情况。高血压是慢性病，一般不会无端突发，曹操的病应该早有征兆，这一点也有史书的记载来印证。

《魏略》记载，在官渡之战前不久袁绍打败了公孙瓒，为了向曹操示威，特意命人把公孙瓒的人头装在一只木匣里送给曹操，曹操不知道是什么，打开一看，顿时"自视忽然耳"，也就是突然感到眩晕，以至于瞬时听不到也看不到了，这符合外力刺激下血压瞬间升高的症状。

73. 曹操向方士请教养生之道

曹操虽不像秦始皇、汉武帝那样对方术极其热衷和追求,但对方术也有过研习,这方面的资料大都记录在晋人张华所著的《博物志》一书中。

据《博物志》记载,曹操喜欢养生之法,对方药也有所了解,平时"习啖野葛至一尺,亦得少多饮鸩酒"。野葛又名钩吻、胡蔓草、断肠草等,是一种有毒的植物,但是吃法得当又可以抗炎、镇痛。鸩是一种鸟,羽毛有毒,用酒泡过即是鸩酒,足以致命,但掌握饮用量,也有药用。曹操有头风的老毛病,吃野葛、喝鸩酒或许与此有关,但这些都是玩命的事,稍有不慎命就没了,曹操吃野葛、喝鸩酒离不开深谙此道的方士们的指导。

《博物志》还记载,甘始、左慈、东郭延年等人还深通房中术,曹操"问行其术,亦得其验"。还有一个方士叫刘景,他擅长炼丹药,炼成了云母九子丸,曹操曾经吃过,也说效果不错。

曹操还向封君达的学生皇甫隆写信请教长寿的秘诀,这封信保存在唐朝孙思邈编著的《千金方》一书中。信中写道:"听说先生已经活到一百岁了,可体力并不衰老,耳聪目明,气色不错,这真是了不起呀!先生平时吃什么药,进行怎样的锻炼,能说一说吗？如果有的话，请放在信封里秘密告诉我。"皇甫隆曾经当过曹魏的太守，对于曹操的请求，想必他一定尽量给予满足吧。

74. 诸葛亮死于脊椎性结核

关于诸葛亮临终前的情况，《三国志》只记载"其年八月，亮疾病，卒于军，时年五十四"。王沈的《魏书》记载得稍微详细一些："亮粮尽势穷，忧恚欧血，一夕烧营遁走，入谷，道发病卒。"根据后面这个记载，诸葛亮临终前曾"忧恚"和"欧血"。"欧血"不是咳血，而是大量吐血，引发这种病症的除消化系统外还有可能是呼吸系统的原因，如患有肺癌或严重的肺结核，只是这类呼吸系统的疾病通常伴有咳嗽不止、持续高烧等症状，史书只说诸葛亮临终前饭量不大，而没有这些病状的记载。

除肺结核外，脊椎性结核也会导致吐血。诸葛亮得的很可能正是这种病，除了吐血的理由外还有一个证据，就是诸葛亮作战时经常坐着小车而不太骑马，这正是脊椎有问题的表现。

对此有人反驳说"羽扇纶巾"只是小说中的描写，而不是史实，但东晋裴启的《语林》和宋人编纂的《类说》都有过一个记载，说诸葛亮和司马懿对垒期间，司马懿一身戎装主持军务，间谍报告说诸葛亮"乘素车，葛巾，持羽毛扇指麾三军"，司马懿听后感叹说"真名士也"。

从这个记载似乎可以看出诸葛亮的确喜欢乘车，这有两种可能：一种是那时他的身体已经有病，骑马不便；另一种是诸葛亮确实得过脊椎性结核或风湿性关节炎这样的病，行动有些不便。

75. 陈登乱吃海鲜而死

陈登是曹操消灭吕布的第一功臣,后被曹操重用,负责东南事务。陈登有"吞灭江南之志",按照当时的情况来看,他似乎也将有更大的作为,但他早早地死了,具体死因记载在《三国志·方技传》里。

根据《三国志》记载,陈登是得病死的,时在广陵郡太守任上,陈登有一阵感到胸闷,面色发红,吃不下饭,就请名医华佗来诊断。陈登的父亲陈珪当过沛国相,相当于郡太守,华佗是沛国谯县人,陈珪是华佗家乡的"父母官",陈珪在任时举荐华佗为孝廉,因为有这层关系,华佗对陈登并不陌生。

华佗对陈登进行了一番诊断,认为陈登"胃中有虫数升,欲成内疽,食腥物所为也",也就是吃生腥的东西太多,在胃中生了大量的寄生虫,已经郁结难化。"腥物"不是普通的鸡鸭鱼肉,广陵郡在长江下游的江北一带,东到大海,华佗所指应当是海鲜。华佗煎了两升汤药,让陈登先服一半,隔一会儿再服另一半。陈登按照医嘱服下汤药,不到一顿饭工夫即呕吐出了三升多长相奇怪的虫子,病也马上好了。

华佗临走前嘱咐说:"这个病三年后还会复发,遇上好医生才有救。"三年后陈登的病果然复发,可惜华佗这时不知道在哪里,陈登只好眼睁睁地不治而死。

76. 为关羽"刮骨疗毒"的不是华佗

《三国演义》说为关羽"刮骨疗毒"的人是华佗，《三国志》对此没有具体记载。

华佗是汉末名医，在当时很有名，为陈登、周泰、曹操等人都看过病，史书均有记载。华佗擅长外科手术，"刮骨疗毒"对他来说并不难，只是根据《三国志》记载，建安十三年（208）他就被曹操杀了，关羽发动襄樊战役已经过去了十一年，所以《三国演义》里的这个情节与史实严重不符。

如果关羽中箭在建安十三年之前，华佗有没有可能为其疗伤呢？这种可能性当然也不能完全排除，但很小，建安十三年之前华佗很长一段时间都被曹操指定为"私人医生"，难以四处行医，更无法给曹魏的对手治病了。《三国志》把关羽"刮骨疗毒"一事的记载置于刘备称汉中王之后、关羽发动襄樊战役之前，按该书叙述习惯，这件事也应大体发生在此阶段。

77. 华佗不愿意当私人医生

名医华佗死于曹操之手,这在很大程度是因为华佗不愿意当曹操的私人医生,他要到民间去行医。

有人可能不理解,说你为曹操服务,有享不尽的荣华富贵,为什么还不满足呢?

其实,这样的说法是不了解医生这个行业的特点。作为一名医生,医术要提高就必须接触大量的病人和病例,守着曹操这么一个病人,时间长了医术必然会下降,但凡有追求的医生,都不会接受曹操的安排,可惜的是,曹操不理解这一点。

78. 孙权兵败逍遥津与瘟疫有关

建安二十年（215），曹操与孙权在合肥交战，此战中，曹军以七千人马打退孙权亲自率领的十万人马的进攻。孙权本人两次陷于危难，吴军损兵折将，曹军将领张辽军事生涯则因此战达到顶峰，自那时起张辽的名字便与合肥逍遥津联系在了一起。此战也是孙权一生中最大的失败，人多势众，猛将如云，却被打得难以招架，士气大伤。

后人评论逍遥津之战的胜利，一方面归功于张辽等人作战勇敢，面对强敌，敢于主动出击，以不足十分之一的力量对比，打得敌人节节退缩；另一方面，人们对于曹操的知人善任也给予高度评价。曹操虽然不在合肥前线，但他一年前就留下了一封密函，仿佛已经预知了后面发生的情况，对于如何用兵给出了清楚的指示。曹操知道张辽、乐进、李典等人互相不服气，平时都不买对方的账，所以将拒敌方案暂时秘而不宣，他相信关键时候张辽等人能以大局为重，且互相激励，一定能出奇制胜。

后人论及此战的成败，通常将原因归于上述两方面。不过，还有一个可能更为重要的原因被忽视了，孙吴军队中正流行瘟疫，削弱了战斗力，这才迫使吴军后退。《三国志·甘宁传》记载："建安二十年，从攻合肥，会疫疾，军旅皆已引出，唯车下虎士千余人，并吕蒙、蒋钦、凌统及宁，从权逍遥津北。"这里说的"军旅皆已引出"，是说当时发生了瘟疫，孙吴军队被迫撤出了疫区。孙权之所以撤兵，是因为他至少经历过赤壁之战时的那场瘟疫，知道瘟疫的厉害。因此，所谓"八百破十万"的传奇，与瘟疫其实有着重要的关系，如果没有这场瘟疫，拥有绝对优势的孙权恐怕未必会主动撤退。

79. "建安七子"五人死于同一场瘟疫

建安二十二年（217），又暴发了一场大瘟疫，《三国志·司马朗传》记载："军士大疫，朗躬巡视，致医药。"曹操任命的兖州刺史、司马懿的大哥司马朗亲自到军中慰问得病的士卒，结果，司马朗不幸染病，不治身亡。这一次瘟疫迟滞的是曹军的行动，曹操更加深知军中流行疾病会对战斗力造成多大伤害，此时他正率兵南下，准备与孙权再来一次决战，但他不敢掉以轻心，于是撤兵了。

这场瘟疫最终波及整个北方以及长江流域，死了成千上万的人，曹植在《说疫气》一文中写道："建安二十二年，疠气流行，家家有僵尸之痛，室室有号泣之哀。或阖门而殪，或覆族而丧。或以为疫者鬼神所作。人罹此者，悉被褐茹藿之子，荆室蓬户之人耳。若夫殿处鼎食之家，重貂累蓐之门，若是者鲜焉。此乃阴阳失位，寒暑错时，是故生疫。而愚民悬符厌之，亦可笑也。"根据曹植的记载，这场瘟疫造成了巨大的人员伤亡，那时人们医学知识很有限，有人认为瘟疫是鬼神在兴风作浪。曹植不同意这样的观点，他认为是自然界阴阳二气失调而发生瘟疫，没有什么鬼神，对于那些插起桃符来驱鬼的人，曹植觉得很可笑。

值得一提的是，徐干、陈琳、应玚、刘桢等著名文人都死于这场瘟疫，王粲则死于这次行军途中，推测一下，可能也与这场瘟疫有关。也就是说，"建安七子"几乎同时死去了五位，这场瘟疫在对曹操的大军给予重创的同时，也对文学事业造成了无法弥补的损失。

乱世出英雄，也容易诞生优秀的文学作品和作家。此前，天下陷入动荡，而文学却异军突起，以"三曹""建安七子"为代表的"建安作家群"造就了一次中国文学史上的高峰。但建安末年的这场瘟疫将这段辉煌突然打断，徐干等五人病逝于同一年，加上九年前被曹操所杀的孔融和五年前故去的阮瑀，"建安七子"到此"全军覆没"。三年后，"建安文学"的领军人物曹操也去世了，曹丕当了皇帝，用在文学创作上的精力越来越少。中国文学史由辉煌期迅速走向一个低谷，直到二十多年后的正始年间，随着"竹林七贤"的形成才有所改观。

80. 建安年间发生五次大瘟疫

发生瘟疫自古以来就是国家极其重视的大事，稍有规模的疫情必然被史官记录在册。据1932年出版的《中国救荒史》统计，中国古代发生重大疫情的次数是：秦汉13次，魏晋17次，隋唐17次，两宋32次，元朝20次，明朝64次，清朝74次。另据王玉兴《中国古代疫情年表》的统计，公元前243—1911年，2154年里共发生重大疫情352次：秦汉34次，三国8次，两晋24次，南北朝16次，隋唐22次，宋金70次，元朝24次，明朝39次，清朝115次，平均6.1年发生一次。

汉末三国时代，政局动荡，战乱几乎年年发生，加上天灾不断，加剧了瘟疫的暴发。仅汉献帝建安年间（196—220），史书记载的大规模疫情就发生了五次：建安元年（196），中原、关中及大部分北方地区暴发了大规模疫情，曹操正与吕布争夺兖州，双方都没有军粮，陷入苦战，身在长安的汉献帝亲自为灾民煮粥；建安十三年，正南征荆州的曹操所部遭遇疫情，"吏士多死"；建安二十年，正进攻合肥的孙权遭遇疫情，"吴疾疫"，被迫撤军；建安二十二年，江淮流域及北方大部分地区发生大疫；建安二十四年（219），江东地区发生大疫。

这些重大疫情改变了历史：如果没有瘟疫，曹操在统一北方过程中也许会少吃很多苦，并且极可能在有生之年统一中国；如果没有瘟疫，张辽合肥城外逍遥津"八百破十万"的传奇也许不存在；如果没有瘟疫，汉末三国的文学事业也许更加辉煌。更重要的是，每一次瘟疫的暴发都造成了极大的人员伤亡和经济损失。频繁发生的瘟疫造成人口锐减，汉桓帝永寿三年（157）曾做过一次人口普查，当时的人口总数为5648.6万，到晋武帝太康元年（280），这一数字跌至1616.3万，呈"断崖式"下降。其中的原因，战乱是一个重要方面，瘟疫是另一个重要的方面。

81. 史上第一位"坐堂医生"

汉末南阳郡涅阳县（今河南省邓州市）有一个张姓家族，这是一个大家族，整个家族总人数有二百多口。张氏家族有一个年轻人，名叫张机，字仲景，年轻好学，又有品行，被推举为孝廉。孝与廉是汉朝选拔官吏的两个科目，孝指孝子，汉朝以孝治国，很看重一个人在这方面的品行；廉即廉洁之士，有清廉的操守。汉朝还没有科举考试，除从太学毕业进入仕途之外，被地方推举为孝廉是另一个重要的入仕方法，但名额非常有限。汉朝规定：以郡和国为单位，二十万人口以上的每年只能推荐一人为孝廉，二十万人口以下的每两年推荐一人。东汉约一百一十个郡国，按照这个标准，每年能成为孝廉的只有几十人。

张仲景被本郡推举为孝廉，说明他是那个时代一位出类拔萃的青年。涅阳张氏家族虽然庞大，但在当时还算不上显赫，在此之前似乎也没有出过特别有名的人物，张仲景能成为孝廉，完全靠的是自身努力。成为孝廉后，可以与洛阳太学里的学生一样，先被授为郎官，前往天子身边或朝廷各官署中实习一段时间，之后分配工作，到地方或在朝廷中任职。在张仲景的面前，似乎前景一片光明，然而此时天下已经处于分崩离析状态，是被诸葛亮后来称为"桓灵之世"的这个时代,"亲小人,远贤臣",宦官专权,外戚干政,早已民不聊生。

更可怕的是,频繁发生的瘟疫对百姓造成了更为直接的打击。张仲景所在的家族本枝繁叶茂,但自建安元年开始便屡屡在瘟疫打击下损丁减口。张仲景在《伤寒杂病论序》中记述:"余宗族素多,向余二百,建安纪元以来,犹未十稔,其死亡者,三分有二,伤寒十居其七。"不到十年时间,二百多口的大家族就有三分之二的人死去,其中被瘟疫夺去生命的占70%,这是何等惨烈!不过,这也只是那个时代众多家庭的一个缩影而已。

家族的不幸、身边百姓的痛苦激发了张仲景学习、探求医学知识的决心。那时候没有专门的医学专科学校,想掌握医术,一方面靠自学,另一方面靠拜师。张仲景从小接触到许多图书典籍,他博览群书,尤其对医学方面的书籍感兴趣,他曾在书中看到扁鹊诊治齐侯的故事,对扁鹊高超的医术十分钦佩。张仲景自述:"余每览越人入虢之诊,望齐侯之色,未尝不慨然叹其才秀也。"

本郡有一位名叫张伯祖的名医,医术精湛,笃好医方、精明脉证,疗病每有奇效,凡找他看病的人十之八九都能治愈,因此远近闻名。张仲景慕名前往,提出拜张伯祖为师,一番诚意打动了张伯祖,就答应了张仲景的拜师请求。于是,张仲景在张伯祖指导下进一步钻研医术。张仲景学习刻苦,除了老师耳提面命外,还学习了前人留下的医学成果,涉猎十分广泛。"上古有神农、黄帝、岐伯、伯高、雷公、少俞、少师、仲文,中世有长桑、扁鹊,汉有公乘阳庆及仓公。"张仲景在医学方面极具天赋,所以学业精进,医术不断提高,甚至逐渐超过了老师,时人称赞"其识用精微过其师"。《襄阳府志》也有记载:"仲景之术,精于伯祖。"

在当时的社会上,医生地位低微,医术被称为"贱业"。年轻人多以进入仕途为人生首选,张仲景被举为孝廉,这是多少人梦寐以求的事,但他的志向不在做官上。南阳郡有一位奇人,名叫何颙,以善于识人见长,曾当面点评过曹操、荀彧等人,无不精准。作为张仲景的同乡,何颙也关注过这个很有潜力的年轻人,不过何颙也不认为仕途是张仲景的发展方向,他曾当面对张仲景说:"君用思精而韵不高,后将为良医。"何颙认为张仲景不仅才思敏捷,而且善于学习,但不善于做官,日后可以在医学方面发展。

晋人王叔和曾整理过张仲景留下的著作,根据他的记述,张仲景曾做过长沙郡太守。东汉末年的长沙郡属荆州刺史部,主要管辖范围与今湖南省有较多重合,下治九县,治所湘县(今湖南长沙)。郡太守是品秩二千石的高官,与朝中九卿相当,相当于"省部级"。张仲景担任郡太守后须处理许多公务,平时很忙,但他仍然不放弃给百姓看病。现在,人们将医生为患者诊病也称"坐堂",相传这一典故就与张仲景有关,说的是张仲景担任郡太守后告示百姓,每个月初一、十五两天郡政府衙门不问政事,大开大门为百姓看病,张仲景把官衙"大堂"当成诊室,于是留下"坐堂医生"的美谈。

82. 张仲景是"瘟疫克星"

为了战胜当时流行的各种瘟疫，张仲景刻苦研习了《素问》《灵枢》《难经》《阴阳大论》等之前的所有古代医书，他"勤求古训，博采众方"，对于其中与瘟疫有关的治疗方法尤为关注。《素问》认为"夫热病者，皆伤寒之类也"，还说"人之伤于寒也，则为病热"，这里的"热病"指的就是流行性传染疾病，张仲景将其统称为"伤寒"，于是撰写《伤寒杂病论》一书，对这些疾病进行了系统性研究，不仅有理论方面的阐述，还有如何治疗与用药。

之前的医书对各类瘟疫虽有涉及，但不够全面和系统，在诊断方面缺乏统一标准，不利于诊断和用药。张仲景对各种疾病发生、发展过程中表现出的不同症状进行总结、归类，区分病邪入侵经络脏腑的深浅、患者体质的强弱、正气的盛衰、病势的进退缓急以及有无宿疾等因素，将疾病分为六种症候群，然后根据不同的病种提出相应的治疗方法，这种先"辨证"再"论治"的原则被后世医学广泛采用。

《伤寒杂病论》以六种症候群为统领，逐项细分，对应的是具体病状和病例，非常实用。比如，遇到发热、恶寒、头痛、脉浮的病人，将其归为表证，属太阳病，但其中又分有汗与无汗、脉缓与脉急等不同类别，对于有汗、脉浮缓的太阳病，用桂枝汤治疗；对于无汗、脉浮紧的太阳病，用麻黄汤治疗；对于无汗、脉紧的太阳病，用大青龙汤治疗。用这样的方法诊病、治病，十分简单且很实用，不易误诊、误治，可使医家执简驭繁。

《伤寒杂病论》确立了张仲景在医学史上的地位，但在连年战乱中，许多书简保存不易，《伤寒杂病论》一度也面临散落佚失的危险。晋朝太医令王叔和有感于《伤寒杂病论》的重要性，对其进行了收集、整理和修复，将其删定为《伤寒论》一书，张仲景的医学著作于是得以流传后世。晋朝以后，注释、研究《伤寒论》的学者逾千家，清朝医学家张志聪认为："不明四书者不可以为儒，不明本论者不可以为医。"此处所指的"论"即《伤寒论》。《伤寒论》不仅在中国备受推崇，还流传到海外，在世界各地广受赞誉，日本自康平年间以来研究《伤寒论》的学者就有近二百人之多。

治病的第一步是诊断，准确诊断后，要使"病除"还需"药到"，张仲景除花费很大精力研究"辨证"外，对方药也进行了刻苦研究。《伤寒论》中载有方剂一百一十三个，张仲景另一部医学著作《金匮要略》中载有二百六十二个。除去两书中重复的方剂，实收二百六十九个，不仅涵盖的疾病种类广泛，而且方剂的形式也多种多样，有汤剂、丸剂、散剂、膏剂、酒剂、洗剂、浴剂、熏剂、滴耳剂、灌鼻剂、吹鼻剂、灌肠剂等，品种之丰富、制作过程记述之详尽超过了此前所有医书，张仲景的著作又被称为"方书之祖"。

张仲景所记述的方剂，全部针对的是当时流行的各类疾病，是百姓平常容易碰到的，而方剂所用药物大多也容易取得。比如，桂枝汤，主要用桂枝与芍药配伍，主治头痛发热、汗出恶风、鼻鸣干呕、苔白等症，虽不深奥，却隐藏着变化，如两种药物各用三两配伍为桂枝汤，将芍药再加上三两就成为治疗腹中急痛的小建中汤。普通的一剂桂枝汤，如果加进附子、葛根、人参、大黄、茯苓等不同药材，又能变化出几十个方剂。变化之妙，疗效之佳，令人叹服。

张仲景在方剂配制方面的理论以及药物配伍、加减变化方面的做法一直为后世医家遵循。《伤寒论》和《金匮要略》中所载的许多方剂，也一直被人们使用了千百年，有些方剂至今仍被采用，如治疗痢疾的白头翁汤、治疗乙型脑炎的白虎汤、治疗肺炎的麻黄杏仁石膏甘草汤、治疗急慢性阑尾炎的大黄牡丹皮汤、治疗急性黄疸型肝炎的茵陈蒿汤、治疗胆道蛔虫症的乌梅丸、治疗心律不齐的炙甘草汤等，都被视为临床应用中的良方。

83.《三国志》不为张仲景立传遭质疑

张仲景医术高明、医德高尚，为抗击瘟疫做出了巨大贡献，对后世医学发展也产生了重大影响。然而，史书对张仲景的记载却不多，记述张仲景同时代人物事迹的《后汉书》和《三国志》中都没有张仲景的传记，甚至对他也没有提及，仿佛没有这样一个人。

史书不提张仲景，也许觉得他担任过的最高职务不过是郡太守，仅在建安年间，担任过郡太守的人就有一两千人，史书单独列出传记的不过屈指可数的极少数人，张仲景在政务方面没有特殊贡献，也没有与当时的风云人物曹操、刘备、孙权等人有过直接交往，所以不提。至于作为医学家的张仲景，史书对此也不关注，《三国志》中有与张仲景同时代的另一位名医华佗的传记，很大程度上是因为华佗与曹操的关系。

史书虽不载，但张仲景并没有因此湮没无闻。除王叔和外，晋朝另一位医学家皇甫谧在所著《甲乙经》中也提到张仲景："汉有华佗、张仲景。其他奇方异治，施世者多，亦不能尽记其本末。"皇甫谧记载了张仲景为"建安七子"之一王粲诊病的故事，对张仲景的医术无比佩服，认为"虽扁鹊、仓公无以加也"。对于《三国志》中没有记载张仲景的事迹,唐朝史学家刘知几在《史通》中曾质疑:"当三国异朝,两晋殊宅,若元则、仲景,时才重于许、洛,何桢、许询,文雅高于扬、豫;而陈寿《三国志》、王隐《晋史》,广列诸传,而遗此不编。此亦网漏吞舟,过为迂阔者。"

与史书有意或无意"忽略"不同,张仲景在民间拥有崇高的地位,人们推崇他的医学著作,敬仰他的医术和医德,将他称为"医圣"。在张仲景的家乡,人们修建了"医圣祠",每年张仲景的诞辰日还举办大型纪念活动。人们怀念张仲景,看中的不仅是他医术高超,更看中他不恋权势、热爱百姓和勇于同瘟疫做斗争的高贵品质。

84. 刘备不长胡须

刘璋邀请刘备率兵来益州帮自己打汉中的张鲁，刘备领兵到了成都北边的涪城，刘璋亲自赶来相见，下令就地摆下盛宴给刘备及其手下将士们接风洗尘，这是一场"超级大酒"，参加的人多达数万，刘璋不仅跟刘备喝，还和刘备手下的将士喝，"欢饮百余日"。

《三国志》记载，有一次刘备大概喝得有点儿多，发现刘璋旁边坐着一个人长得很有特色，"其人饶须"，也就是胡子有点儿多，刘备喝得高兴，就拿他开起了玩笑："过去我在家乡涿县，那里有很多人姓毛，东西南北都有，县令说哪来这么多毛环绕着涿县？"刘备是在讲笑话，听领导讲笑话是个学问，会听的人好笑不好笑都笑，不会听的人才会犯傻问笑点在哪里。

被刘备调侃的这个人名叫张裕，他不属于上面两种人，而是那种傻得不透气的人，他没有笑，也没有抬杠，却顺手回赠了刘备一个笑话："过去有个人在上党郡潞县当县长，后来升了官，当上了涿县令，该县令辞官回家，别人给他写信，就称他为'潞涿君'。""潞"与"露"谐音，"涿"与"啄"音同，"啄"是嘴的意思，"露啄"即露嘴，也就是没胡须。刘备恰好没胡须，他拿人家胡子多开涮，人家就回敬他嘴上没毛，办事不牢。

85. 被误解最深的人

他是三国这个时代的第一人：他的战友说，在那个时候能实现拨乱反正的，除了他没有第二个；他的部下评论说他"功高德广"；他的对手孙权，也说他"自古少有"。《三国志》在回顾了他的一生后给了他"非常之人、超世之杰"的极高评价，认为他的功绩和影响力已经远远超越了三国时代。

后世的唐太宗李世民是他的粉丝，评价他"匡正之功，异乎往代"；诗人王勃说他用兵入神，仿佛是当世的孙武、吴起；《资治通鉴》的作者司马光认为他"知人善察，难眩以伪"。就是这样一个曾经受到极高推崇的人，不知道从什么时候起突然就成了舞台上的小丑，一个白脸奸臣。他是汉末三国被误解和误读最深的人，历史欠了他一个公道，这个人就是魏武帝曹操。

86.曹操多才多艺

曹操是一个多才多艺的人，他的身上充满感性魅力。曹操是一个大诗人，他的诗境界高远，不是一般诗人所能及的，他又被鲁迅称为"改造文章的祖师爷"，史书上称他"文武并施"，后世诗人歌颂他"昼携甲士破坚阵，夜接词臣赋华屋"。曹操在军中三十多年，手不释卷，"昼则讲武策，夜则思经传"，同时他"登高必赋，及造新诗，被之管弦，皆成乐章"。

曹操喜欢音乐，并有很高造诣，《博物志》甚至把他与当时最优秀的音乐家桓谭、蔡邕相比。

曹操还是一个围棋高手，能与同时代著名棋手山子道、王九真、郭凯等一决高下。曹操"才力绝人"，擅长骑射，能"手射飞鸟，躬禽猛兽"，他在南皮城外打猎时"一日射雉获六十三头"。

曹操还具备建筑规划和器具设计方面的才能，"及造作宫室，缮治器械，无不为之法则，皆尽其意"。

曹操平时又是一个崇尚节俭的人，"不好华丽"，要求"后宫衣不锦绣，侍御履不二采"，宫里的帷帐屏风坏了，都是修补一下再使用。他倡导薄葬，并从自己带头执行。曹操平时喜欢穿便装，身上还戴个小香囊，里面装着手巾等随身细物，还经常"冠帢帽以见宾客",所谓"帢帽"是当时士人常戴的一种便帽。《傅子》曾记载,曹操考虑到天下凶荒、资财乏匮,按照古代皮弁帽的式样,裁缣帛来代替皮子,改进了这种帢帽,以颜色"别其贵贱",以体现节省并"合于简易随时"的精神。

87. 曹操一高兴喜欢跳舞

《汉末英雄记》记载了两则关于曹操很有趣的事,一则说建安年间曹军在南皮打败袁谭,将袁谭斩杀,曹操亲自"作鼓吹",自称"万岁",在马上手舞足蹈起来。另一则说建安十二年(207)曹操进攻乌桓的首领蹋顿,一战斩蹋顿之首,曹操把蹋顿的首级系在自己的马鞍上,做"马抃舞"。

南皮之战发生在建安十年(205)春天,这一仗打得很艰难,据《魏书》记载,决战的那一天,"且及日中不决",从清晨一直打到中午都决不出胜负,曹操"自执枹鼓",亲自为将士们加油鼓劲,结果"士卒咸奋,应时破陷"。袁谭败逃出南皮,在城外遇上虎豹骑,被一举斩于马下。曹操兴奋至极,因为南皮之战胜利后,袁氏集团的势力基本上被肃清了,奋斗了近十年终于彻底战胜了最大的对手,北方四州尽入自己的掌握,他怎能不高兴?

又过了两年,曹操亲自远征乌桓,这一仗更艰苦,大军长驱直入,深入乌桓人的腹地。在后续部队难以跟进的情况下,以弱势兵力与乌桓主力在白狼山下展开激战,又是虎豹骑的超常发挥,不仅使曹操大获全胜,而且将乌桓人的传奇首领蹋顿斩于马下。

《汉末英雄记》说曹操这一回更兴奋，他把蹋顿的首级挂到自己的马鞍上，在马上跳起了"马抃舞"。这个"马抃舞"也许是一种舞蹈的名字，也许只是指在马上舞蹈，"抃"的意思就是拍手、鼓掌。

88. 邺县有先进的城市供水系统

曹操统一北方后，把大本营放在了冀州的邺县，并进行大力营造。经营邺县必须先治好漳河，漳河紧贴邺县而过，在方便农业生产和生活的同时也带来水患，同时一旦邺县被围攻，漳河水又成了攻城的武器，在军事上十分不利，曹操经营邺县，治理漳河成为重点。

漳河是北方一条著名的河流，战国时邺县令西门豹主持兴建了著名的"引漳十二渠"，这些人工水利工程对农业灌溉和水患治理发挥了很大作用，但由于年代久远，加之漳河频繁改道，这些工程毁坏殆尽，曹操下令组织流民对这些水利工程进行重修。这是一项浩大的系统工程，前后持续了十多年时间，动用的军民有数十万，但主要史籍对此均无正面记载，只能从《水经注》《邺中记》等零星史料中一窥这项工程的全貌。

据《水经注》记载，曹操下令在漳河上修建了一道大坝，名叫天井堰。有了这道大坝，漳河水被拦出一座水库，《邺中记》说这座水库名叫堰陵泽。这样一来，水流下泄便可以实现调节，沽水时多放水，有水患时利用大坝对洪水进行调节，其原理与今三峡大坝没有什么不同。《水经注》还说，天井堰以下二十里内又修了十二个墱,每个墱相隔三百步。"一源分为十二流,皆悬水门",意思是由天井堰下来的水被这十二个墱分出十二条水流,每个墱口都修有水闸,控制水流的出入。什么是"墱"?唐人李周瀚解释说:"墱,级次,泄水之处,言有十二也。"也就是说,墱就是人工灌溉渠,天井堰围出了堰陵泽这座大水库,保证了漳河水流的相对稳定,使这些灌溉渠道有了水源保证,即使在枯水期也可以发挥灌溉作用。

先进的水利工程使邺县周围乃至魏郡广大地区的农业得到了极大发展,数十年后出生的晋朝著名文学家左思写过一篇《魏都赋》,对邺县农业发展情况有过具体描述,其中提到,丰富的水利资源使这里盛产一种叫"芒种"的作物,唐朝李善对此进行了考证,认为芒种指的是水稻,当时的农民一般在地势较低的地方引水种水稻,在地势高的地方种麦子等谷物。关于邺县当时广种水稻的事,在曹丕的文章里也得到了印证。稍后出生的著名学者傅玄在一篇文章里介绍了水利工程对魏郡地区粮食产量提高所做的贡献,他说可以灌溉的旱田亩产达到了十多斛,而水田更可以收谷数十斛。当时一般土地亩产高的也就是十斛左右,有的甚至只有三四斛,由此可见,漳河上的这些水利工程对农业发展起到了多么大的促进作用。

经过治理,漳河重新被驯服,不仅不再发生水患,而且为邺县的城市建设带来了便利。据《邺中记》记载,曹操下令在邺县修了一条暗渠,名叫长明沟,由漳河引来的水从城西引入,"伏流入城东注",这条暗渠在城里绕了一个圈,先向南流,之后从东门出城。从这条暗渠上还有不少小的水渠引出去,"沟水南北夹道,枝流引灌"。这条渠出了邺县后,曹操还下令在其上修了一道稍小点的水坝,名叫石窦堰,进一步控制水流。如果史料中所载的上述内容属实,那么此时的邺县便已经拥有了一套相当复杂和先进的城市供水系统。水不仅是生活必需品,也关系到城市的文明程度,漳河水的引入,使邺县一跃成为那个时代世界上最现代化、最为时尚的城市之一。

89. 三国最隐秘的豪门

在三国人物里，张飞的关系网比较特别：他的妻子是夏侯渊的侄女，所以张飞得管夏侯渊叫声叔叔；夏侯渊跟曹操是连襟关系，夏侯渊的妻子和曹操的妻子是亲姐妹，所以张飞还得管曹操叫声叔叔；张飞跟刘备是亲家，张飞得管刘备叫声大哥；刘备是孙权的妹夫，张飞也得管孙权叫声哥；夏侯氏与司马氏也有亲戚关系，司马懿也算张飞的远亲。

张飞出身低微，本不算汉末豪门之家，但他能把三国的几大豪门联系在一起，可以称为三国最隐秘的豪门。

90. "莽张飞"是位书法家

受评书、小说、戏剧和一些影视作品的影响,张飞的形象早已在人们心中定格了。粗犷,豪爽,有一个火暴脾气;作战勇猛,攻无不克、战无不胜,敌人闻风丧胆;一身忠义之气,至死不改本色,于是就有了一个"莽张飞"的绰号,不过这样看张飞并不全面,张飞其实跟"鲁莽"沾不上边。

《三国志》中张飞的传记不到一千字,无法完全反映出这位三国名将的风采和全貌。南北朝时有个叫陶弘景的人,写了一部《刀剑录》,里面有一段记载说,张飞初拜新亭侯时,让匠人用赤山铁专门打造了一口刀,他亲自在上面写下铭文:"新亭侯,蜀大将也。"后来张飞遇害,范强刺杀张飞后得到这把刀,把它献往孙吴。南北朝距三国时代较近,这个记载有一定的可信度,于是人们才知道,原来张飞也会书法,《新亭侯刀铭》就是他的书法作品。

元朝画家吴镇曾对张飞的书法成就进行过评价,认为他的造诣很高,甚至说三国时代公认的著名书法家钟繇、皇象都比不上张飞。明朝有个叫曹学佺的人,写了一部《蜀中名胜记》,与《徐霞客游记》齐名,其中记述顺庆府渠县有个八濛山,在山下看到一块石头，上面题有"汉将张飞率精卒万人大破贼首张郃，立马勒石"的两行隶书大字。渠县即当年巴西之战的所在地，曹学佺除了是位旅行家，还是明朝著名的文献学家，他的这个记载也有一定的可信度。明人卓尔昌著有《画髓元诠》，说张飞最擅长的是草书。另一部名为《丹铅总录》的书中记载，四川涪陵一带自古流传下来一种刁斗，上面有铭文，就是张飞所写的。

现代著名学者吴晗曾写过一篇《由张飞的书画谈起》，其中写道："我国书法家并不限于文人，武将中也不少，如岳飞、张飞等。"虽然张飞的书法真迹现在已经看不到了，但有这么多记载说他擅长书法，应该不全是杜撰的。

91. 马谡失街亭另有隐情

诸葛亮让马谡去守街亭,告诉他去了以后,当道扎营就可以,结果马谡非得把人马带到山上去,造成了大败。这件事让人百思不得其解。

要说马谡只会纸上谈兵吧,那也至少会谈,怎么会犯这么小儿科的错误呢?带着这个疑问,如果去街亭古战场遗址看一看,或许就能理解马谡的想法了。

街亭两边虽然是山,中间的河谷地带却非常开阔,如果中间真有一座城,那倒是可以守一守。问题是,中间的这座城如果荒废了、破败了,短时间内又修不好,那就没有用。对方是几倍于你的精锐骑兵,你只能送死。当时的情况正是这样:街亭原先有一座城,是汉朝的略阳县,后来"撤县设亭",城池荒废了,蜀军不知道,到了以后才发现,已经来不及了。马谡这才临时决定带着人马上山。你是骑兵,有本事你骑着马上山来打我,但是张郃更有经验,我不打你,我渴死你。结果,蜀军大败。

92. 刘备初见诸葛亮的另一说法

刘备三顾茅庐的故事自古流传，但关于刘备与诸葛亮初次相见的情况，史书也有完全不同的记载。《魏略》《九州春秋》认为刘备第一次见到诸葛亮不是在隆中，而是在樊城，并且是诸葛亮主动找上门来的。根据史书的记载，曹操平定河北后，眼光一向敏锐的诸葛亮预感到曹操的下一个打击目标就是荆州，但刘表性情迟缓，不懂军事，诸葛亮就跑到樊城去见刘备。刘备当时已离开了新野，移防到新野以南数十里的樊城。刘备当时正四处招人，每天来拜访的儒生很多，他并没有听说过这个叫诸葛亮的年轻人，"以其年少，以诸生意待之"。当时刘备对儒生是集体接见，大家坐在一起扯了一阵，众人就走了，但诸葛亮没有走，还想跟刘备多聊一会儿。

刘备大概没有想跟诸葛亮单独交流一下的打算，他喜欢编织，刚好有人送给他一条牦牛尾巴，儒生们走后刘备觉得无聊，也不管诸葛亮还在跟前，就一个人编了起来。

刘备正陶醉在做手工的乐趣中，诸葛亮上前说："明将军当复有远志，但结牦而已邪？"刘备这才打量了一下这个年轻人，见他身材魁伟，谈吐镇定，器宇不凡，赶紧把手里的东西扔了说：

"这怎么说呢，我也是借此打发心中的忧愁罢了。"这是诸葛亮跟刘备的初次对话，主题是眼下如何对抗曹操。诸葛亮问刘备："您以为刘表将军与曹操相比如何？"这不难回答，刘备说："刘表不如曹操。"诸葛亮话锋一转，问刘备："将军您自认为比曹操如何呢？"刘备一向谦虚，说道："也不如曹操。"诸葛亮提出了问题："你们都比不上曹操，而将军您手里只有几千人马，靠这点力量如何能抵挡曹操呢？"刘备叹了口气，如实说道："我也正为这犯愁呢，那你说该怎么办？"诸葛亮说出了自己的办法："荆州的人口本不少，只是登记在册的人很少，您可以建议刘表将军，把流动人口管理起来，重新登记户籍，照此调兵。"

刘备采纳了诸葛亮的建议，结果实力大增，从而对诸葛亮以上宾之礼看待。上面这个说法，虽然也有合理性，但不如三顾茅庐的故事更有影响。

93. "以茶代酒"典故的由来

孙吴末代皇帝孙皓杀起人来六亲不认,同时还是个酒鬼,动不动就聚众狂饮,大臣们谁不喝酒就是不给他面子,他派了不少侍从"监酒",苦坏了那些酒量实在不行的大臣。

孙皓灌大家酒是有用意的,他趁着群臣喝醉之际强迫他们互相揭发,大到谋反叛逆,小到闲言碎语,孙皓都喜欢收集,谁要是被揭发出来,孙皓必杀无疑,弄得大臣们一听说赴宴就如同末日来临,出门时都要跟老婆孩子含泪做一番临终告别。

历史学家韦曜在孙皓手下供职,孙皓原本很欣赏韦曜,加之希望韦曜在史书里多说自己的好话,所以对韦曜刻意拉拢。韦曜酒量不行,孙皓格外照顾他,他下令每人一次必须喝七升酒,韦曜的酒量顶多只有二升,孙皓暗中让人用茶水替代酒水,这就是"以茶代酒"典故的由来,以此让韦曜过关。

孙皓后来让韦曜按自己的意思去记录他父亲孙和的有关事迹,等于是篡改历史,自司马迁以来中国史学家大多有耿直的传统,宁可被杀头也不会弄虚作假,韦曜就是其中的一位,孙皓见韦曜不听话,就把他杀了。

94. 赤壁之战只形成"三分荆州"

赤壁之战其实是一场遭遇战,战役的规模、过程和结果都被高估了。从结果上看,曹操的确被打败了,但即使全军覆没,失去的也只是一个从江陵出发的西进兵团。此时在荆州曹军主力仍有十几万,超过孙刘联军总和,荆州最重要的三座城池襄阳、宛城和江陵也尽在曹军掌握之中,说一场赤壁之战就彻底打败了曹操,马上出现了"三分天下"的局面,显得十分夸张。

对孙权和刘备来说,现在还根本不可能幻想什么"三分天下",他们的目标是把曹操的势力从荆州挤走,至少也要把江陵夺过来,占领整个长江防线。赤壁之战后孙权抢地盘的速度最快,先后设置了三个郡,基本控制了从今九江到宜昌一段的长江防线,给刘备的只有半个南郡。赤壁之战结束两年后,刘备冒险出使江东,从孙权手中又"借"来半个南郡,遂以公安为基地不断扩展势力,占有了荆州的江南四郡,才算有了一块属于自己的地盘。

之后,荆州的局面相对稳定下来,原荆州七郡里曹操占有整个南阳郡和南郡的一部分,孙权占有江夏郡和其他一些地方,刘备占有大部分南郡以及零陵郡、长沙郡、桂阳郡和武陵郡,三家瓜分了荆州。刘备在荆州新设了襄阳郡、宜都郡,孙权新设了彭泽郡、汉昌郡，曹操新设了章陵郡、南乡郡。

所以，赤壁之战结束数年后荆州的格局依然很复杂，"三分天下"只是"三分荆州"，还谈不上"三分天下"。真正意义上的"三分"应该在刘备进入益州之后，具体来说，是赤壁之战五年后刘备在益州北部的葭萌关起兵取成都，这才正式拉开了"三分天下"的序幕。

95.汉末三国少有主将"单挑"

在小说,包括一些影视剧里,经常可以看到两个主将直接一对一"单挑",打了多少个回合也难分胜负。但是,这并个不符合当时的实际情况。

回合是车战的术语,双方站在战车上,相向冲锋,接近时用手中的兵器搏杀,冲过去后,再折回来重新冲锋,一来一回就是一个回合。到汉末三国时代,随着马鞍、马镫等配具的装备,车战被骑兵作战取代,主将之间便很少直接面对面打斗了,而主要讲的是阵法以及骑兵配合。

当然,也不是说汉末三国绝对没有主将单挑的情况,史书里也记载了几次:一次是关羽战颜良,关羽最后亲手斩杀了颜良;还有一次是孙策战太史慈,两个人互不服气,打了很久,打了个平手;还有一次是吕布战郭汜,吕布最后把郭汜刺伤了。这样的单挑都是特殊情况下发生的,不是汉末三国作战的主要样式。

96. 汉末三国的"中央司令部"

汉末三国的军制,分为战时和平时两种,大家所熟悉的各种各样的将军多属战时体制,这个体制分成两大块:中央司令部和下面的各个战区。

中央司令部主要由大将军、骠骑将军、车骑将军和卫将军组成,其中大将军地位最高,相当于全国武装部队总司令,下面的几位分别相当于第一、第二、第三副总司令。从大将军到卫将军都不常设,也不全设;如果不设大将军,那么骠骑将军就相当于代理总司令;如果不设大将军也不设骠骑将军,车骑将军就是代理总司令,以此类推。

三国时代,唯一特殊的是孙吴,孙权当皇帝后,在大将军的前面加了一个"上"字,成为"上大将军",其实就相当于大将军,而下面的大将军则相当于骠骑将军。

97. 汉末三国"四大战区"

在汉末三国的军制里,中央司令部下面通常分成东、西、南、北四大战区,也叫前、后、左、右四大战区。战区的司令由四方将军担任,也就是前将军、后将军、左将军、右将军。在四方将军下面,还有四征将军,即征东将军、征南将军、征西将军、征北将军。再往下,还有四镇将军、四平将军、四安将军。

从四方将军到四安将军,如果这些将军同时都设的话,那四方将军相当于战区司令,后面几位分别相当于第一、第二、第三、第四副司令。当然,大多数情况下不会同时设置,那么,没有四方将军的情况下四征将军就相当于代理战区司令,以此类推。

98. 汉末三国的杂号将军

除了前文说的这些高级将领,汉末三国更多的是一些杂号将军,手下通常有一个军,按照当时的编制,人数大约一万,相当于我们现在的军长。

现在的军,通常都有一个番号,如第一军、第二军、第三军等,当时人们不喜欢这样做,但也得有一个区别的名称,于是就有讨逆军、讨虏军、横野军等,他们的"军长"就是讨逆将军、讨虏将军、横野将军。比这些杂号将军地位稍低一点的是偏将军、裨将军,他们相当于"副军长"。

99. 汉末三国的中级武官

汉末三国在杂号将军之下还有一些其他军官，如中郎将、校尉、都尉、司马等，他们是什么关系呢？

中郎将和校尉地位差不多，大体相当于大校师长，不同之处在于，中郎将过去是禁军的指挥官，后来天下乱了，各地实力派也任命自己的手下为中郎将，但通常在人们的心目中中郎将比校尉分量稍微重一些。都尉地位更低一点，而且各郡国地方武装指挥官也称都尉，所以都尉相当于旅长，或者地方保安旅旅长。再往下就是司马，司马的手下通常是一千人左右，相当于团长。史书里经常提到别部司马，那就是独立团团长。

100. 汉末三国的"五大王牌主力"

汉末三国有几支特别能打的部队,有人把他们总结为"五大王牌主力",有曹操的虎豹骑、公孙瓒的白马义从、吕布的陷阵营、刘备的无当飞军和白毦兵。

这不是小说虚构出来的,史书对这些队伍也都多次提及。这几支部队有几个特点:一是人数都不是很多,一般在几千人这个规模,但是战斗力特别强;二是各有绝活,有的擅长远途奔袭,有的擅长打闪电战,有的擅长防守;三是在关键时刻都曾立过奇功,从而名存史册。

101. 汉末三国的"虎豹骑"

曹操手下有个虎豹骑,《三国志》《魏略》这些史书都有提及。不过,奇怪的是《三国演义》对此只字未提,原因估计是不想渲染曹魏多么厉害。

虎豹骑是曹军嫡系中的嫡系、精锐中的精锐,曹纯以及曹家的第二代精英曹真、曹休等在这支部队里都担任过军官。曹操率领虎豹骑南征北战,在南皮斩杀过袁绍的儿子袁谭,在白狼山斩杀了乌桓人的传奇首领蹋顿,在长坂坡大败过刘备,在潼关之战中大败过马超。虎豹骑战功赫赫,在当时无人能敌。

102. 汉末三国的"白马义从"

白马义从是公孙瓒手下的一支人马,以骑兵为主。公孙瓒喜欢骑白马,他打仗的时候非常凶狠,敌人一见他就闻风丧胆,给他起了个名号,叫"白马长史",也有的叫他"白马将军"。

公孙瓒一看这匹白马已经给敌人造成了心理阴影,于是就找了很多白马,组建了这么一支部队,有几千人。袁绍要灭掉公孙瓒,先得过白马义从这一关。最后,袁绍训练了一支叫"大戟士"的部队,给士兵配备专门定做的大戟,在弩兵配合下,在界桥之战中一举将白马义从消灭了,创造了步兵战胜精锐骑兵的战场神话。从此,公孙瓒也就开始走了下坡路。

103. 汉末三国的"陷阵营"

陷阵营是吕布手下的一支人马,根据《汉末英雄记》记载,陷阵营只有七百多人,对外号称一千人,别看人不多,他们的战斗力却十分惊人,在战场上左冲右突,来无影去无踪,擅长打闪电战,擅长斩首行动。

陷阵营的指挥官是高顺,虽然没有关羽、张飞这些人名气大,但他的业务能力很强,人品也好,堪称汉末三国的"完美军人",陷阵营就是他一手训练出来的。

吕布死后,高顺也被曹操所杀,但推测起来陷阵营仍然继续存在,他们被曹操收编了,由张辽负责统率,张辽在逍遥津"八百破十万",里面没准儿就有陷阵营的老兵。

104. 汉末三国的"无当飞军"

无当飞军是诸葛亮亲自组建的一支人马,根据《华阳国志》等书记载,诸葛亮平定南中后挑选当地的青壮年组建了无当飞军,"无当"就是锐不可当的意思。

无当飞军分成五部,每部一千人,擅长使用弓弩,擅长打伏击、打防守。在姜维第七次北伐时,无当飞军的指挥官叫张嶷,他率领五千无当飞军负责掩护主力撤退,结果全部壮烈牺牲。

无当飞军成为三国"五大王牌主力"中结局最悲壮的一支部队。

105. 汉末三国的"白毦兵"

白毦兵是刘备手下的一支人马,史书很少提及这支部队,只在诸葛亮写给李严的一封信里说到了他们。诸葛亮对白毦兵评价非常高,说他们是"西方之上兵"也,也就是整个西部战场最能打的一支人马。

一般人把白毦兵的"毦"写成"耳",其实不对,白毦的"毦"是指用羽毛进行装饰,白毦兵不是"长着白耳朵的士兵",也不是"把耳朵涂成白色的士兵",而是"穿着装饰有白色羽毛服装的士兵",根据这一点来推测,白毦兵大概也是由西南少数民族组成。有的人说,白毦兵的指挥官叫陈道,参加了夷陵之战,在掩护刘备撤退过程中发挥了关键性作用,但这一点史书没有明确记载。

106. "虎豹骑"由虎骑和豹骑组成

曹操手下的虎豹骑非常厉害,名气很大,这不是小说杜撰出来的,史书里有多次提及。但是,关于虎豹骑内部的详细情况,比如它的编制、人数等,这些都无法知道了。

文物出版社出版过一本《秦汉南北朝官印征存》,里面收录了两枚官印和虎豹骑有关,印文都是"豹骑司马印"几个字。军中的司马相当于现在的一名团长,这就是虎豹骑两位"团长"的官印,它的意义有两点:一是它印证了虎豹骑这支部队的存在;二是它揭示了虎豹骑其实是由虎骑和豹骑两个部分组成的,这两支部队应该有分工上的不同。

107. 赵云军职偏低确实有原因

在刘备生前,赵云担任的职务似乎有点儿偏低。比如,刘备称汉中王的时候任命了四方将军,民间所称的"五虎上将"中,除赵云外其他几位都在四方将军行列,唯独赵云不是,赵云当时只是翊军将军,比四方将军低了好几级。所以有人说,刘备其实不太喜欢赵云,原因是赵云太爱提意见。是不是这样的呢?

其实不是,赵云追随刘备的时间比较早,但是后来他家里有事,哥哥去世了,他要回家料理丧事,就离开了刘备。这段时间有十来年,在此期间,关羽、张飞经过摸爬滚打已经成长为高级将领,等到赵云回归时,他才是个普通百姓,赵云与关羽、张飞在职务上有了很大差距,这才是造成赵云后来一直职位偏低的原因。

108. 汉末三国"二十四名将"

"一吕二赵三典韦,四关五马六张飞,黄许孙太两夏侯,二张徐庞甘周魏。神枪张绣与文颜,虽勇无奈命太悲。三国二十四名将,打末文鸯与姜维。"

这是流传于民间的所谓三国二十四名将排名,这二十四个人中,连张绣、颜良、文丑都有,却没有下面这几个人,大家看看是不是合理:第一个是文聘,刘表手下的名将,后来投降了曹操;第二个是凌统,孙权手下的名将,十分勇猛;第三个是曹洪,战场上两次救过曹操的命;第四个是乐进,所谓曹魏"五子良将"之一;第五个是曹彰,曹操的儿子,也是猛将。没有上面几个人,这个二十四名将的排名还是不是合理呢?

109. 最厉害的名将组合

三国有许多名将组合，比如蜀汉的"五虎上将"，曹魏的"五子良将"，袁绍手下的"河北四庭柱"，江东的"十二虎臣"，但最牛的应该是曹魏"八虎将"，也就是曹仁、曹洪、曹纯、曹真、曹休、夏侯惇、夏侯渊、夏侯尚这八个人，在《三国志》里他们合为一传，也就是《诸夏侯曹传》。

诸夏侯曹和曹魏的"五子良将"又是什么关系呢？简单来说就是股东和职业经理人的关系，二者至少有两点不同：一是职务上限不同，诸夏侯曹的职务几乎没有上限，可以做到大将军，而"五子良将"当到四方将军这个层面就截止了；二是职务能不能世袭，曹真是大将军，他的儿子曹爽还可以再当大将军，而"五子良将"不行，张辽能当前将军，儿子就当不了前将军。

正是由于这些不同，所以三国时代最厉害的名将组合应该是曹魏的"八虎将"。当然，所有这些名将组合都是民间的说法，史书里没有这样提过。

110. "五虎上将"排名次序

蜀汉"五虎上将"虽然是民间的说法,但影响很大。这五个人中,有没有一个排名次序呢?

有,主要有两种排名:一个是大家都知道的"关张赵马黄",关羽为首;还有一个是"三国二十四将"中的排名,"一吕二赵三典韦,四关五马六张飞",赵云为首,下面才是关羽、马超、张飞、黄忠。当然,这些也都是民间说法,史书里有没有关于他们排名的记载呢?倒也有一个,《三国志》在把他们五个人写成一篇传记时有一个顺序,是"关张马黄赵",关羽第一,赵云最后,只是这并非他们"武力值"的排名,而是按照他们五个人去世时间的顺序排列而已。

111. 魏延与"五虎上将"

刘备特别器重魏延,把汉中交给魏延守,论实际作用魏延仅次于关羽。那么魏延为什么没有成为蜀汉的"五虎上将"之一呢?这个就要弄清楚"五虎上将"是怎么回事。

"五虎上将"不是蜀汉设置的职务,它是民间的说法,来自《三国志》。《三国志》把关羽、张飞、赵云、马超、黄忠合成一传,这就是五虎上将的来历。魏延为什么没有出现在这篇传记里呢?这是因为魏延最后是以叛臣的身份被写入史书的,放在清朝,那就要出现在《贰臣传》里,魏延自然没有资格和关羽、张飞等人相提并论。

112. 马超才是蜀汉武将之首

谁是蜀汉武将之首呢?

大多数人可能认为应该是关羽,无论是资历、与刘备的关系,还是所发挥的作用,关羽都毫无争议地是蜀汉武将中的第一人。但实际情况不是这样的,刘备攻入成都后任命马超为平西将军,关羽那时只是荡寇将军,一个相当于战区副司令,一个相当于军长,地位差了至少一级。到刘备称汉中王时,关羽是前将军,马超是左将军,关羽排名才略微靠前。但到刘备称帝时马超又成为骠骑将军,重回武将之首,当然这时候关羽已经去世了。

总体而言,从刘备攻入成都到去世大概有七年时间,这期间至少有六年半时间里马超都是蜀汉武将之首。

113. 马超比赵云更厉害

在小说里马超是一员猛将，他战张飞、战许褚都是很精彩的片段，但马超没跟赵云交过手，很多人好奇，说他们二人如果打起来谁更厉害呢？

可能大多数人认为赵云更厉害，"一吕二赵三典韦，四关五马六张"嘛，但是，就史书记载来看可能不是这样的，因为马超不仅是普通武将，还是汉末割据群雄之一，有点儿像吕布。

潼关大战时马超直接和曹操交过手，一度把曹操打得抬不起头来，论军事成就和在当时的名气马超更胜一筹。从二人死后获得的谥号也能看出这一点，马超的谥号是威侯，威武能打；赵云的谥号是顺平侯，意思是脾气比较好，做事情比较认真。

114. 关羽斩蔡阳用时五分钟

看三国尤其是看《三国演义》，经常会遇到敲了多少通鼓，这是个时间概念，比如，关羽斩蔡阳用的时间就是"一通鼓未尽"。那么一通鼓到底是多长时间呢？

在唐朝军事家李靖的《李卫公问答》这本书里有过具体解释，古代的军营中傍晚、半夜和清晨要各敲一通鼓，三通鼓加在一起要敲满一千下，也就是说一通鼓约三百三十三下，如果按照一秒钟敲一下计算，一通鼓就是五分钟多一点，也就是说，关羽斩蔡阳用了不到五分钟时间。

115. "五子良将"缺李典

李典为什么进不了"五子良将"？他可是最早跟随曹操的。

"五子良将"是民间的说法，是因为《三国志》把于禁这五个人写到一篇传记里，人们才称他们为"五子良将"。李典在曹军中资历非常老，早在兖州的时候就已经参加了曹军，当时他就是中郎将了，相当于师长，而于禁、乐进那时只是都尉，相当于旅长，至于张辽、张郃、徐晃，那个时候还没有投身到曹军阵营。

《三国志》里于禁等五个人之所以合成一个传记，是因为他们都担任了曹魏的四方将军。李典没有成为四方将军，不是因为他的战功不卓著、资历不够老，而是因为他死得太早，四方将军是李典死后曹操才陆续提拔的，李典没有赶上。

116. 吕蒙暴毙之说无依据

吕蒙最辉煌的时刻无疑是白衣渡江,但成功之后吕蒙来不及参加孙权的庆功宴,就一病不起,不久就病逝了。

关于这一点,有两个流行的说法:一个是说吕蒙杀了关羽,关羽死于吕蒙之手,来向吕蒙索命;另一个是说孙权担心吕蒙功高盖主,所以悄悄地把吕蒙杀了。

这两个其实都是无稽之谈,吕蒙身体不好,曾让虞翻为自己看病。病重期间孙权不停地来探望,为了不打搅吕蒙休息,孙权在病房的墙上还专门挖了一个洞,在那地方观察。吕蒙病情好转,孙权就开心高兴;病情变差,孙权就茶不思饭不想。上面这些在史书里都有明确记载,吕蒙暴毙之说没有任何依据。

117. 唯一从不怵吕布的人

"文无第一，武无第二"，三国时代谁是第一猛将呢？

站在《三国演义》的角度来看那一定就是吕布。吕布跟人单挑从来没有败过，能跟他打三十个回合都不容易，能打五十个回合而不败的都称得上一代名将。曹操深知这一点，所以一看见吕布就干脆把大家一块儿放出来给吕布来个群殴。

所有的将领里，只有一个人虽没有战胜过吕布，但也没有被吕布打败过，这个人就是张飞。不是张飞比吕布更厉害，而是张飞懂心理战，一看见吕布就骂他是"三姓家奴"。吕布这个人好面子，脸皮比较薄，被张飞一骂就发挥失常，拿张飞就没有办法了。

118. 有蒋干却没有"盗书"

"蒋干盗书"的故事早已家喻户晓,曹操派蒋干前往周瑜处游说,蒋干自作聪明"盗书",结果中了周瑜的反间计。不过,这个故事不符合史实,历史上有蒋干这个人,也是周瑜的朋友,也曾奉曹操之命试图劝降过周瑜,但没有反间计的内容。

蒋干字子翼,是扬州九江郡人,跟周瑜是老乡,以前也相识。据史书记载,蒋干"有仪容,以才辩见称,独步江、淮之间,莫与为对",是一个长得排排场场、满肚子学问的人,跟大家印象中的蒋干完全不一样。赤壁之战后曹操曾想策反周瑜,他知道蒋干与周瑜有旧,就派他到周瑜那里看看能否说动周瑜。

蒋干来到周瑜的军营,周瑜盛情接待了他,席间周瑜突然问:"子翼远来辛苦了,你远涉江湖该不是为曹氏做说客吧?"这句话听着是在开玩笑,实际上是堵蒋干的嘴,周瑜当然知道蒋干来做什么,他不想让老朋友把话说出来,有些话不说心知肚明,一说就没有意思了。见周瑜先发问,蒋干只得顺着说:"我和足下从小一块儿长大,中间别隔多年,听说你现在事业很成功,特来叙旧,哪里是做说客呀,你可不要诈我。"周瑜闻听也顺着说:"我只是闻弦赏音,猜测罢了,不是就好。"周瑜邀请蒋干在军营里住了三天,其间还请他参观军营。在为蒋干送行的宴席上,周瑜让手下人拿出服饰珍玩让蒋干看,周瑜对蒋干说:"大丈夫处世,遇知己之主,外托君臣之义,内结骨肉之恩,言行计从,祸福与共,即使苏秦、张仪更生,郦叟复出,也无法说动我的意志!"蒋干闻听只笑而不答。

蒋干回去之后向曹操报告情况,称赞周瑜的雅量,并说周瑜此人不是言辞所能打动的。这个故事的核心是"看透别说透,还能做朋友",遇上有些事和有些人,看得清楚未必要说得明白,说与不说,说到什么程度,都要视说完之后的效果来确定。如果说得太满、太透彻之后,双方既伤了和气、面子,又没有了回旋的余地,这样的话还是别说破的好。

119. 孙坚十年三任"副县长"

孙坚少年时便有胆有识，十七岁时曾只身擒匪而知名，官府闻知，征召他当差。第二年孙坚家乡吴郡南面的会稽郡闹民变，孙坚由于胆大心细不怕死，被抽调去镇压民变，又立下战功，受到扬州刺史臧旻的赏识。臧刺史上报朝廷，孙坚被提拔为盐渎县（今江苏省射阳县）县丞，相当于副县长兼县公安局局长。年轻有为，胆识超群，战功赫赫，又有上级领导的赏识，按说孙副县长前途光明，但此后他却仕途不顺，干了十年仍原地踏步，还是县丞，先是盐渎县，后来到盱眙县，最后来到下邳县。官没有当大，离家却越来越远了。

不是孙副县长没能力，更不是他的群众基础不好，史书上说在这三个县他都干得很不错——"所在有称，吏民亲附"。孙坚仕途不顺，是汉末官场的一个缩影。由于宦官专权，再加上世族门阀制度渐行，寒门子弟的仕路被阻断，晋阶困难，凭本事、不怕吃苦，谋一份差使还不算难，但再往上就不行了。除非你还有其他条件，要么在太学里混过，有文凭，要么在地方察举中被推举为孝廉或茂才，最差劲的也得受业于名师。这几项孙坚都没有，他只会苦干，唯一的后台是扬州刺史臧旻，不凑巧的是，此人也被朝廷调到北部边疆跟匈奴人作战去了。

120. 李儒不是董卓的谋士

在《三国演义》里李儒是董卓的谋士，先后十多次出场，有很多"戏份"。

不过，在史书里李儒的事迹却不多，可以肯定的是，他不是董卓的旧部和谋士，而是一名文人，当过朝廷太学博士，相当于太学教授。董卓掌权时李儒任郎中令，相当于宫廷警卫司令，受到董卓重用，属于卖身投靠董卓的无耻之徒，甘于被董卓驱遣，曾奉命以毒酒弑杀少帝刘辩。董卓死后，董卓旧部李傕等专权，还想利用李儒，于是推荐其任侍中，相当于部长级的高级顾问。汉献帝因为李儒毒杀了自己的哥哥刘辩，坚决不同意任命，还要治李儒的罪。至于李儒的下落，史书没有做交代。

121. 没有"周瑜打黄盖"

赤壁之战中，黄盖奉周瑜之命诈降曹操，但没有"打黄盖"这个细节。黄盖先给曹操送去一封信，要诈降。曹操吃不准黄盖信中所说是真是假，还特地召见信使。曹操亲口对送信的人说："如果这封信是真的，将大大奖赏你，封你的爵位将超过其他人。"

到了交战那天，黄盖先命人准备了轻舟十只，把干燥的荻草和枯柴堆在船上，浇上鱼油，用赤色的幔布盖着，在船上插上旌旗龙幡。这时江面上刮起了东南风，这十只轻舟在前，到江中心时升起帆。黄盖手持火把，让部下冲对面大喊："投降了！投降了！"曹军将士闻听都出来观看，离曹军还有二里多地时，孙吴的各小船上同时点火，火烈风猛，船行如箭，烧向曹军的战船，并引燃了曹军在岸边的营寨。周瑜趁势挥师跟进，一时间鼓声大作，曹军大败。

冲在最前面的黄盖被流矢射中，这时是冬天，江水寒冷，幸好黄盖被随后赶上的韩当所部救起，不过大家并不知道是他，把他放在一张床板上。黄盖迷迷糊糊地醒来，强打起精神叫了一声韩当。韩当听见了，惊讶道："这是公覆（黄盖字公覆）的声音啊！"看到他，韩当忍不住垂涕，马上为他换了衣服，黄盖才得以生还。

122. 张飞确实不适合守汉中

刘备打下了汉中，留魏延在这里留守，消息公布后，史书上说"一军尽惊"。

为什么吃惊？因为大家都觉得论资历应该留张飞而不是魏延，魏延远不能与张飞相比。

那么，刘备为什么不用张飞呢？史书上说张飞"敬君子而不恤小人"，就是爱憎过于分明，管理方法过于简单，这大概是刘备不敢让张飞守汉中的原因。张飞的这个缺点曾经出过大事，在徐州的时候刘备曾让张飞守下邳，结果张飞管理粗暴，酿成兵变，让刘备有家不能回，刘备跑到海西，差点儿下海当了渔民。这件事在刘备的心里可能留下的印象太深了，成为阴影，所以刘备不能把汉中这么重要的地方交给张飞。从后来张飞在阆中被手下人所杀来看，刘备当初的决定也是对的。

123. 刘备一次赏出四个"亿万富翁"

刘备攻入成都，随即下令举行盛大的庆祝活动。《华阳国志》记载，当时"蜀中丰富"，是全国数一数二的繁华地区，打了二十多年游击战的刘备确实需要犒劳自己和部下。酒要喝，战功要总结，官要升，同时大赏群下。刘备这次赏赐，出手极为阔绰。

《三国志》记载，赏赐按功劳大小分不同等级，最高一档四个人，分别是诸葛亮、法正、张飞和关羽，赏赐标准是：黄金五百斤，白银一千斤，钱五千万，锦缎一千匹。有金有银，有钱有物，这是多大一笔财富呢？当时法定货币是"钱"，也就是那种铜铸的"孔方兄"，五千万钱就是五千万枚铜钱。黄金、金银也常等同于货币，只是比较珍贵，尤其是黄金。汉初一斤黄金约值一万五千钱，王莽时期约值一万钱，五百斤黄金相当于五百万至七百万钱。汉朝金银比价约为一比五，一千斤白银约相当于二百斤黄金，合二百万至三百万钱。粗略折算，刘备赏赐给诸葛亮等人的东西，不算锦缎约合六千万钱。

根据东汉《食货志》，汉桓帝时一石米价格是五十钱，汉朝一石为四钧，三十斤为一钧，一石即一百二十斤。汉朝一斤相当于如今二百五十克左右，一石即相当于现在六十斤。五十钱能买六十斤米,一斤米不到一钱。按照购买力平价原则推算,汉末一钱约相当于现在人民币三元的购买力。六千万钱,相当于如今一万八千万元!受奖励的不只是诸葛亮等四人,《三国志》说"其余颁赐各有差",单单刘备和诸葛亮分两次从荆襄带来的将士,加起来就有好几万人,如果人人有份,赏赐总额绝对是一个天文数字。

124. 董卓的金融掠夺

汉灵帝驾崩后，凉州军阀董卓控制了朝廷，随后关东联军起兵反抗董卓，在强大的军事压力下，初平元年（190）春天，董卓挟天子由洛阳迁都到长安。临走前董卓在洛阳实施了疯狂的财富掠夺。洛阳是当时世界上最大的城市，高官富贾云集，董卓下令在洛阳周围二百里范围内大行烧光、抢光、杀光政策。把富豪集中起来，胡乱安个罪名集体处死，财产全部没收，还命令士兵开棺掘墓，盗取珍宝，邙山一带的皇陵和许多贵族的墓地大都无法幸免。

董卓还嫌不够，又使出一招，下令废除法定货币五铢钱，改铸小钱，相同的面值但铜的用量少了，等于货币贬值了，然后强制推行，赤裸裸地掠夺财富。为了铸造更多小钱，董卓下令到处搜刮铜，洛阳皇宫内外的铜佛像、铜马等各种铜像都拿来化成了铜水。百姓手里的五铢钱不允许流通，只能拿来兑换董卓的小钱，收上来的五铢钱又可以再铸成更多的小钱，一来一往，董卓发了大财。兵荒马乱，物价本来就不断上涨，币制一改，洛阳一带的金融市场彻底崩溃，"由是货贱物贵，谷石至数万钱"。

125. 刘备搞"货币贬值"

刘备刚刚占领成都就遇到了一次严重的财政危机，在刘巴的建议下，刘备推行货币改革，铸造大钱代替五铢钱，这种大钱至少有三种不同形制，其中以"直百五铢"最通行。所谓"直百五铢"，就是面值等同于一百枚五铢钱，但它的重量只有四枚五铢钱重，相当于货币一下子贬值了二十五倍。

三国之中，蜀汉以一州之力对抗着北方强大的曹魏，时刻提防着东面的孙吴，几乎连年都在打仗，需要巨额军费保障，为摆脱困局，"直百五铢"继续贬值。

1978年，四川省威远县黄荆沟出土了一坛蜀汉铜钱，其中有"直百五铢"四百多枚，却有六种大小不同的形制，最大的一种直径二点九厘米，平均重量九点八克，最小的一种直径二点四厘米，平均重量仅有三点二克。这还不是最轻的，考古发现最轻的"直百五铢"重量不足零点五克，这种钱不仅"超薄"，而且小，根本无法在上面铸出字来。蜀汉从立国到灭亡的四十三年间"军旅屡兴"，蜀汉推出"直百五铢"并一再减轻其重量，虽然部分解决了朝廷财政困难和巨额军费支出问题，但也由此加重了对百姓的剥削，无法使国家真正富强，造成了"民穷兵疲""百姓凋瘵"，诸葛亮虽然也采取了很多办法试图缓解经济上的压力，但他不得不承认"今天下三分,益州疲弊"。

126. 孙权的"货币贬值"更狠

三国的三个政权中,蜀汉首先发行新钱,实施货币贬值,让孙吴承受了巨大压力。这是因为,在魏、蜀、吴三国中,大多数时候是蜀和吴联手对抗魏的格局,蜀、吴政治关系较好,加上地理上的联系也更紧密,双方贸易和人员往来频繁,蜀汉推出了"大钱",如果孙吴继续使用五铢钱,吴国的大量货币就会流向蜀汉。

在这种情况下,孙吴于嘉禾五年(236)也推出了自己的新货币"大泉五百"。所谓"大泉五百",就是一种面值五百钱的大钱,一枚相当于五百枚五铢钱!但是它的重量仅有十二铢,相当于两枚五铢钱多一点儿。这种贬值的力度可谓空前,蜀汉的"直百五铢"只能望其项背。但这并不算什么,仅仅过了两年,孙吴觉得这种钱还无法满足需要,又推出了一种新货币"大泉当千",每枚面值一千钱。与蜀钱不断减轻钱币自身重量进行贬值的"小打小闹"不同,孙吴货币贬值的手段就是直接加大货币面值,在"大泉当千"后,大约在赤乌年间,孙吴还推出了"大泉二千""大泉五千"两种新钱,把货币战争推向了空前的高度。

127. 曹魏曾退回物物交换时代

三国的三个政权中,蜀汉、孙吴竞相以货币赋值的方式打起了"货币战争",作为三国中真正的"经济大国",曹魏在这场"货币战争"中头脑相对清醒,当蜀汉和孙吴竞相推出"大钱"的时候,曹魏仍坚持使用五铢钱。

曹魏之所以敢这么做,有一定的基础:一来曹魏幅员广阔,独占了天下地盘的三分之二以上,国家综合实力相对雄厚;二来自曹操开始就特别重视发展生产,通过推行屯田制、大搞水利工程等恢复农业生产,经济上有一定实力;三来曹魏长期以来同时与孙吴、蜀汉敌对,边境封闭,蜀钱和吴钱无法在其统治区内流通。

但是,毕竟处在战争时期,曹魏的经济发展也受到严重破坏,以五铢钱为基础的金融体系越来越难以支撑,曹魏于是想出了一个办法,"罢五铢钱,使民以谷帛为市",就是停止使用金属货币,用谷和帛两种生活必需物资暂时充当货币,所有商品都按照与谷和帛的比价进行兑换。这项实物货币政策推行于曹魏黄初二年(221),但只实行了六年,到太和元年(227)就停止了。

实物货币本身就是货币发展史的倒退,选用谷和帛作为货币还有明显的弊端,"钱废谷用即久,人间巧伪渐多,竞湿谷以要利,作薄绢以为市",就是有不法商人把谷子浸上水增加重量,把绢帛里的丝抽出一些让它更薄,通过这种手段牟取暴利。曹魏政府发现这些问题后,立即严厉打击,但"虽处以严刑,而不能禁也"。恢复五铢钱后,曹魏虽然继续面临很大的经济压力,但一直没有发行蜀汉和孙吴那样的"大钱",扛到了最后。

128. 司马懿曾任"驻京办主任"

司马懿二十二岁时被郡里推荐担任上计掾，这是他的第一份工作。"上计"是一种制度，根据该制度地方行政长官须定期向上级呈报文书，报告地方治理状况。"掾"指的是某一方面或某一部门的负责人。"上计掾"，直接来讲就是上计工作的负责人。

上计制度的雏形早在先秦就有，但真正重视起来形成严格制度始于两汉。秦统一天下后实行郡县制，国家幅员辽阔，在交通不便的情况下中央如何有效地管理地方是一道难题。秦始皇为此也想了一些办法，比如征调大量人力物力修建四通八达的驰道，但陈胜、吴广振臂一呼，天下云集响应，秦朝所建立的郡县制随即失灵。汉朝建立后，意识到这是一个重要的问题，所以有针对性地采取了一些措施加强中央对地方的管理和控制，上计制度就是其中最重要的一项。

按照这项制度，乡一级的主管官吏根据有关要求将本乡的事项核实上报到县里，县里审核、汇总后上报到郡国，郡国根据各县上报的内容编制本郡国的"计簿"，之后派专人直接呈报到朝廷，接受朝廷的考核。上计原则上一年一次，"计簿"中的内容也是以一年为期，不过不是从一月到十二月，而是"计断九月"，即起于上一年十月初截止于本年九月底，一方面汉承秦制，以每年十月为岁首，另一方面各地把"计簿"上报到朝廷也需要不少时间，尤其是路途较为遥远的郡国，要给他们留出一定的路途时间，保证他们能在年底之前把工作总结报到朝廷来。

到了每年正月初一，天子要亲自主持百官朝贺大典，届时各郡国的上计官员也要参加。除了正月旦，在此前后举行的祀典以及会陵等重要仪式也都要求上计官员参加，有时还要让他们依次上前在神位前简要汇报各郡国的情况，以此显示中央集权。这样一来，上计吏一年之中有很多时间停留在京城，可以视为各郡国的"驻京办主任"。

129. 孙策之死更大的主谋是曹操

孙策遇刺身亡，陈登嫌疑最大。陈登当时是曹操的手下，曹操任命他为伏波将军兼任广陵郡太守，这个广陵郡属徐州刺史部，大体位置在今江苏省扬州市一带，与江东隔江相望。陈登很有能力，有"吞灭江南之志"，是孙策的心腹大患。

孙策遇刺前正在筹划一场大的军事行动，目标就是消灭陈登，但让陈登先下手为强把孙策杀了。

陈登为何要假借他人之手干这件事呢？这是因为，孙策虽与曹操作对，但表面上仍服从于曹操控制下的朝廷，二人还没有撕破脸。孙策这时候还不是曹操急于解决的对手，曹操这时正全力以赴与袁绍决战，不想节外生枝。如果能除掉孙策且不与江东翻脸，那是最好的选择，而假借许贡门客之手干这件事，正好可以让曹操深隐于幕后，事成后曹操还可以表示哀悼慰问，并承认孙权的地位，让孙权仍服从于朝廷，对曹操来说这是最好的结果。

以上不仅是推测，也有一些佐证，除了陈登与严白虎的关系外还有郭嘉的表现，郭嘉在孙策临死前曾当众说孙策"必死于匹夫"之手，郭嘉时任军师祭酒，相当于曹操的参谋长，谋刺孙策的计划他可能也参与了。

130. 三国助人为乐的楷模

王粲在《汉末英雄记》里提到一个人,名叫刘翊,跟荀彧是一个县的老乡。刘翊很富有,也喜欢周济别人,曾在路上遇到一个人,因为路上有冰车子毁坏了,刘翊一问才知道这个人因为老师病故要去奔丧,刘翊马上把自己的车子送给他,之后策马而去,真正是一个"做好事不留名"的人。被救助的这个人叫张季礼,他记住了刘翊的长相,后来专程到颍阴县感谢,刘翊"闭门辞行,不与相见"。

黄巾起义后,地方上又遇到了饥荒,刘翊把自己家里的粮食拿出来救济穷人,乡人中有家贫的,"死亡则为具殡葬,鳏独则助营妻娶"。献帝西迁长安后,刘翊被推举为本郡的上计吏,当时道路隔绝,路上兵荒马乱,各州郡很少派人到长安上计,也就是汇报年度工作。刘翊为完成使命,夜行昼伏,最后到了长安,汉献帝颁布诏书以"嘉其忠勤",想把他留下来在自己身边任职,但刘翊想回去,汉献帝于是升他为陈留郡太守。

在东归路上,刘翊不断见到有"士大夫病亡道次",刘翊见到一个就资助一个,最后把马卖了给人家买棺材,把自己的衣服脱了给人家入殓。刘翊最后只剩下了牛车,又遇到"困饿于路"

的人,刘翊不忍离去,就把牛杀了救人,大家都劝他算了,刘翊说:"视没不救,非志士。"最后,刘翊居然饿死在路上。

131. 汉末三国最大的蝴蝶效应

哪一件事是汉末三国时代最大的蝴蝶效应呢？

应该是庞统之死。庞统到战场上观察敌情，不小心中了一支冷箭，就死了，这就导致刘备不得不让诸葛亮率领赵云、张飞增援益州，导致了关羽独自镇守荆州，导致关羽被杀，导致刘备给关羽报仇起兵伐吴，也导致张飞在起兵之前被手下叛将所杀，而刘备伐吴失败也导致刘备早早就病死了。

庞统之死，间接地导致了关羽、张飞、刘备之死，并且造成后面诸葛亮北伐没有取得成功，天下没有统一。当初在雒城外，刘璋手下一个军士顺手射出了一箭，他可能不知道这一箭竟然改变了历史走向。

132. 三国最长寿的人

三国时代人的平均寿命不到三十岁,所以能活到八十岁以上绝对就是长寿。三国有哪些人可以进入长寿榜呢?

一般人知道贾诩、孙权、司马懿都活得比较久,但是他们还无法进入这个榜单。

曹操手下有一个大臣叫高柔,活了八十九岁;司马懿的弟弟司马孚活了九十二岁;孙权手下有位名将叫吕岱,活了九十五岁;蜀汉有位大臣叫来敏,活了九十六岁。

上面这几位,都活得更久,但这个榜单的冠军是一个叫张臶的人。他是个文士,挺有名,袁绍征召他不出来,曹操征召他也不去,曹操的儿子曹丕征召他也不去,曹操的孙子曹叡征召他也不去。他就是不愿意当官,只愿意做一个布衣百姓,结果他活了一百零五岁,是三国长寿榜的冠军。

133. 廖化活了八十多岁

喜欢三国的人,对廖化这个人物特别感兴趣,除了"蜀中无大将,廖化做先锋"这句大家耳熟能详的话把廖化的知名度提高了之外,大家还关注廖化的年龄问题。有人甚至认为廖化是三国时代活得年龄最长的人,那么廖化到底活了多久呢?

这个问题在《三国志》里没有具体答案,但有过一些相对明确的交代:蜀汉有一位大臣,名字叫宗预,他原来是张飞的手下,最后官至征西大将军,他跟廖化之间有过一次对话,其中宗预对廖化说"吾等年逾七十",也就是我和你现在年龄都超过七十岁了,这个话说完三年之后廖化就去世了,根据这个推断,廖化实际年龄的下限是七十四岁,上限是八十三岁,在三国算是比较长寿的人之一,但要说长寿冠军,他还不是。

134. 汉末三国个子最高的人

汉末三国特别注重人的仪表,个子稍微高一点儿的史书往往就会特别记上一笔,在《三国志》里经常有"身长八尺"这样的描写,比如诸葛亮、赵云,还有曹魏名将满宠,都是"身长八尺"。

在考古中发现了很多汉朝的尺子,它的平均长度是二十三点五厘米,据此换算,汉朝的八尺相当于现在的一米八八,确实是大高个儿。比这个更高就更难得了,都有谁呢?按照《三国志》等书的记载,有这样几个人:一个是刘表,他"身长八尺余",大概是一米九;另一个是刘备的老师卢植,身高"八尺二寸",相当于一米九三;还有一个是曹魏名将程昱,身高"八尺三寸",相当于一米九五。

而史书里记载个子最高的人名叫韦康,是曹魏凉州刺史,他身长"八尺五寸",相当于两米,更为难得的是,这是韦康十五岁时的身高。

135. 汉末三国取外文名字的人

现在很多中国人都喜欢取一个外文名字,那么谁是中国古代取"洋名字"的第一人呢?是三国时代的名医华佗。

《三国志》里说华佗一名"华旉",古人讲究"行不更名,坐不改姓",华旉为什么把自己的名字改成华佗呢?其实,在三国时代并没有华佗这么个人,他的名字就叫华旉,"佗"是梵文译音,也就是印度语,指的是药、药神的意思。"华佗"的意思是"华神医",本来这是大家对华佗医术的一种称赞,结果叫得多了就当成了他的名字,写到了史书里。

136. 汉末三国射箭第一人

谁是《三国演义》里射箭技术最高的人呢?很多人会想到吕布,但不是他。吕布辕门射戟,一百五十步开外一击命中,但他射的是固定靶。赵云射中过船上的蓬索,黄忠射中过关羽头盔上的缨带,他们射的是移动靶,难度就高多了,论技术超过了吕布。

但要论实战,有一个人在射箭方面的战绩无人能敌,那就是甘宁。甘宁在实战中射过凌操、射过黄祖、射过蔡勋、射过乐进,被他射过的这四个人结局如何呢?三死一伤!这个战绩相当令人震撼。

137. 汉末三国四大愚蠢谋士

三国四大愚蠢谋士：第一名杨修，无论是聪明反被聪明误，还是站错了队跟错了人，都说明杨修缺乏眼光；第二名陈宫，放着曹操这样的明主不跟，跟张邈、跟吕布，最后身死名灭；第三名许攸，智商很高情商非常低，既不团结同事，也又不尊重领导，最后稀里糊涂地被杀了，死得挺冤，但并没有人为他鸣不平；第四名郭图，先后辅助了袁绍、袁谭两位主公，都很失败，属于专门踩同僚、坑主公的人。

138. 汉末三国升官最快的人

都知道荀彧是荀攸的叔父,其实荀彧自己也有一个厉害的叔父,名字叫荀爽,说他厉害,是因为他创造过一段传奇。

荀爽是一个有名气的读书人,一开始没当官。董卓专政期间派人到荀爽的老家,给了一个任命通知,让荀爽当平原国相,相当于山东那边的一个市长。荀爽去上任,走到半路上又被使者追上,说山东不用去了,改任您为光禄勋卿,相当于宫廷事务部部长。荀爽来到洛阳,但上任只有三天,董卓再次改任他为司空,相当于宰相之一。由布衣老百姓成为宰相,有的人用了一辈子时间,绝大多数人用一辈子时间也完成不了这个过程,而荀爽只用了九十三天。

139. 同时见过"三巨头"的人

在三国时代，有没有这样一个人，同时见过曹操、刘备和孙权呢？感觉这样的人应该不少，但其实挺难，看了一下网上讨论的结果，主要集中在孙坚、关羽和庞统身上，但他们都不是。

孙坚没有见过曹操，十八路诸侯讨董卓是虚构的，真实的历史是，曹操与孙坚那时没有机会见面；关羽没有见过孙权，关羽失败后，孙权对关羽招降，但也只是想法，没有实施，在没见关羽的情况下就下令把他杀了；还有庞统，没有献过连环计，也没有见过曹操。

那么，从真实的历史记载来看，最有可能见过刘备、曹操和孙权的都有谁呢？主要有两个人：一个是张辽，他原来是吕布的手下，在徐州待过很长时间，那时候刘备也在徐州，他们见面的机会应该不少，当然他是见过曹操的，在逍遥津之战中他也见过孙权；另一个人是糜芳，他曾经跟着刘备到过许县，很有可能在许县见过曹操，糜芳后来被俘，孙权接见过他，他是见过孙权的。

140. 汉末三国擅长守城的名将

　　三国时代最擅长守城的四大名将：第一名是曹仁，死守樊城，力抗关羽；第二名是王平，曹爽率十万大军进攻汉中，王平守汉中，手里只有三万人马，反而取得了兴势山大捷，让蜀汉多存在了二十年；第三名是郝昭，这个大家都很熟悉，死守陈仓，让诸葛亮十万大军无功而返；第四名是霍峻，刘备取益州，在益州北部的白水关起兵，之后留霍峻率几百人守在附近的要地葭萌。刘璋派大将向存率几万人马来围攻葭萌，霍峻靠着这几百人守了一年多，不仅守住了葭萌，最后还来了个防守反击，居然斩杀了向存。刘备能夺取益州，霍峻是头号功臣。

141. 汉末三国最重的兵器

三国名将平时用的武器是什么样的呢？这一点史书没有太详细的记述，只说当时的主战武器是矛、戟、刀这些。来看一下小说里的描写，如果以轻重为标准，可以对名将们的武器进行一个排列：赵云使的是龙胆亮银枪，四十五斤，说起来也挺重，但是汉朝一斤只相当于现在二百二十多克，还不到半斤，也就是说赵云的这杆枪不到二十斤重，相当于几块砖的重量；接下来是张飞的丈八蛇矛，五十斤，合现在二十多斤；下面是马超的盘龙枪，六十斤，不到现在的三十斤；再下来是关羽的青龙偃月刀，八十二斤，不到现在的四十斤；最重的是吕布的方天画戟，小说里说有九十多斤重，相当于现在的四十多斤，不管怎么说，总算一件"重武器"。

142. 赤壁的位置有几十种说法

赤壁之战的赤壁，一般认为是在今湖北省赤壁市，但在历史上关于它的位置所在竟然出现过几十种说法，这是因为史书只提到赤壁的名字，没有交代具体位置。著名的说法有七种，分别是蒲圻说、黄州说、钟祥说、武昌说、汉阳说、汉川说、嘉鱼说。可以说，中国古代著名战役里没有哪一场战役像赤壁之战这么扑朔迷离、充满争论。

上述七种主要说法里，居然有三种认为它不在长江之上，而在汉水流域，这三种说法即钟祥说、汉川说和汉阳说，而它们最有力的证据之一是《汉末英雄记》里的记述："曹操进军至江上，欲从赤壁渡江。无船，作竹椑，使部曲乘之，从汉水来下大江，注浦口。未即渡，周瑜又夜密使轻舸百艘烧椑，操乃夜走。"其实，曹操本人亲自参加的赤壁之战不应该发生在汉水上，但汉水上也的确同时发生了一场战斗，是曹军的另外一路人马与孙刘联军交战，同样也被孙刘联军打败了。

143. 汉末三国规模最大的战役

汉末三国有三大战役，一般人都能回答出来：官渡之战、赤壁之战、夷陵之战。但是，就战役规模而言，这三场战役都不是三国时代最大的。

三国时代规模最大的战役是第三次淮南之战，当时司马昭控制了曹魏政权，一些忠于曹魏的势力十分不满，征东大将军诸葛诞在淮南起兵，他原来有十万人，又临时招募了五万。司马昭亲自来平叛，带来了二十六万人马。双方参战人数加起来一共四十一万，这是什么概念呢？它相当于官渡、赤壁、夷陵三场大战各方投入兵力的总和。所以，就战争规模而言，第三次淮南之战是汉末三国时代规模最大的战役。

144. 真正"七进七出"的将领

赵云在长坂坡面对百万曹军杀了个"七进七出",不过,这也是小说虚构出来的,史书没有相关记载。

在三国时代,有这样一位将军,他创造过类似的战场神话,他的名字叫文鸯,当时只有十八岁,是文钦的儿子。司马师掌权时,文钦父子起兵反抗,在一次交战中,文鸯面对数千敌军毫不畏惧,单枪匹马杀入敌阵,杀死杀伤一百多人,冲出来又杀了回去,史书上说"如是者六七"。三国时代,在战场上像这种连续不断地在敌军阵营里冲杀六七个来回,这样的纪录还很少有人能够打破。

145. "八百破十万"的真相

在逍遥津之战中,张辽真的是以八百人马大胜孙权的十万人马吗?

其实,逍遥津之战并不是说只用了八百人马就打败了十万敌人,当时孙权的确是带着十万人马来进攻合肥的,但是,曹军守合肥的是七千人而不是八百人。这其中,张辽率领曾经挑选出来的八百名敢死队员主动发起过一次冲击,打了对手一个措手不及,这大概是"八百破十万"的来历。

在冷兵器时代,尽管有很多以少胜多的战例,但是用区区的八百人马是不可能将十万敌人打败的。应该说,八百人马在合肥守上几天倒是可以的,而把敌人打败、打退,这点儿人马就远远不够了。

146. 汉末三国战役兵力有限

三国时代的战争有一个特点，就是双方投入的兵力都较为有限。官渡之战是曹操的大约五万对袁绍的十万；赤壁之战中孙刘联军五万，曹操直接投入的兵力也只有七八万；夷陵之战相当于五万对五万。

从春秋战国时期到秦朝末年，那时的战役动不动就投入几十万、上百万，这是怎么回事呢？有人说，这主要是汉末三国人口急剧下降，所以投入的兵力少了。当然这是一个原因，更主要的原因在于军队建设的改进，很早之前兵和民其实是不分的，尤其是为军队服务的这些人，负责后勤、运输、制造兵器的这些人，也都被统计进军队人数中。后来军和民逐渐专业化，种地的只管种地，打仗的只管打仗，这样一来，给人的感觉是投入战场直接作战的士兵人数变少了。

147. 曹操是"特务"的鼻祖

曹操特别痛恨告密者，他跟刘备背后议论袁绍，刘备转身就向袁绍汇报，曹操后悔不已，把自己舌头都咬破了，以示警诫，这件事记载在王粲的《汉末英雄记》里。

不过，曹操却欢迎别人来告密，有一本叫《吴历》的史书，其中记载："曹公数遣亲近密觇诸将有宾客酒食者，辄因事害之。"按照这个记载的说法，曹操不反对大家吃吃喝喝，他关心的是有无"宾客"，也就是私下里社交活动是否太密切。对于来往太多的人，一旦被抓住把柄就会找个碴儿把你收拾了。《吴历》在政治上反曹倾向明显，这个记载的可信度不一定高，情况有没有那么严重还有待考证。不过，古代最早的特务组织之一校事却是曹操创办的，虽然三国著名的校事以孙吴所设最广为人知，但开办最早的是曹操，孙权是效仿曹操的做法。《太平御览》记载："校事官，始太祖，欲广耳目，使卢洪、赵达二人主刺举。"校事平时主要的工作就是偷窥和偷听，回去以后整理黑材料。

发生在许县的董贵人事件、伏皇后事件，都是在事前泄露的，其中的细节虽然不是很清楚，但可以想见告密、监视、偷听这些手段发挥了关键作用。许攸被杀事件说明多嘴乱说容易惹祸，许攸大概不会成心跟曹操叫板，顶多吹吹牛、过过嘴瘾，但那也是犯忌的事，话传到曹操那里，再经过添油加醋，许攸居然为此丢了命。跟许攸同病相怜的还有曹操的老朋友刘勋，他跟曹操"有旧"，大概是年轻时的朋友，虽然后来跟了袁术，但投奔曹操后仍然受到优待，被封了侯，他可能仗着跟领导关系不一般，有点儿傲慢不守法，最后也被曹操杀了。曹操杀刘勋的罪状除了"数犯法"之外，还有重要的一条是"有诽谤"，也就是说话不注意，被人打了小报告。

148. 董卓被杀前长安怪事频发

董卓被杀前,长安市井里巷间发生了一些奇怪的事,据说当时悄悄流传一首神秘歌谣:"千里草,何青青,十日卜,犹不生。""千里草"暗指"董"字,"十日卜"暗指"卓"字,这首歌谣告诉董卓他可能有不测,但董卓没有反应。还有一次,有个道士在一块布上写了一个"吕"字拿给董卓看,提醒董卓要提防吕布,董卓不解其意。这些事听起来有点儿不靠谱,但也许不是道听途说,它说明刺杀董卓的计划有可能提前泄露了,但董卓没有觉察。

董卓本质上是个武人,也就是个粗人,打仗杀人都在行,玩政治、搞阴谋诡计他还差一些。董卓被杀的当天,他要参加一个重要朝会,他每次出门安全防卫的意识都挺强,"陈列步骑,自营至宫",一路上都有警卫,这次也一样,但是路上奇怪的事又不断发生,他的马突然"踬不前",再也不往前走了,董卓心里有了点儿异样,他想回去,但负责警卫工作的吕布说没事,劝他继续走,于是董卓又向前走。其实要杀他的就是吕布等人,他们埋伏下杀手要取董卓的性命,等董卓的车辆赶到时,杀手们上去把董卓杀了,随后王允等人将董氏夷灭三族。

149. 九锡是九种特权

读三国常遇到"加九锡"这个概念,"锡"在这里通"赐",所谓"九锡"指的就是天子赏赐给臣下的九种物品。

根据《周礼》的解释,这些物品包括车马,含金车大辂和兵车戎辂,分别由八匹黑马驾驶;衣服,含衮冕之服以及配套的赤舄鞋;乐县,是一些定音、校音的乐器;朱户,红漆的大门;纳陛,登殿时特凿的陛级,使登升者不露身,犹如走在贵宾通道;虎贲,天子专用的卫士,通常赏赐三百人;弓矢,含天子专用的彤弓矢一百副、玄弓矢一千副,可讨伐不义;斧钺,用以诛伐有罪之人;秬鬯,一种祭礼上用的香酒,以黑黍和郁金草酿成。

上面这些东西都是天子的御用之物,拥有它不仅是一种荣誉,更是一种特别授权,可以征讨叛逆,也可以诛杀不法之人,等于先斩后奏。九锡作为一项重要的政治制度又一次被延续,这项制度从周公开始,到王莽再到隋唐时期的李渊,在历史上大约有十个人曾经享受过,其中包括孙权、司马昭以及东晋的桓玄、南朝的李裕、隋唐时期的王世充等人,他们大都接受了前朝的九锡,转眼又成了旧王朝的掘墓人,从而让这项制度的名声一落千丈,李渊和王世充之后再也没人尝试过了。

150. 从"假节"到"假黄钺"

看《三国志》等史书,经常遇到"假节""持节""使持节""假节钺""假黄钺"这些概念,它们都是皇帝授予的某种特权,在等级上有所不同。

"节"是一种符信,"钺"为一种刑具,皇帝不能事事躬亲,便将"节""钺"授予大臣、将领,拥有此物者便拥有皇帝授予的特权:(1)假节,有此特权者平时没有权力处置人,战时可斩杀犯军令之人;(2)持节,有此特权者平时可杀无官位之人,战时可斩杀品秩二千石以下官员;(3)使持节,有此特权者平时及战时皆可斩杀品秩二千石以下官员;(4)假节钺,亦称假黄钺,有此特权者可斩杀假节、持节、使持节者。

151. 吴蜀合伙"分天下"

孙权称帝后,诸葛亮顶住蜀汉内部的压力,主张与孙权继续结盟,双方在武昌举行了盟誓。双方认为,摆在面前的最大问题是,经过合作一旦灭掉了曹魏,曹魏的领土如何划分。当时,曹魏占领的北方领土主要有九个州,即豫州、青州、徐州、幽州、兖州、冀州、并州、凉州以及司隶校尉部。双方达成一致意见,将这九个州一分为二,双方各执其一。

这项"分天下"的方案,具体内容是:豫州、青州、徐州、幽州归孙吴;兖州、冀州、并州、凉州归蜀汉;司隶校尉部以函谷关为界,西边为蜀汉,东边归孙吴。这个方案有点儿望梅止渴、画饼充饥的意味,先不说最终能不能消灭曹魏,即使有这种可能,到时候大家会不会和平地坐下来对着一张地图分土地,很难说。而且,这个"分配方案"显然没有经过认真研究,否则不会把并州、冀州给蜀汉,而把它北面的幽州给了孙吴,要真是那样,幽州就成了孙吴的一块"飞地"。

不过,这些都是以后考虑的事,对于这个方案,双方还都是认真的。此前孙权命步骘遥领冀州牧,朱然遥领兖州牧,根据双方盟约,冀州和兖州在扫平曹魏后将归蜀汉,孙权下令解除步骘和朱然的这两项兼职。诸葛亮也迅速做出回应，他上奏后主，把鲁王刘永的封号改为甘陵王，把梁王刘理的封号改为安平王，原因是鲁国、梁国都在未来孙吴的辖区内。虽然目标遥不可及，但双方都展现出认真的姿态。

152. 曹操娶了两位寡妇

《三国志》记载，曹操当上魏王后，除王后外，下面还有众多妻妾，她们分成了五个等级，分别是夫人、昭仪、婕妤、容华、美人，总人数不详，但有几十个。

这些人里，有两个人身份比较特殊，一位是杜夫人，她原来有丈夫，是吕布手下的部将，叫秦宜禄；另一位是尹夫人，她也有丈夫，是大将军何进的儿子，叫何咸。所以有人说，曹操有这么一个癖好，专门爱娶寡妇。其实，这算不上曹操特有的癖好，两汉时期名节制度还不像后世那么严，寡妇再嫁非常平常，刘备、孙权的后宫里也都有寡妇。同时，曹操目睹了两汉时期的外戚专政，他要改变这种状况，后宫立贱就是一个刻意的做法。娶寡妇的用意大概也在于此。

153. 汉末三国五大愚蠢决策

汉末三国有五大愚蠢决策：第一是刘备收留吕布，吕布政治信用差，而且是丧家之犬，不少人劝刘备不要理他，但刘备还是收留了他，结果反受其害；第二是董卓让吕布当护卫，领导都不了解手下员工的思想动态，还把最重要的事交给他，只能被算计；第三是曹爽束手就擒，司马懿发动高平陵政变，这个时候拥护曹魏的势力还非常大，曹爽仍然有机会翻盘，曹爽却束手就擒，导致几家人都被满门抄斩；第四是袁术称帝，没有那么大的实力就不能摆那么大的排场，结果落了个身败名裂的下场，被历史嘲笑；第五是刘备东征伐吴，这个时候需要的是冷静而不是冲动，刘备一冲动，把蜀汉的家底一下子败光了，给诸葛亮后面的北伐制造了很大难题。

154. 汉末三国四大草包

汉末三国有四大草包，手里拿了一把好牌，结果是打了个稀里哗啦，给别人做了嫁衣：第一个草包是何进，当年的大将军，曹操、袁绍、刘表等许多豪杰都在他的麾下，结果却死于宦官之手；第二个草包是韩馥，袁绍的老领导，身边顶尖的谋士一大把，一流的战将好几员，却被人几句话一吓唬，就把地盘拱手相让，就是这样也没能保住性命，最后在厕所里自裁了；第三个草包是袁术，感觉非常好，但就是打不过别人，实力比他强的他打不过，不如他的也打不过，到最后手下人也拒绝他，走投无路，吐血而死；第四个草包是袁绍，应该叫"漂亮的草包"，因为他长得很排场，曾经也如日中天，有一定能力，可就是打不过曹操，打别人很拿手，一遇到曹操就不行，结果也提前退出了历史舞台。

155. 汉末三国最倒霉的五大名将

汉末三国最倒霉的五大名将：第一名孙坚，明明打了胜仗，结果不小心中了埋伏，死于乱箭之中；第二名孙策，只是想轻松一下，去山里打打猎，结果也中了埋伏，死于刺客之手，死之前还被毁了容；第三名周瑜，刚指挥打完一场影响历史进程的大胜仗，到阵前去视察，结果中了一支冷箭，就因为这一箭，他英年早逝，更大的雄心抱负无从施展；第四名许仪，是许褚的儿子，钟会伐蜀，让他当先锋，逢山开路、遇水搭桥，钟会骑马从桥上过，马蹄陷到木板里，钟会不管三七二十一就把许仪给杀了，豆腐渣工程要了命。要问起来，三国最倒霉的那还应该说是典韦，领导在那边寻开心，结果惹出了麻烦，后果完全由部下来承担，典韦因此而死，而且死得异常惨烈。

156. 汉末三国五大遗憾

历史经常创造奇迹，但也经常留下遗憾。汉末三国时代有哪些历史的遗憾呢？较为著名的有以下这五个：一是曹操兵败赤壁，如果在赤壁不打败仗，曹操有可能在有生之年看到天下的统一；二是诸葛亮病逝五丈原，诸葛亮去世的时候只有五十四岁，如果他能像曹操一样活到六十六岁的话，蜀汉还有机会；三是郭嘉英年早逝，如果郭嘉能多活十年的话，曹操也有统一天下的可能；四是周瑜英年早逝，周瑜身体很好，性格也很开朗，本可以长寿，但不小心中了一箭，最终要了他的命；五是关羽走麦城，直接葬送了隆中对策的全盘规划，导致蜀汉功败垂成。

157. "婶可忍,叔不可忍"

谁是对曹魏事业影响最大的女人?

不是曹操的卞皇后,也不是曹丕的甄夫人、郭皇后,而是一位凉州军阀的妻子。她长得很漂亮,丈夫死得早,被曹操看上了,曹操要纳她为妾,结果就惹恼了凉州军阀的侄子张绣。

张绣也是一员猛将,他认为这是奇耻大辱,婶可忍,叔不可忍。这位猛将于是就来了一场叛乱,曹操险些丧命,曹操的心腹爱将典韦死于这场叛乱,更重要的是,曹操的大儿子曹昂也在这场叛乱中死了。曹昂如果不死,曹魏后来就没有那场夺嫡之争了,内部将更加团结,那么司马懿还有没有机会都不好说了。

158. 三国有两位孔明

有人说司马徽不仅是诸葛亮的老师，也是司马懿的老师，其实不是。

司马徽和司马懿都是河南人，但不是一个地方的。司马懿的祖籍是河南省温县，司马徽的祖籍是河南省禹州市，两个地方相距有一百多公里，在当时他们并没有交集，司马徽并不认识司马懿，由于年龄相差较多，甚至有可能不知道有司马懿这个人。

二人之间非要找共同点的话，有一个勉强算是：诸葛亮字孔明，司马徽是他的老师；司马懿也有一个老师，名字叫胡昭，这位胡昭先生，他的表字也是孔明，在晋朝人写的《高士传》这本书里，记载有司马懿如何向孔明老师拜师求学。

159. 安徽出的三国名将最多

三国时期，各省都出了哪些名将？哪个省出的名将最多？

东汉末年的行政区划和现在不一样，当时最高一级行政区划是州，共有十三个，下面是一百零几个郡国。如果不按照州郡划分，而还原成现在的省、自治区、直辖市，哪几个省区市产生的名将最多呢？

由低到高排列的话，有以下几个：第五名是山西，有关羽、张辽、徐晃等；第四名是河北，有公孙瓒、韩当、程普、张郃、张飞等；第三名是山东，有太史慈、于禁、程昱、李典、满宠等；第二名是河南，有黄忠、李严、魏延、典韦、文聘、乐进等；第一名是安徽，有许褚、周泰、文钦、文鸯、周瑜等，最重要的还有"诸夏侯曹"——曹仁、曹洪、曹纯、夏侯惇、夏侯渊、曹真、曹休、夏侯尚……人数那就太多了。

160. 刘备的"七百里连营"

刘备攻打孙吴，为什么要摆"七百里连营"，他真的不懂兵法吗？其实，"七百里"是一个惊人的规模，即使按照汉朝的里程计算，也有近二百公里，一公里的军营住上一万人绰绰有余，这二百公里的连营得住多少人？恐怕把蜀汉男女老幼全部拉过来那也住不满，这种几百里长的军营在古今中外恐怕都是没有的，这是常识。

那么，既然如此小说为什么敢这样写呢？这倒不怪小说，因为《三国志·文帝纪》里也有类似的记载，曹丕评论刘备夷陵用兵，说了一句"树栅连营七百余里"，这就让人感觉的确是一座七百里长连营。

其实，《三国志》里的这句话应有一个逗号，应该是"树栅连营，七百余里"，结合当时的实际情况，可以这样理解这句话：刘备就地取材，用树枝扎成了一些营垒，这些营垒稀稀拉拉地散落在长达七百里的战线上。这样理解，就准确多了。

161. 公孙瓒的奇葩政策

公孙瓒的实力一度是超过袁绍的，尤其是公孙瓒手下的"白马义从"十分厉害。但是，界桥之战中公孙瓒轻敌大意，而袁绍进行了精心准备，提前训练出一支"大戟士"，一举消灭了公孙瓒的"白马义从"，此后二人的实力发生了逆转。界桥之战是公孙瓒走向失败的转折点，除了这个军事上的原因之外，还有一个深层次的原因，是在用人政策上。

公孙瓒的用人政策非常奇葩，他不用那些人才，而用那些庸才。对此公孙瓒还有一套自己的理论，他说：你这个人啊，名气很大，本事很大，我要用你，你就不会感激我，还以为自己很牛呢，那我就用那些没有名气、没有本事、出身也不好的人，我用了他们，他们就会感激我。史书上说，公孙瓒"所宠遇骄恣者，类多庸儿"，其中尤其以算命先生刘纬台、布贩子李移子、商人乐何当三个人最受宠信，公孙瓒还跟他们结成了异姓兄弟。

公孙瓒的表字原来并不是伯圭，是他后来改的，一家如果有四个兄弟，他们的字里应该分别有伯、仲、叔、季这几个字，公孙瓒为了表示跟刘纬台等几个异姓兄弟很亲，所以自己把表字改成伯圭，其他几个人则分别改为仲、叔、季。有公孙瓒撑腰，这些人很快富了起来,"富皆巨亿"。公孙瓒还跟他们结成儿女亲家,常把他们比作汉初的开国功臣曲周侯郦商、颍阴侯灌婴。庸儿当道,真正的人才自然没有了用武之地,这是公孙瓒失败的根本原因。

162.《后出师表》并非伪作

"汉贼不两立,王业不偏安""鞠躬尽瘁,死而后已",这些耳熟能详的话都出自《后出师表》。《后出师表》与《出师表》一样,也十分著名。但是,陈寿在《三国志》以及他本人编辑的《诸葛亮集》中都没有提到《后出师表》,《后出师表》最早出现在孙吴人张俨写的《默记》里,这让人对《后出师表》是否出自诸葛亮之手产生了疑问。更重要的是,《后出师表》中提到赵云已经死了,而按照《后出师表》写作的时间判断,那个时候赵云并没有死,所以有人更认为《后出师表》不是诸葛亮所写,而是张俨伪造的,也有人认为伪造者是诸葛亮的侄子、孙吴大将军诸葛恪。

究竟是真作还是伪作呢?这个可以通过文本分析进行判断,对照一下两篇文章,无论是内容还是写法都非常一致:从内容上说,《后出师表》说理透彻、感情真挚,符合当时诸葛亮的内心;从写法上说,《后出师表》音韵铿锵,使用了大量的对仗和排比,也是诸葛亮的写作风格。应该说,《后出师表》并非伪作,也出自诸葛亮之手,至于赵云的事,更可能是《三国志》里把赵云去世的时间记错了。

163. "快递小哥"助刘备脱险

有人认为,夷陵之战中白毦兵用几百人阻击了陆逊的几万人,这才助刘备脱险。白毦兵现在名气很大,但就史书记载来说,提到他们的只有诸葛亮写给李严的一封信,诸葛亮这样说的:"到所督,则先帝帐下白毦,西方上兵也。"这里透露了三个信息:一是说白毦兵的指挥官是陈到;二是说白毦兵是刘备帐下的部队,也就是近卫军;三是说白毦兵是从西南少数民族中选拔出来的一支部队。至于说,夷陵之战中几百名白毦兵抵挡了孙吴几万人马的进攻,这才力保刘备退到白帝城,这一点史书没有记载。

刘备在夷陵之战中成功突围,得益于驿人,也就是管理驿站的人。当时,刘备带领少数人马突围,狼狈异常,山路崎岖,骑马很危险,刘备是被驿人抬着闯出的重围,为了逃命,驿人们焚烧了身边包括铙、铠甲在内的能烧的所有东西,以此来阻挡敌军追击,刘备这才撤退到了白帝城。

164. 孔融与曹操斗勇斗智

从小就知道让梨，始终给人"温良恭俭让"印象的孔融，怎么变成了一个标准的"老愤青"呢？其实，不是孔融随着年龄变大而脾气变差了，而是他的无奈。

孔融是孔子的后人，维护正统是他的本能，也是他自认的担当，但面对"皇纲失统"的现实他也无可奈何，他不会主动攀附曹操，也不甘于苟且。但随着曹操权势的一步步巩固和上升，孔融的痛苦和无奈也在不断地加剧，他对曹操种种的不敬行为只能解释为一种故意，那就是他在激怒曹操，希望曹操把他杀了，结束自己的痛苦，也成全他孔子后人的名声。对付孔融这种不怕死的人，如果一言不合就挥刀，那么除了成就孔融外无一益处，曹操没有那么笨，不过也没有什么好办法，曹操的办法就是忍和退，让你尽情表演，保证"骂不还口、打不还手"。开始大家可能在心底里会替孔融暗暗叫声好，慢慢也就习惯了，再后来孔融其实也弄不出太多的新意来，众人又有了"审美疲劳"。等大家确实很疲劳了，曹操就找人随便编了孔融的几条罪状，也都不是什么大问题，就把他就杀了。结果却没有引起太多的舆论反弹，当年因杀边让而引发的叛乱也没有发生。

165. 何晏是曹操养子也是女婿

何晏的生父叫何咸，事迹无考，但何咸的父亲不同凡响，他就是曹操昔日的上司大将军何进。当初何进在袁绍的鼓动下谋除宦官，结果被宦官所杀，何晏的父亲何咸大概也死在这个时候，有人认为他死时未必看到了自己的这个儿子，何晏有可能是何咸的遗腹子。何咸死后，妻子尹氏不知流落到了哪里，建安初年曹操担任司空后她来到了许县，成为曹操"夫人团"中的一员。

曹操生前，何晏一直很受宠爱，后来曹操把自己的女儿金乡公主嫁给了何晏，何晏既是曹操的养子，又成了曹操的女婿。

何晏的岳母、金乡公主的母亲姓杜，其经历与何晏母亲尹氏很相似，杜夫人前夫是吕布手下的将领，名叫秦宜禄，秦宜禄死后改嫁了曹操，除了金乡公主，杜夫人还有一个儿子叫秦朗，是秦宜禄之子，像何晏一样也是曹操的养子。

166. 曹操阵营也有"小帮派"

当领导，最不喜欢手底下的人搞小圈子，在三国历史上袁绍就毁于"小圈子"，刘备也深为"派系文化"所困扰，孙权的江东也有不少"大族"，曹操则比较聪明，在用人主张"唯才是举"，治心、拢心并用，以破除帮派之争。不过，曹操阵营里也并非完全没有帮派。有一伙人，成员包括臧霸、昌豨、孙观、吴敦、尹礼等人，他们出身于或活跃于泰山郡周围，有人把他们称为"泰山帮"。

这些人最早与陶谦合作，陶谦死后分别与刘备、吕布合作过，吕布被曹操杀了，他们躲了起来，但找不着他们曹操不敢从徐州撤兵，最后还是把他们找出来了。曹操应该不喜欢臧霸这些人，但见到臧霸还是表现出很高兴的样子，为了让这些地方实力派真心为自己效力，曹操很大方，一口气任命了好几个郡太守、国相：臧霸为琅琊国相，昌豨为东海郡太守，吴敦为利城郡太守，尹礼为东莞郡太守，孙观为北海国相，孙康为城阳郡太守，这几个地方都处于徐州、青州交界地带。曹操不喜欢手下人拉帮结派，但当时很无奈，其他地方形势还很严峻，曹操不得不向"地头蛇"低头，一直到曹操去世，"泰山帮"的地位都很稳固。

167. 曹氏"立贱"出于政治考虑

曹操以倡家出身的卞氏为王妃，曹丕以平民出身的郭氏为皇后，曹叡又册立了车工的女儿毛氏，史书上说曹氏"三后之升，起于幽贱"，这与汉朝帝后多选于勋臣世家的做法有很大改变。

有人认为这种喜好出于偶然和巧合，出于曹氏父子的思想解放，也就是"尚通脱"，但仔细分析一下，也许他们另有考虑。后汉中期以来，皇权屡被宦官、外戚两股势力袭扰，皇帝时常成为傀儡，造成了政治上恶斗不止。有鉴于此，曹魏立国后便从制度上禁绝宦官、外戚的干政，宦官虽然仍然存在，但已无缘接触政治，外戚虽然仍然富贵，但对他们干政的制约也有很多。所以，曹氏祖孙三代不在世家大族中选立皇后并非偶然，而是刻意为之。

168. 青梅煮酒本意是想重用刘备

刘备投奔曹操后，有人劝曹操把刘备杀了，以免后患，曹操没答应，表面上是爱惜人才，其实曹操有另外两方面的考虑：一方面，已杀吕布，再杀刘备，有赶尽杀绝之嫌，天下未定，不能把对手全部逼到拼死对抗这一条路上；另一方面，曹操的实力还不足以把所有人都当成对手，为对付更为强大的袁绍，他需要建立一个统一战线。

为此曹操也做了一些努力，他对刘备很尊重，"礼之愈重，出则同舆，坐则同席"，又指示张辽想办法接近关羽，这虽是拢心之术，但绝无伪饰。因为曹操是真心想把刘备等人留下来，所以才有了饭桌上的那段对话，曹操的本意确实是想夸刘备，同时给刘备打气，表明一定会战胜袁绍的决心，所有这些，都是想让刘备长久地留在自己身边。刘备如果听懂了其中的含意，也许会立即向曹操表示忠心，双方达成默契后，曹操或许会对刘备委以重任。

169. 汉献帝如果跟刘备会更糟

有人说,刘备肯接汉献帝的"衣带诏"密谋除掉曹操,足以说明他对汉室的忠诚,如果得手,他一定会还政于汉献帝,汉室可兴。这种说法有些幼稚,先不说这样的密谋有无成功的可能,即使有,汉室也不可能从此振兴,只是换了个新的控制者而已。

设想一下,假如以刘备为首的一派力量在许县密谋得手,除掉了曹操,刘备以其威望和实力掌握了时局,进而统一了北方,成为"曹操第二",他会把大权拱手相让吗?刘备是不会的,他只会把权力抓得更紧。以刘备的出身和经历,他对汉室的感情其实没多么深厚,喊口号可以,真的去做就是另一回事了。刘备经历了起起伏伏,他对权力的理解比一般人都更深刻,不为发展,为生存他也不可能把权力交出来。

当时,对汉献帝真正有感情的是那些长期受儒学、礼教教育和影响的人,或者本人和家族几代为汉臣,世受汉室之恩,从当时各阵营的情况看,曹操手下这样的人最多。如果把曹操换成刘备,刘备绝对不成了第二个周文王或周武王,在汉献帝一再提出归政还权的情况下,刘备也做得不会比曹操更好。在刘备手下,汉献帝不要说重掌权力,就是平时想找几个人聊聊天恐怕都不那么容易,他要么忍耐,要么被提前"拿下"。

170. 汉献帝除曹操只有一次机会

曹操把汉献帝迁往许县后，一开始，虽然不能把权力真正还给汉献帝，但还是比较把汉献帝当回事的，还经常亲自进宫汇报事情，这个时候，汉献帝如果在许县的皇宫里对曹操下手，是有机会的。有人说，皇宫里不都是曹操的人吗？汉献帝哪来的机会？

其实这是误解，刚开始汉献帝也有自己的武装，最重要的就是董承所部。董承是凉州军阀出身，护卫汉献帝东归，因功被拜为卫将军。董承虽然抓不住实实在在的兵权，但他有胆识，一开始，汉献帝身边的人应该多是他的部下。汉朝制度里有"五大不在边"的说法，大将军、三公等权力太大，不能再带兵出征，如果非要出征不可，行前天子要亲自召见，届时"令虎贲执刃挟之"，以试其心。汉献帝完全可以先稳住和麻痹曹操，让他没有戒心，之后利用这样的召见机会，正大光明地把戟刃架在曹操的脖子上，之后武士手中的戟"咔嚓"往下一划，曹操就身首异处了。

不过这个机会很宝贵，有且只有一次，一旦被曹操察觉就无法再得手了。这也不是臆想，汉献帝还真给曹操来过一回，不过那时汉献帝还没有想到杀曹操,只是戟刃已贴向曹操的脖颈,曹操被吓得"汗流浃背",曹操"自后不敢复朝请",想再用这个办法杀他,没机会了。

171. 刘备跟谁谁"扑街"

刘备出道比较早,也很努力,但由于出身较低,运气也不算好,所以大部分时间里都在奔波逃亡中度过的。先后投奔过六个人,但这六个人结局都不好。

跟公孙瓒、公孙瓒灭。公孙瓒是刘备的老同学,收留了刘备,刘备数年后离开公孙瓒,再过数年,公孙瓒败亡。跟吕布、吕布死。刘备收留了吕布,吕布反夺刘备,刘备又投吕布,吕布收留,经过这一通眼花缭乱的变化,吕布其实并没有得到多少好处,反而埋下失败的伏笔,最后被曹操所杀。跟曹操、曹操伤。刘备投奔曹操,曹操收留,对刘备也不错,但刘备在关键时候反叛,曹操差点儿翻船,曹操不得不在官渡决战的前夕分兵对付刘备。跟袁绍、袁绍衰。刘备从曹操那里反出来,没有办法,只得投袁绍,但袁绍随即从巅峰坠入深谷。跟刘表、刘表败。刘备再投刘表,刘表收留,数年后,刘表败亡。以上也许只是巧合,但刘备对收留他的人的"杀伤力"还是挺强的。

172. 一个小人物差点儿改写历史

赤壁之战前，曹操南下荆州，刘琮投降，刘备仓促间南奔江陵，曹操率一支骑兵随后追击，这支人马以虎豹骑为主，以急行军的速度前进。史书记载"一日一夜三百里"，这个速度放在现在不算什么，在当时却是行军速度的极限，这样一来，曹操就成了孤军深入。

荆州是刘表父子经营多年的地方，虽然刘表死了，刘琮已经表示投降，但荆州腹地的控制权仍在刘氏手中，曹操置襄阳于不顾直接南下，也太瞧不起人了，同时也给人留下了想象的空间。

《汉晋春秋》记载，刘琮手下有个叫王威的人，给刘琮出了个主意："曹操认为将军已经投降，刘备逃走，必然松懈无备，现在又轻行单进，如果以奇兵数千，在险要处埋伏，定可将曹操擒获。那样一来将威震天下，中原可传檄而定。这是难遇之机，切不可失去呀！"

王威的这个主意实在很阴，如果刘琮真要这么干了，曹操将身陷重围，刘琮、刘琦、刘备加上江陵的水军和正在悄悄向荆州靠近的孙权，大伙一起动手，正好把只有数千人马的这支曹军围在中央，曹操这个老师傅再能打，也经不过众人的乱拳，再加上人生地不熟，曹操一定凶多吉少。如果动作再快些，不等襄阳以北的曹军主力赶到就能把曹操结果了，到那时固然又是一场混战，但无疑也增加了机会。可惜的是，刘琮没胆量接受王威的建议，曹操才躲过一劫。

173. 刘备是"克妻"的男人

都知道刘备说过一句话:"兄弟如手足,妻子如衣服。"这句话很容易引起争议,尤其会被女士们反感。但对这句话可以不去理会,因为这是小说里说的,在正史中刘备从未这么说过。但也有人说刘备对待"妻"和"子"的确像衣服一样,想扔就扔,危险一来只顾自己跑路,这倒是实情。

除此之外,刘备还是一个"克妻"的男人。正史里提到刘备的第一位妻室是甘夫人,不是正妻,而是妾。《三国志》记载:"先主甘皇后,沛人也。先主临豫州,住小沛,纳以为妾。先主数丧嫡室,常摄内事。"根据这段话推断,刘备不仅之前娶过正室,而且不止一次,甚至也不是两次,否则不能说"数丧"。甘夫人之后还有糜夫人,不过她们也都是苦命人,常跟着刘备跑路,刘备动不动就"弃妻子"。后主刘禅的生母甘夫人至少当过两次俘虏,后早早病逝于荆州。

174. 刘备差点儿下海当渔民

陶谦死时将徐州托付给刘备，刘备担任了徐州刺史，之后收留了走投无路的吕布，但吕布反客为主，夺取了徐州，刘备带着一支数千人的队伍跑到海西县。这里靠近大海，刘备率残兵败将来此，没吃没喝，也不知道该往哪里去，饿极了，甚至发生了人吃人的惨剧，史书记载"饥饿困踧，吏士大小自相啖食"。

在这最艰难的时刻，随刘备出征的麋竺给了刘备最大的支持。麋竺是徐州本地的亿万富豪，家底很厚，麋竺和兄弟麋芳散尽家财支持刘备，同时集合了仆人、宾客和族人共两千人充实到刘备的队伍中。当时甘夫人已被吕布俘虏，麋竺就把自己的妹妹嫁给刘备当夫人。麋竺堪称汉末商人从政的成功代表，在刘备事业处于低谷时倾全力支持，看得出他不仅会理财，还很有政治头脑。在麋氏兄弟的大力支持下，刘备才没有下海当渔民。

175. 徐晃的经典口头禅

徐晃是曹操手下最能打的将领之一，其巅峰之战是樊阳解围。这一仗打得很精彩，以很小的代价就打退关羽，在极短时间内解了樊城之围。就连十分精通兵法的曹操对此也赞赏有加，曹操特地发布了一道军令对徐晃予以表彰，命令中说樊城、襄阳的形势比当年莒、即墨之围还严峻，而徐晃的战绩胜过了孙武、穰苴。轻易不说过头话的曹操对徐晃的赞扬超过了以往任何武将，这是因为此战实在太重要了，而徐晃打得堪称完美，关键时刻稳住了曹军的局势和军心。

此战中，徐晃与关羽临阵交谈时关于私事、国事的一番话，更显示出他心中的情和义，也为后人乐道。徐晃为将，对人对己要求都很严，打了胜仗从不邀功请赏，平时练兵和打仗都不惜力，有时让大家感到吃不消。军中流传起"不得响，属徐晃"的话，意思是跟着徐晃打仗，想清闲片刻都做不到。这话传到徐晃耳朵里，他也不生气，他经常跟部下开玩笑说："我捶破汝钨销哉！"意思是，你们再胡说，小心我捶你们脑袋，敲碎你们的破瓦罐！

176. 诸葛亮亲自解释北伐原因

《孙子兵法》说:"可胜者,功也。不可胜者,守也。"弱者主守,这是基本道理,但诸葛亮五次北伐,继任者姜维十一次北伐,而在此期间曹魏方面仅发动过三次主动进攻,十六比三,弱小的一方反而更主动,似乎违背了战争法则。有人说诸葛亮是为保住权力才这样做的,后主逐渐长大,如果不发动北伐,诸葛亮必须还政于后主,所以他才借北伐予以拖延。

这种说法其实没有道理,诸葛亮在《后出师表》里有两句话:"不伐贼,王业亦亡,惟坐而待亡,孰与伐之?"这道出了北伐的根本原因:如果采取保守战略,与敌人一起休养生息,敌我之间的差距将越拉越大,与其到时候被动挨打,还不如以攻代守,避免"坐而待亡"。

177. 诸葛亮并不输韩信

诸葛亮五伐中原无果,没能像刘邦、韩信那样取得成功。

当年,刘邦、韩信也是从汉中出发,他们兵出陈仓,只一次"北伐"就统一了天下,建立了大汉王朝,是不是说明诸葛亮的才能远逊于韩信呢?

其实不能这样说,诸葛亮、韩信都从汉中"北伐",可对手不一样。韩信的对手是实力分散又毫无防备、轻敌大意的项羽,而诸葛亮面对的是一个统一强大又小心谨慎的曹魏。

178. 司马炎是诸葛亮的"粉丝"

司马懿的孙子司马炎创建了晋朝，从历史的角度看蜀汉属于晋朝敌对的一方，诸葛亮算是晋朝的敌人，但司马炎对诸葛亮相当敬佩。蜀汉有位大臣名叫樊建，曾"以典军书记随丞相亮北伐"，算是诸葛亮身边的一位秘书，蜀汉灭亡时樊建已升任尚书令，是一位重臣。樊建随后主刘禅投降，后来到了洛阳，司马炎觉得他有些本事，任命他为给事中。

一天，司马炎向樊建询问诸葛亮身上有哪些优点，樊建说："闻恶必改，而不矜过，赏罚之信，足感神明。"司马炎听后赞叹说："善哉！使我得此人以自辅，岂有今日之劳乎！"司马炎命陈寿汇编《诸葛亮集》，还要求他在史书中客观记述诸葛亮的事迹。司马炎曾召见陈寿的同学、蜀汉旧臣罗宪，问及诸葛亮后人的情况，罗宪推荐了诸葛亮的孙子诸葛京。当时诸葛京迁居于河东郡，司马炎让人把诸葛京找来，任命他为郿县令，因为政绩不错，诸葛京后来还升为江州刺史。

179. 蜀汉有六个"省级"行政区

蜀汉政权的主要辖区是益州刺史部，有段时间还拥有荆州刺史部的一部分，但后来丢了。

作为一个政权，只拥有一州地盘显得有些"寒酸"，于是蜀汉又先后建立了若干个与益州刺史部平级的都督区，有汉中、江州、永安、关中、庲降五个，其中关中都督区属"遥置"，因为关中从未到过蜀汉手中，而其他都督区均为实设，每个都督区下面一般有若干个郡国，与州刺史部相同。都督区设在边疆，有明确的防守职责，主要承担着防御敌人入侵的重要任务。

益州刺史部原有十二个郡国，经过缩小建制的方式，最多时增至二十七个郡国，目的就是满足新设都督区的需要。永安都督区治理和重点防卫的是原巴东郡地区，汉中都督区治理范围是汉中郡与武都郡，庲降都督治理范围是南中七郡，江州都督治理范围主要是原巴郡地区。

180. 蜀汉北伐成功的三个条件

诸葛亮在隆中对策里面提出要协助刘备完成统一天下的目标，但直到诸葛亮临终之前这个目标仍然没有实现。有人说，是隆中对策本身存在天然缺陷，导致大业难成。能不能这样看呢？其实不能。

诸葛亮在隆中对策里说得很清楚，北伐要想取得成功有三个条件：一是占领襄阳，从这里进攻洛阳；二是占领汉中，从这里进攻长安；三是"会当有变时"，也就是敌人内部发生问题。关羽丢掉荆州，一个条件已经不具备了；而敌人内部也一直比较小心谨慎，没有给北伐创造太多的机会。三大条件只具备了一个，北伐没有取得成功是情理之中的事，与隆中对策没有关系。

181. 刘备"秘密谈话"属伪造

刘备临终前对诸葛亮说马谡"言过其实,不可大用,君其察之",这是议论人事的,议论的对象马谡现任越嶲郡太守,是蜀汉高级官员,所以刘备不可能当着众人的面去说,是说给诸葛亮的"秘密谈话"。

这次谈话居然被写进了《三国志》里,是谁泄露出去的呢?表面上看,只能是诸葛亮说出去的,街亭失败后诸葛亮追究责任,挥泪斩了马谡,并自降三级。诸葛亮一向严于律己,对自己的错误从不掩饰,在反思用人失误的时候也许给大家说了先主刘备临终前的那次谈话,这种可能性不是没有。不过,这种可能性比较小,既然先主临终前特意叮嘱,诸葛亮还要执意重用,诸葛亮又如何向大家解释呢?

这次谈话只记载在《三国志》中,其他史料均未提及。《三国志》的作者陈寿是谈话的首次发布者,考虑到陈寿的父亲曾在马谡手下任参军,有关马谡的一些事自然陈寿知道得多一些,刘备的"秘密谈话"也许是陈寿从他父亲那里听来的。陈寿的父亲受街亭之败连累,事后被诸葛亮处以髡刑,《晋书》曾因此推断陈寿对诸葛亮心怀不满。

如果把上面这些信息串联起来，线索就逐渐清晰了：刘备与诸葛亮的那次"秘密谈话"，虽然可能是诸葛亮本人公之于众的，但这种可能性较小，最有可能的是陈寿从他父亲那里得到的信息，之后写进了《三国志》里。如果是后一种情况，那就有可能属"小道消息"了，刘备临终前并未说过这样的话，是一些与马谡有关联的人私下里传出来的，目的不是攻击马谡，而是攻击诸葛亮。

182. 小沛的作用如钢盔

看三国，经常遇到小沛这个地名。刘备、吕布都守过小沛，吕布在小沛攻打过刘备，曹操在小沛攻打过吕布，人们熟悉的辕门射戟也发生在小沛，看来小沛是个很重要的地方。小沛是沛县的俗称，汉末时属沛国管辖，为与沛国区别，就称它为小沛。汉高祖刘邦早年供职的泗水亭就在该县。沛国相当于一个郡，属豫州刺史部，曹操的老家谯县也在沛国。

小沛之所以被反复提及，缘于它独特的位置。摊开地图，会发现小沛的位置很微妙，它虽属豫州刺史部，却远离豫州刺史部的中心地带，像一把剑插在北边的兖州刺史部和东边的徐州刺史部中间。刘备初来小沛时，曹操控制着兖州刺史部，他是陶谦最大的敌人，此前曹操已两征徐州，迟早还有第三次。如果曹军南下进攻徐州，第一站就是小沛，所以小沛是徐州的最前线，也是徐州最危险的地方。陶谦给刘备的这个豫州刺史并不是美差，他是陶谦头上的钢盔，是替陶谦挡子弹的。后来刘备如法炮制，让吕布去小沛，也出于同样的目的，而吕布夺了刘备的徐州后，则毫不犹豫地把小沛给了刘备，也是想让刘备去给自己站岗。

183. 曹操不让护军出战

逍遥津之战前,曹操特意留下锦囊给守卫合肥的各位将领,其中说:"若孙权至者,张、李将军出战,乐将军守,护军勿得与战。"此处的护军,指的是担任护军一职的薛悌,曹操为何特意叮嘱不让他出战?

薛悌是文职,冲锋陷阵不是他的强项,当然这算个理由。更重要的理由是,薛悌在合肥起着十分重要的作用,别人无法替代。当时合肥的防务是由互不隶属、主将军职也相当的几路人马共同担任,薛悌这个护军作用除了监督部队外,还负责各路人马的沟通、联络,相当于联席参谋长。薛悌虽不如张辽等人有名,但他二十二岁时当过郡太守,是曹操格外欣赏、信任的文职人员之一,他可直接向曹操本人汇报情况,直接接受曹操的指令,因而很重要。张辽、乐进、李典三人资历差不多,脾气也都不小,平时互相也不太服气别人。

薛悌的作用就是代表曹操协调他们的关系,这种协调作用非常关键,如果首战失利,其作用更加重要,所以曹操特意强调,必须保证薛参谋长的安全。

184. 曹魏后宫皇子多早夭

魏明帝曹叡先后有过三个亲生儿子，分别是曹冏、曹穆和曹殷，他们都在魏明帝之前死了，除曹殷外，他们生于何年不详，但史书记载有他们死亡的时间。曹冏死于226年，此时魏明帝仅二十二岁，推断一下曹冏死的时候年龄估计不大，他于当年被封为清河王。曹穆死于229年，前一年刚被封为繁阳王。至于曹殷，史书上说他生于231年，232年就死了，死时只有一岁。

这三个儿子的母亲是谁？史书没有交代，可能是虞氏，也可能是毛皇后、郭皇后，当然也可能是其他妃嫔。儿子都没保住，魏明帝急了，后来从曹氏宗亲中过继了两个男孩，这就是曹询和曹芳，他们的生母、生父均不详，估计是故意保密。魏明帝驾崩后，按照他的遗嘱，曹芳继位为新帝。

三国时代医疗水平不高，人的平均寿命也有限，婴儿早殇的情况较为普遍。但作为帝王之家，传宗接代是重中之重的事，早殇自然不太容易发生，像魏明帝这样，所有生下来的儿子先后都早早死了，还是比较奇怪的。只有一种解释，那就是与宫斗有关。后宫争宠，一个重要目标就是继承人之争，有儿子的都千方百计想要让自己的儿子上位，没有儿子的就要想办法让对手的儿子不能上位，为此各种办法都会使尽。

魏明帝的后宫以"热闹"著称，"宫斗戏"频频上演。魏明帝没当皇帝前娶河内郡人虞氏为妻，二人曾经比较恩爱，卞太后也挺喜欢这个孙媳妇。当了皇帝后，按道理要让虞氏"转正"为皇后，但魏明帝一直拖着不办，因为他这时又宠爱上另一个女人毛氏。有段时间，魏明帝对毛氏的宠爱无以复加，"出入与同舆辇"，虞氏很不满，经常发牢骚，卞太后知道后就去安慰虞氏，但虞氏脾气很大，并不领情。毛氏出身较低，虞氏骂道"曹氏自好立贱"，还诅咒说"殆必由此亡国丧祀矣"。卞太后出身倡家，也就是民间歌舞团演员出身，虞氏一竹竿下去把卞太后也打到了水里。虞氏于是被罢黜妃子之位，后遣送至邺县居住，魏明帝顺势册立毛氏为皇后。

但不久后，魏明帝又喜欢上了郭夫人，郭夫人出身于河西大族，逐渐得到魏明帝宠爱，毛皇后又被冷落到了一边。一次，魏明帝去园中游玩，把妃嫔都召去饮宴，唯独不叫当时还是皇后的毛氏，郭夫人对魏明帝说应该把皇后请来，魏明帝不仅不准，而且专门交代左右不得对毛皇后提起此事。但毛皇后不知从什么渠道得知了这件事，很生气，第二天见到魏明帝时故意问昨天后园游玩好不好玩，魏明帝一听就恼了，追查是谁泄的密，最后杀了十几个人。魏明帝仍气愤不过，竟因为这件小事把毛皇后赐死，之后魏明帝立郭夫人为皇后。后宫既然这么"热闹"，儿子们一个接一个地非正常死去，也就好理解了。

185.传世诸葛亮像较真实

诸葛亮死后,为纪念他,蜀汉为他画了像,也铸了像。《三国志》记载,262年后主刘禅"诏为亮立庙于沔阳",这是最早为诸葛亮立的庙,即今陕西省勉县的武侯祠,史书记载当时还"图形立庙""均铸金以存其像"。应该说,勉县武侯祠里的诸葛亮像应该是最像诸葛亮的,虽然现在已经看不到了,但由于这里埋葬着诸葛亮,而诸葛亮又受历代的尊崇,所以诸葛亮墓至今仍保存完好。而诸葛亮的画像也应该保存过相当长的时间,为后人临摹、传播创造了条件。

据史料记载,唐朝阎立本、五代房从真、宋末赵孟頫、明朝朱有燉等画家都画过诸葛亮像,他们看到的有关诸葛亮相貌的资料应该更多,所以所画的像即便不能完全复原诸葛亮的相貌,也不会凭空而画。其中阎立本所绘的诸葛亮像最值得关注,因为他算是一位"宫廷画家",画过历代帝王画像十三幅,应是奉旨而作,所以都应当有所依据。南宋画家王齐贤曾临摹过阎立本画的诸葛亮像,一直到清朝这幅画像还在。著名学者赵翼就看过这幅画像,还作诗纪念。

明朝时,王圻和儿子王思义编撰了一部百科全书式的图录类书，名叫《三才图会》，由于取材严谨，编撰慎重，所以被誉为"明朝绘图类书的佼佼者"。在这部书里就有一幅诸葛亮画像，这幅像至今仍可看到，是流传最广的传世诸葛亮像，应该是参考了阎立本所画之像，因而接近于诸葛亮的真实容貌。

186. 蜀汉最后多是投降派

邓艾率领一支孤军，从阴平道突袭蜀汉心脏地带。从军事上说这的确是神来之笔，但就人马数量而言，邓艾手里只有几千人，只是蜀军的几分之一，即便个个精锐，但依靠这点儿人马要想灭掉整个蜀汉也是相当困难的。然而，邓艾却攻城略地，打得对手落花流水。这是怎么回事呢？其实，这个里面军事因素都已经是次要的了，主要是政治的原因：此时的蜀汉内部，从大臣到将士，普遍都不想再打了。曹操手下的陈宫，孙权手下的张昭，还有刘表手下的蔡瑁这些人，他们面对强敌进攻的时候都不愿意打。为什么？因为他们都是本土派，本土派不愿意在自己家乡打仗，面对强敌进攻，他们强烈要求投降，这是蜀汉后来不战而降的根本原因。

刘禅本人其实并不想投降，当然他也知道打不过。根据史书记载，刘禅的打算是逃到南中去，但是蜀汉所有大臣几乎一致反对。追随刘备进入益州的那些人，要么已经死了，要么已经老了，这时候主导蜀汉政坛的主要力量是本土派，也就是投降派。鲁肃当年对这些人有过一个分析，说这些人如果投降了，照样吃香的喝辣的，该当什么官还当什么官，投降与不投降对他们而言几乎没有影响，只是换了个主人而已。新主人一高兴，没准还给自己升官、涨工资，为什么不投降呢？正是由于这种投降的氛围，刘禅想打不能，想逃也不能，最后只得随着大家投降了。

187. 对刘禅的看法都错了

邓艾偷袭阴平道成功,后主刘禅不战而降,被司马昭封为安乐公,迁居到洛阳。刘禅在洛阳说了一句"此间乐,不思蜀",对于这句话,有两种截然不同的理解:一个是说,刘禅就是扶不起的刘阿斗;另外一个是说,刘禅其实有大智慧,不这样说就保不住命。

其实,这两种说法都有一定的偏颇,刘禅没有那么差劲,但是他也没有所谓的"大智慧"。至于说,刘禅能够在位四十一年,是三国时代在位时间最长的皇帝,主要得益于两方面:一是诸葛亮打下的基础;二是曹魏后期在很长时间里陷入了内斗,没有时间去搭理蜀汉。

188. 名字最稳定的城市

看三国,古今地名变化很大。

比如,我们经常提到的一些三国战略要地的名字:夏口是现在的武汉,江陵是现在的荆州市,柴桑是现在的九江,宛县是现在的南阳,陈仓是现在的宝鸡。"明修栈道,暗度陈仓",用现在的话翻译就应该是"暗度宝鸡"。三国时代,关羽是河东人,也就是现在的运城;赵云是常山人,也就是现在的石家庄;吕布是五原人,也就是现在的包头。

三国的著名城市里,只有成都的名称最稳定,从公元前5世纪到现在,一直都叫成都。

189. 曹操没有屠过城

有不少人认为曹操喜欢屠城,比如"屠柳城""屠彭城",其实这些都经不起推敲。

比如"屠彭城",彭城是现在的徐州,曹操征陶谦时拿下了这里,有的史书上说双方交战"死者万数",也就是双方死的人加在一起可以当一万来数,就是几千人。但是到后面史书再写的时候,把这"万数"两个字打了个颠倒,就变成"数万",再到后来,变成了"数十万",不断地添油加醋,还据此演绎出"泗水为之不流"等内容。

彭城在汉末称彭城国,相当于一个郡,归徐州刺史部管辖,太平时期,彭城国的总人口也只有四十万,战乱以后估计只剩下几万人,曹操即便想屠城,又到哪里找来几十万人,把他们集中在一起屠杀呢?

190. 曹嵩花三四亿买太尉

曹操的父亲曹嵩当过太尉,这个职位比部长还要高,但他是花钱买来的。花了多少钱?

史书上说是一亿钱,也就是一亿枚铜钱。东汉末年的粮价长期维持在五十钱一石粮食的水平,汉朝一石是当时的一百二十斤,约合现在三十公斤。五十钱能买三十公斤粮食,相当于一枚铜钱折合现在三四块钱。

曹嵩这个太尉,是花了三四亿买来的。花了这么多钱,当了多长时间呢?十一月上任,第二年四月就被解职了,曹嵩难道是"钱多人傻"吗?其实倒也不是,买这个官,一来荣耀家族,二来也是变相地给十分贪财的汉灵帝行贿。

191. 许攸带走了袁绍的运气

如果许攸不背叛袁绍，袁绍能崛起吗？袁绍没准还真有希望崛起，至少这种可能性是存在的。

袁绍、曹操都具备统一天下的雄才和能力，从当时实力对比看，袁绍似乎还更胜一筹。

许攸弃袁绍投降了曹操，所产生的后果是相当严重的，因为许攸是袁绍的高级参谋，脑子里装的情报不仅仅有袁绍后勤基地在哪里这一条。许攸知道得太多了，所以袁绍一听许攸临阵投敌，马上就慌了，他当即想到，必须在许攸掌握的那些情报发挥作用前尽快结束这场战斗，所以不救乌巢，而是强攻曹军大营，试图一战定胜负。正是由于袁绍急于求战，才造成袁军后面全线崩溃。历史就是这样，天时、地利、人和之外还有运气的成分，所谓"谋事在人，成事在天"，被许攸这么一闹，袁绍的运气就没有了。

192. 曹操不喜欢曹丕的原因成谜

曹操不喜欢曹丕，这多少有些让人费解。曹丕不是曹操的长子，曹操的长子死得比较早。曹丕事实上是曹操的嫡长子，顺理成章，他就应该是未来的接班人，但曹操在这个问题上犹豫了很久。

是不是曹丕的智商不够呢？不是，曹丕的智商非常高。是情商不够吗？更不是，曹丕特别会说话、特别会来事。是不是曹丕的群众基础不好呢？也不是，上上下下、左左右右支持曹丕的人有一大把。也有些解释，比如说曹丕跟世家大族走得太近，所以让曹操忌惮等。但是这些解释都没有特别强的说服力，曹操不喜欢曹丕的原因成为一个历史之谜。

193. 高平陵政变成功的关键

司马懿父子发动高平陵政变，整个计划做得相当周密，每一步都抓住了要害，但是其中有个最大的难点，就是必须得到郭太后的诏书，只有这样才能保证政变的合法性。

郭太后是魏明帝曹叡的正妻，当时迁居于永宁宫，实际上被曹爽一伙软禁在了那里。郭太后对曹爽肯定有意见，但不代表愿意写这份诏书，如何说服她？司马懿其实早就意识到这个问题，并早早地进行了布局。司马懿很早就注意与郭太后一家拉近关系，郭太后的叔父郭立任宣德将军。他有个儿子叫郭德，司马懿让儿子司马师把一个女儿嫁给郭德为妻，此女短命早死，司马懿又让司马昭把一个女儿嫁给郭德为继室。所以，郭太后早已暗中站在了司马懿一边，加上曹爽一伙对她的排挤和迫害，她也愿意把这伙人除掉，为此冒些风险也都情愿。有了郭太后的全力配合，诏书自然会想办法送到司马懿手中。

194. 魏明帝称日本为"倭"

中国古代习惯称日本为"倭",其来历有不同说法。

有一种说法是,239年日本岛上有位卑弥呼女王派遣大夫难升米为使,来到曹魏治下的带方郡,该郡位于朝鲜半岛中西部,当时属曹魏幽州刺史部管辖。倭国使者请求赴洛阳朝见魏明帝,带方郡太守刘夏于是派人护送他们到了洛阳,受到魏明帝接见。魏明帝随后颁布诏书给倭国女王,封她为"亲魏倭王"。有人认为"倭"字是"魏"字去掉"鬼"加上"人"之后所合成。这次日本使者朝见曹魏皇帝,带来不少礼物,魏明帝则在诏书中表彰了倭国女王的"忠孝",又念其"道路勤劳"派人来朝拜,除封女王官职外还赏赐了不少礼物。

魏明帝的诏书到达倭国已经是第二年了,倭国女王卑弥呼"因使上表答谢恩诏"。四年后,倭王女王卑弥呼又派伊声耆、掖邪狗等八人再来曹魏朝贡,此时魏明帝已经驾崩,在位的是他的养子少帝曹芳。

195. 曹操父子三人闹"绯闻"

南朝梁武帝萧衍的长子萧统编了中国第一部文学作品集,即《昭明文选》,在历代读书人中影响很大。到唐朝,这部书里收录的很多文章已经不太好懂了,于是有很多人给这部书作注,其中李善的注本最著名。

为了注释这部《昭明文选》,李善引用了很多资料,有些资料现在在别的地方已经看不到了,因而也有一定的史料价值。《昭明文选》收录了曹植的《洛神赋》,李善作注时引了一条没头没尾的资料,其中说:"魏东阿王,汉末求甄逸女,既不遂,太祖回,与五官中郎将。植殊不平,昼思夜想,废寝与食。"曹植后来被封为东阿王,这段话说他想得到甄逸的女儿甄宓,但是没有成功,曹操把甄宓给了曹丕。曹植为此心绪难平,吃不下睡不着,害了相思病。

《世说新语》说得更离奇,说甄宓先被曹操看上,后来让曹丕捷足先登。其实这些都经不起推敲,当时甄宓二十三岁,曹丕十八岁,而曹植只有十三岁,十三岁的弟弟跟十八岁的哥哥抢二十三岁的嫂子?这样的故事太离奇。

196. 诸葛亮的拜师传奇

元朝有一部《仙鉴》，其中有一篇《诸葛亮拜师》，说司马徽曾亲自带诸葛亮前往汝南灵山，拜奇人酆玖为师。诸葛亮"居期年"，酆玖却不教，诸葛亮并不着急，对老师十分恭敬。酆玖经过长时间观察，发现诸葛亮可教，于是拿出《三才秘录》《兵法阵图》和《孤虚相旺》三部书，告诉诸葛亮，精读此三部书一百日，之后向他汇报读书心得。诸葛亮认真研读，百日之后向老师汇报，酆玖认为诸葛亮已能"审所学皆能致其奥妙"。酆玖认为，诸葛亮已研习了兵法，但还"不喻神通"，也就是缺少变化，终显不足。

南郡管辖下的武当山里有一位北极教主精于此道，于是酆玖亲自带着诸葛亮来到武当山，再拜北极教主为师。可是诸葛亮到了这里，每天的任务只是担柴挑水，除此之外就是上山采一种叫黄精的东西。诸葛亮不知道采了多少黄精，北极教主才开始教他，教授的主要内容是道术。

《仙鉴》并非史学著作，诸葛亮是否真的拜过酆玖、北极教主为师已不得而知。不过，诸葛亮精通儒、法，深得兵家精髓，同时也精于易、道，这在他留下的著作中都可以得到证明，道术也许源于诸葛亮的兴趣和自学，也许果真得到过某些高人的指点。

197. 司马昭两招驭邓艾

邓艾原是一个放牛娃，被司马懿发现并一路提拔，司马氏对邓艾有再造之恩，但到司马昭伐蜀时，邓艾一开始却屡屡阻挠。邓艾时任征西将军，是伐蜀的主力，他却认为现在还不能征讨蜀汉，原因是条件还不具备。什么时候具备呢？邓艾认为要等到蜀国内部出现祸乱的时候。问题是，敌人内部一直不出问题怎么办？邓艾据此反对伐蜀，且不止一次反对，他"屡陈异议"，让司马昭有些恼火。司马昭可以把邓艾撤了换别人上，但这样是有负面影响的，临阵换帅本来就不好，邓艾在西线战场经营多年，人熟地熟，伐蜀大业数他最合适。

这件事能难住曹叡那样的平庸领导，却难不住"路人皆知"的司马昭，司马昭没有强硬下达任务，也没有责难邓艾，而是悄悄做出两项人事安排：一是派自己身边的大将军府主簿师纂担任邓艾的军司马，等于让全国武装部队总司令部办公室主任降格担任西线战场司令部秘书长；另一项是提拔钟会担任镇西将军，等于给邓艾这个"西部战区司令"派来一位"副司令"。情况很明显：如果邓艾再消极，很快就会被"师秘书长"和"钟副司令"架空，邓艾只得乖乖就范，马上投入伐蜀的准备中。

198. 董卓擅行废立有原因

董卓掌权后，废掉了当时的皇帝刘辩，改立刘协为皇帝，有人认为这是董卓的一个严重败笔，是其政治不断失分的重要原因。

董卓为什么这样做呢？有人认为董卓不喜欢刘辩，更喜欢刘协，但这似乎不太重要。

根本的原因在于，刘辩的母亲是何皇后，何皇后是大将军何进的妹妹，刘辩是何进、何苗的外甥。何进被杀，直接凶手是宦官，但何苗被杀的凶手则是吴匡，而吴匡背后的指使者是董旻，董旻的背后就是董卓，董卓已经跟何家结了仇。为了树立自己的威望，并进一步整合各路势力，董卓已打算将何氏势力全部肃清，而这时坐在皇帝宝座上的人居然又与何氏血缘关系如此近，这才是董卓急于换皇帝的原因。

199. 孙权交重担吓哭严畯

鲁肃去世后，有人认为吕蒙随即"代其为将"，且是鲁肃推荐给孙权的，但这与史实不符。

鲁肃临终前并没有向孙权推荐继任者，虽然时任虎威将军吕蒙呼声最高，但孙权起初确定接替鲁肃的是一个叫严畯的人。严畯文章写得好，是纯粹的文人，曾撰《潮水论》一文，据说是中国最早关于潮汐学的专篇。严畯性格质直纯厚，是老实人，听说孙权突然交给自己这么大一副担子，立即傻眼了，知道自己的能力和特长根本带不了兵。众人向严畯道喜，严畯急忙说："非才而据，咎悔必至。"严畯说得很真诚，甚至"发言慷慨，至于流涕"。但是孙权的意志也很坚决，非严畯不可，看到严畯竭力推辞，孙权想试试他，就让他骑马，也不知严畯是假装的还是真不会骑，一上马就掉了下来，孙权这才收回成命。严畯后来一直在孙权身边担任文职，孙权称帝后担任朝廷尚书令，倒是发挥了他的专长。

200. 刘晔因太圆滑而失宠

曹操在世时身边一流的谋士云集，即使不算荀彧、戏志才、郭嘉、荀攸、程昱、贾诩等个个也都可称顶尖的智囊，但他们要么早逝要么年老后从政，曹魏后期出现了"谋士荒"。

曹魏后期仍能被称为一流谋士的，一个是司马懿，一个是刘晔，尤其是刘晔，几乎是魏文帝曹丕和魏明帝曹叡时期的"首席谋士"。但刘晔也有缺点，那就是太圆滑，如果只是像贾诩那样明哲保身，倒也无可厚非，但刘晔有时滑得过了头。

魏明帝让大家讨论伐蜀之事，刘晔一向主张可伐，大臣杨暨反对，多次劝谏。曹叡批评杨暨，认为他是儒生出身，不通军事。杨暨说刘晔也坚持认为不可伐，曹叡吃了一惊，因为刘晔多次劝他伐蜀，曹叡让他们二人当面对质，场面十分尴尬。于是有人对曹叡说，您可以用与自己内心里看法相反的观点试探刘晔，看他是不是也称是，如果是，那说明刘晔只是在揣摩上意，而把主见放在其次，曹叡一试，果然如此。魏明帝因此疏远了刘晔，将刘晔从自己身边调离，刘晔"以忧死"。

201. 汉末三国最窝囊的"诸侯"

群雄之中,本来他出道比较早,早早就坐拥一州,手下武有颜良、文丑、张郃、高览,文有沮授、田丰、郭图、审配,完全是一个超豪华阵容。

如果他有雄才大略,那么后面就没有袁绍、曹操什么事了。但是,他既缺乏能力也缺乏胆识,手下有将领造反,他去打,居然打不过;袁绍派人来忽悠了几句,他居然就把人马和地盘拱手相让,之后害怕有人迫害,跑到朋友处避难,仍然胆战心惊。

最后,他用一把裁纸刀在厕所里结束了自己的生命,这个人就是袁绍曾经的老领导、冀州牧韩馥。

202. 诸葛亮不是历史罪人

有这样一个观点：赤壁之战中刘备、孙权、周瑜、诸葛亮联起手来终止了曹操统一天下的步伐，从历史发展的进程看，诸葛亮这些人其实是历史的罪人，他们开启了后面三国分裂的局面。

怎么看这个问题呢？应该说，赤壁之战还处在群雄混战阶段，这场战役的性质不是统一之战，而是逐鹿之战，曹操虽然强大，但是刘备、刘璋、孙权、公孙康、张鲁这些大大小小的势力仍然存在，既然群雄混战，谁都有资格去统一天下。从这个意义上说，诸葛亮他们并不是"历史的罪人"。

203. 魏延不是蜀汉的反臣

诸葛亮刚死，魏延就成了反臣。关于这件事，史书有不同的记载。不过有一点可以肯定，那就是诸葛亮并不认为魏延是一个反臣，如果诸葛亮对他不放心，那魏延显然活不到诸葛亮之后，诸葛亮在生前就一定会解决这个问题。

但是，诸葛亮临终前的确也面临着非常痛苦的选择，那就是蜀汉阵营分成了势不两立的两派，杨仪一派，魏延一派，杨仪的后面还站着蒋琬、费祎、姜维这些人。所以，即便诸葛亮认为魏延是一个忠臣，也有能力，但在这个时候也不得不放弃他。

204. 活到最后才是赢家

三国归晋,实力强大的曹魏最终到了司马懿父子手里。其中原因很多,其中很重要的一条是曹操的儿子、孙子没有能够活过司马懿。

曹丕活了四十岁,曹叡活了三十六岁,两个人加在一块儿也才七十多岁,而司马懿一个人就活了七十多岁。假如曹丕或者曹叡中任何一个多活十年的话,那就应该没有司马懿什么事了。历史不容假设,但道理可以揭示。什么道理?那就是:世界是你们的,也是我们的,但是归根结底,谁最能活,世界就是谁的。

205. 刘备比吕布还能跳槽

三国时代，谁最能跳槽呢？有人第一个想到的是吕布，所谓的"三姓家奴"。

但要论跳槽的次数，刘备其实更多，刘备先后跟随过公孙瓒、陶谦、吕布、袁绍、曹操和刘表，不过，很少有人说刘备是"六姓家奴"。

为什么呢？这是因为刘备同吕布不太一样，吕布每次跳槽，直接就是卖身投靠，而刘备大多数情况下只能算是一个"挂靠"：我加入你的集团，但是我保持很大的独立性，咱们不是上下级，是盟友的关系，这就不能叫改名换姓了。刘备为什么刻意这样做呢？这是因为刘备从小胸有大志，别人追求一个比较好的职业，而刘备的心中没有职业这个概念，只有事业。有强烈事业心、一心要开创自己事业的人，就不愿为别人打工。

206. 曹操和刘备领导风格不同

关羽宁可放弃曹操给他的荣华富贵,也要重新回到刘备身边;诸葛亮宁愿投奔刘备,也不愿去给曹操服务。这不能简单地从忠义角度去解读,很大程度上这与上下级关系有关。

刘备有点儿像刘邦,他在下级面前比较低姿态:你们行,你们比我都行,我离开你们我不行。这样,刘备身边的人就有一种成就感。曹操有点儿像项羽:我很牛,我很厉害,你们跟着我什么东西都有。有的人喜欢曹操这样的领导,觉得省力又实惠,但也有很多人不喜欢,他们宁肯跟着刘备。

207. 曹丕随意羞辱大臣

曹操生前，曹魏内部整体氛围是奋发向上的，经常能打一些硬仗。但到了曹丕手里，这种氛围好像突然一下子就没了，曹丕三次南征孙权，到了长江的边上，叹了几声气也就没了下文。什么原因呢？

这里面的原因很多，其中有一条与曹丕的行事风格有关。曹操待下属很严厉，但他很讲原则，轻易不会去找下属的麻烦，而曹丕不一样。于禁被遣送回来，你不喜欢他可以不用他，但是你不能去羞辱他，结果于禁被曹丕羞辱而死。曹洪是曹家的长辈，曹丕不喜欢他，千方百计去找他的麻烦，弄得曹洪很狼狈。

类似这样的事还有不少，大家都看在了眼里，觉得跟着这样的领导心里憋屈，关键时刻自然不那么卖命了。

208. 司马懿写诗表忠心

司马懿文采方面远逊于曹操父子，他平时也很少写诗，但也不是从未写过。

魏明帝派司马懿到辽东平叛，大军路过司马懿的老家河南省温县，司马懿宴请家乡父老，大家喝得很尽兴，司马懿于是诗兴大发，当场吟出一首诗："天地开辟，日月重光。遭逢际会，奉辞遐方。将扫逋秽，还过故乡。肃清万里，总齐八荒。告成归老，待罪武阳。"这就是被后世冠名为《宴饮诗》的那首。

诗中说：大魏自宏业开创以来，太阳和月亮仿佛重新焕发出灿烂的光芒，天子命我率正义之师讨伐远方的敌人，在率领大军扫除恶人的途中我回到了故乡，我现在要铲除万里疆域中的敌人，统一四面八方，大功告成之后我将待罪于舞阳。魏明帝继位后司马懿被封为舞阳侯，按照这个意思去理解，就是待我平定辽东后就退休回到封地去养老。言下之意，即使此次再建平辽的功勋，也不要天子再加官晋爵了，守着一个舞阳侯就心满意足了，这么说当然是让魏明帝放心。

209. 语文课本里的两个曹操

看三国，一定要分清历史和艺术，否则就会有困惑。

比如，语文课本里有一篇《杨修之死》，选自《三国演义》，核心是说曹操这个人多么狡猾奸诈、多么残忍，总之是极力贬低。但是课本里还有一篇《观沧海》，"日月之行，若出其中。星汉灿烂，若出其里"，借景抒情，把眼前的海上景色和自己的雄心壮志很巧妙地融合在一起，热情奔放，通过丰富的联想表现出作者博大的胸怀、开阔的胸襟、宏大的抱负，反映出曹操是一位伟大的诗人、政治家。

同样一个曹操，展现出来的是两个面目：一个是奸雄，一个是英雄；一个贬低，一个颂扬。如果不说清这两篇作品的性质和背景，显然会把人搞晕。

210. 曹魏缺少忧国之士

曹魏政权被司马氏父子轻松取代，在此过程中很少有大臣站出来替曹魏鸣不平。有人说，曹魏的失败就在于缺少那种敢直言进谏的忠臣。其实倒未必，直言进谏的大臣曹魏还是有不少的，并不缺，它缺的是另外一种人。

什么人呢？就是那种把自己的前途命运与国家命运紧紧捆绑在一起，能够休戚与共的人，清朝学者王夫之把这种人称为忧国之士，他认为这种忧国之士比那些直谏之士更为难能可贵，曹魏恰恰就没有这样的人。由于你没跟大家结成命运的共同体，所以关键时刻大家随时会弃你而去。

211. 汉末三国口才最好的人

有一个人，他本来是名士王朗的手下，跟着王朗一块儿逃难到了侯官，人家不给开城门，这个人自告奋勇到城里那么一说，人家就把城门给开了。

后来，这个人成了孙策的手下，孙策要取豫章郡，相当于现在整个江西省，这个人仍然自告奋勇，跑到豫章郡，凭着三寸不烂之舌，一通话竟然让豫章全郡投降。吕蒙发现这个人的口才太厉害了，所以在袭杀关羽的时候特意把他带在了身边，而他凭着口才接连拿下两座城池，不费一兵一卒。

这个人名叫虞翻，在三国时代众多名将谋士之中名气不算太大，但他的口才堪称第一。

212. 先主与后主称谓由来

蜀汉有两位皇帝，先主刘备和后主刘禅，先主、后主的说法来自《三国志》。在纪传体史书中，皇帝的传记是"纪"，普通人是"传"，先主、后主这样的叫法很独特，是怎样的考虑呢？

有人说《三国志》的作者陈寿出身于蜀汉，所以用这个来表示对刘备父子的尊敬，其实这样解释有些勉强，因为也把孙权称为吴主，把孙权之后的那些小皇帝称为嗣主，可见"主"这个称谓不是蜀汉特有的。"主"的说法来自"主公"或"明公"，什么是"主公""明公"呢？"公"是先生的意思，"主"是英明或令人尊敬的意思，"主公"就是"令人尊敬的先生"，"明公"就是"英明的先生"。

陈寿以曹魏为正统，曹魏的皇帝传记才能称"纪"，刘备、孙权的传记只能称为"传"，但陈寿大概觉得，如果把刘备、孙权与他们手下那些人混为一谈的话，似乎也有些不妥，于是他就发明了"主"这样的称谓以示区别。

213. 赤壁之战故事多虚构

赤壁之战的过程在史书里很简单，人们耳熟能详的许多著名故事在历史上都没有发生过：诸葛亮没有草船借箭；建安十八年孙权与曹操决胜濡须口；孙权乘船观曹军，被乱箭攻击。

《魏略》记载"船偏重将覆，权因回船，复以一面受箭，箭均船平"，草船借箭的人是孙权。诸葛亮借东风是小说虚构的，黄盖火攻曹军，靠的不是风向而是高速战船。《三国志》说黄盖"取蒙冲斗舰数十艘"，"又豫备走舸，各系大船后，因引次俱前"，由于船速快，所以刮什么风都问题不大。诸葛亮赴江东联吴抗曹，其间的确有一场精彩对话，不过不是与张昭等人"舌战群儒"，而是跟孙权的对话，张昭跟诸葛亮的大哥诸葛瑾是儿女亲家，关系很好，张昭还向孙权推荐过诸葛亮。周瑜没有打过黄盖，黄盖的确向曹操使了诈降计，但《三国志》只说黄盖"随周瑜拒曹公于赤壁，建策火攻"，没有挨打的情节。庞统向曹操献连环计也是虚构的，庞统在荆州南郡为官，去江东是赤壁之战后作为属下护送周瑜灵柩去的，与赤壁之战没有关系。

214. 诸葛亮北伐只有五次

诸葛亮北伐，有人说是七伐中原，有人说是六伐中原，还有人说是五伐中原，究竟几次北伐呢？还有人说诸葛亮北伐是"出祁山"，有"六出祁山""七出祁山"的说法，究竟是怎么回事？

诸葛亮北伐，一般公认的是五次，之所以有其他说法，是因为第三次北伐比较复杂，包括三场相对独立的作战，有人把它们拆分成两次或三次，就有了"六伐中原""七伐中原"的说法，其实这三场战役在时间和空间上有很大关联，应该是一次北伐。至于祁山，它是陇西地区一处战略要地，诸葛亮北伐中三次到过这里，"出祁山"不等于诸葛亮北伐，"六出祁山""七出祁山"的说法更没有依据。

215. 荀彧扣下曹操的命令

荀彧功劳很大，曹操多次提出为其封侯，但荀彧坚决推辞，曹操不再征询他的意见，直接让人拟好文书准备颁布。

荀彧是朝廷的尚书令，相当于秘书长，有关文件需要从他这里传递，荀彧自作决定将其扣下不发。曹操只好专门给荀彧写信，恳请荀彧接受，曹操在信中说："与君共事以来，建立朝廷，是先生你从中辅助，你帮着提建议，出谋划策，建立的功勋已经很多了，愿你不要推辞。"

荀彧坚决辞让，是因为封侯通常需要有军功，在战场上杀敌通常是最直接的条件，而文士封侯一般是很难的。一般来说，封侯不以职务和地位高低为取舍：职务高的人即使位至三公，没有特别的功绩也难以封侯；职务很低，如果有特殊贡献的，也可以封侯。荀彧认为自己没有"野战之功"，不配封侯。

216. 曹操制止部下闹矛盾

曹操手下的徐宣和陈矫是广陵郡老乡，但二人关系恶劣，一见面就吵架。陈矫本姓刘，他舅舅家姓陈，他出嗣到舅舅家改姓了陈，后来又娶了刘氏姑娘，按照风俗本族人不能通婚，这一点被徐宣抓住了把柄，"每非之"，经常拿这个说事。

为了避免两位部下矛盾升级，曹操专门下了一道命令，其中说道："丧乱已来，风教凋薄，谤议之言，难用褒贬。自建安五年以前，一切勿论。其以断前诽议者，以其罪罪之。"这一道命令由徐宣、陈矫之事引起，但说的不仅仅是他们二人的事，曹操明确告诉大家以前的是非都不要再提了，谁提治谁的罪。

217. 曹操的驭人术

曹操会对手下那些特别突出的人才给予适当的压制，避免"一股独大"。曹操阵营里没有产生诸葛亮这样的人物，不是曹操手下的人才不具备诸葛亮的素质，而是曹操不给他们这样的机会。

在曹操事业的开创阶段，荀彧的能力、作用和影响力都是首屈一指的，曹操对他的依赖也最重。后来，程昱、郭嘉、荀攸、董昭等人加入进来，曹操用人的余地更大了，尤其在军前出谋划策方面，郭嘉逐渐取代荀彧成为"谋主"。

曹操把献帝迁往许县后，任命荀彧为朝廷的尚书令，这个职务很显赫，以前往往是朝廷重臣或者外戚来担任，让荀彧担任这样的职务可以表示对他的信任，也是对他做出贡献的肯定。但这个职务的品秩并不高，只有一千石，勉强算是"副部级"，荀彧干了一件"权重位低"的差使，从此渐渐从曹操核心决策层淡出。其后郭嘉在曹操阵营里的地位迅速上升，但论职务也只是曹操身边的助手，而且死得较早。

董昭、贾诩、荀攸等人虽然天赋都极高，但他们力量很均衡，为人又很谨慎内敛，都不具备独撑大梁的内部、外部条件。至于武将方面，曹操手下虽然战将云集，其中不乏顶级战将，但曹操亲自统兵的习惯一直坚持到死,他相当于总司令,手下这些战将分别是兵团司令、军长,军权高度统一在自己手中。

218. 曹操留下的政治遗产

在三国，一个强人的身后往往会出现一个弱势领导：刘表之后的刘琮，刘焉之后的刘璋，刘备之后的刘禅，以及孙权之后的孙休、孙亮等，都是这种情况。

相比较而言，曹操在这方面似乎高出一筹，他生前对人才的驾驭可谓得心应手、炉火纯青。这种优势有一部分延续到了曹操的身后，在他留给曹丕的政治遗产里，最重要的无疑是一个素质较高、团结得较好的人才团队。与袁绍等人身后能人纷争四起不同，曹操身后的人才团队依然保持了团结和强大，能做到这一点，说明曹操在驾驭人才方面有高超的技巧。

219. 曹操擅长打"闪电战"

三国处在冷兵器时代,战争的原始性和偶然性很强,战术手段比较简单,客观条件对战争胜负更具有主导性,人的主观能动性主要反映在谋略和特殊情况下军人的意志力等有限方面。

如果分析一下魏、蜀、吴在军事战术上的优势和劣势,可以看出来曹魏长于平原运动战,蜀汉长于山地作战,吴国长于水战。其中,曹操尤其擅长指挥骑兵快速出击,打对手一个措手不及。曹操以骑兵起家,他担任的第一个军职是东汉朝廷骑都尉,相当于骑兵旅长。在曹操的军事生涯中,有过多次亲自率领骑兵穿插突破的战例,如突袭乌巢、白狼山之战、当阳追击战,这三次作战运用的都是快速穿插的战术,都由曹操本人亲自率领,依靠急行军给对手以措手不及。在白狼山之战中,乌桓首领蹋顿听说曹军主力已接近柳城,说什么都不相信,认为除非那是天兵;在当阳追击战中,刘备还在放心地由襄阳往江陵跑,以为曹军说什么都不会追上,结果曹军突然而至,刘备一脸错愕。这三次漂亮的突击战,曹操带的人马都是五千,这并不是巧合,说明用以担当此类重任的是一个完整的作战单位,而不是临时组建的。曹操手下备着这样一支能快速机动的人马,说走就走,说打就打。

220. 曹操"发现"《孙子兵法》

《孙子兵法》诞生以后,一开始名气并不如现在这样大,在很长时间里,知道的人是有限的。后来曹操发现了这部奇书,意识到它的巨大价值,于是进行精心研读。

曹操很推崇《孙子兵法》,他曾说:"吾观兵书战策多矣,孙武所著深矣。"《孙子兵法》言简意深,即便是在汉末三国时期,已经不易为人所读懂了,于是曹操对《孙子兵法》进行了整理和注释,并将整理后的《孙子兵法》颁行于世,这就是人们现在能看到的《孙子兵法》十三篇。在某种程度上说,是曹操"发现"了《孙子兵法》,《孙子兵法》因曹操的重视和注释而更加显名。

曹操于戎马倥偬间花费精力为《孙子兵法》作注,并非出于学者的热爱,更多的是出于战争的需要。曹操曾将这部兵法下发给手下的将领们,让他们用于指导作战。作为出色的军事家和文学家,曹操根据三十多年的军事实践对《孙子兵法》进行了阐释,这些注解简明扼要,不仅能帮助人们更好地理解《孙子兵法》,而且对《孙子兵法》所论述的内容进行了很多发挥和创造。曹操所注《孙子兵法》的内容有一百余条,涵盖《孙子兵法》全部十三篇，这些注解为后人格外看中。古代注《孙子兵法》公认有曹操、梁孟氏、李筌、贾林、杜佑、杜牧、陈皞、梅尧臣、王晳、何氏、张预十一位大家，曹操排第一名。

221. 杨修死后父母受优待

杨修被曹操所杀,最重要的原因不是无意间泄露了军机,而是他卷入了曹氏兄弟的内斗,当曹操决定以曹丕为继承人时,杨修以及丁仪、丁廙等人的命运也就决定了。

杨修被杀后,曹操见到了杨修的父亲杨彪,曹操明知故问:"杨公怎么瘦了?"杨彪回答:"愧无日磾先见之明,犹怀老牛舐犊之爱。"金日磾是汉武帝跟前的重臣,他有个儿子叫弄儿,武帝也很喜欢,经常让弄儿到后宫里玩,有一次金日磾看见弄儿在殿中与宫人嬉戏,金日磾"恶其淫乱",竟然把弄儿杀了。杨彪的回答让曹操"动容",对于儿子的被杀,杨彪岂能不痛不恨?但他明白那些都于事无补。

杨彪的示弱反而让曹操觉得自己有点儿过分,他给杨彪写了封信,还送来锦裘二领、八节角桃杖一支、青牛二头、八百里骅骝马一匹、七香车一乘,以及"钱绢甚厚",以示慰问。曹操的卞夫人也专门给杨彪的夫人写了信,信中写道:"贤郎有盖世文才,阖门钦敬,明公性急,辄行军法。"接到信后,杨彪及夫人都"答书引愆致谢"。

后来,杨彪总算得了个善终,曹丕受禅时,甚至打算让杨彪为首任太尉，曹丕派人征求杨彪的意见，杨彪以年老多病为由予以固辞。杨彪此时已年近八十，只想安度晚年，不再过问任何事。曹丕于是给了他一个光禄大夫的荣誉性职务，为了表示对他的推崇，还"赐几杖衣袍"，下诏说杨彪如果参加朝会，可以"着布单衣、鹿皮冠，杖而入"，待以宾客之礼。

222. 庞统与刘备"闹别扭"

刘备入蜀,让诸葛亮、关羽守荆州,他带着庞统等人来到益州,庞统任军师中郎将,相当于刘备西进兵团的参谋长。在庞统的辅佐下刘备在益州进展顺利,刘备对庞统越来越信任,二人也十分默契,有一件事能说明他们关系之密切。

一次,打了胜仗,刘备吩咐摆酒庆祝,结果就喝多了,庞统喝得可能也不少,酒后说话没有把门的,他对刘备说:"伐人之国而以为欢,非仁者之兵也。"这揭到了刘备的痛处,刘备也喝多了,大怒:"按你的说法周武王讨伐商纣王也不算仁义,你要觉得不舒服就走人!"庞统一听,起身就走了。刘备酒醒了一些,顿时觉得后悔,赶紧把庞统请来,庞统来了以后该吃就吃,该喝还喝,跟没有发生刚才的事一样。刘备忍不住主动说:"刚才咱俩说的那些话,到底谁错了?"庞统说:"我看都错了。"二人放声大笑,开怀畅饮。敢跟领导拌嘴,只有关系融洽到相当的程度才能做到。

223. 孙权的"白狐论"

孙权重用校事吕壹，酿成孙吴内乱，孙权醒悟，处死吕壹，让袁礼接任吕壹中书郎的职务。孙权派袁礼向受吕壹等人诬陷的文武大臣们道歉，并询问对时局革新的意见。袁礼跑了一大圈，先后赴各地拜见了陆逊、诸葛瑾、步骘、朱然、吕岱、潘濬等人，但大家仍心有忌惮，不肯多说。陆逊、潘濬二位更"泣涕恳恻"。

袁礼回来如实禀报，孙权大为惊虑，他知道陆逊等人内心仍有恐惧，对自己无法完全信任，这让孙权感到可怕。《三国志》记载，孙权写了一封长信，分别派人送给以上重臣。在信中，孙权一一以诸人的字相称，口气十分亲切。孙权说，天下只有圣人才能不犯错误，只有聪明绝顶的人才能看清自己，一般人哪能做到那么周全呢，一定是他有什么地方伤害了大家，他又疏忽没有察觉，所以大家才有顾忌。孙权还说，自己随先父起兵以来已经五十年了，和诸君相处，从年轻到年长头发已经白了一半，总以为已经做到了完全了解，做到了推诚相见，于公于私，都结为一体。那些穿布衣、系皮带的平民百姓结成友谊，尚能经历磨难不变心，而与诸君共事，大义上是君臣，私情上其实说是骨肉都不为过，荣华富贵、欢喜忧愁愿意和大家一起分享，希望大家能竭尽忠诚不隐瞒，贡献智慧不保留。

孙权在信中还说，船开到河中间，还能在河里把谁换一下吗？齐桓公是霸主，做得好管仲就赞扬，有过失管仲就指出来，意见没被接受劝谏就不停止。希望听到大家的见解，以改正自己的不周之处。这封信写得言辞恳切，可以说发自肺腑，也可以看作经历吕壹一事后孙权向大家做出的检讨。

《江表传》补充说，孙权在信里还有这样几句话："天下无粹白之狐，而有粹白之裘，众人之积也。"意思是，天下没有纯白色的狐狸，但是有纯白色的皮衣，这是众人用纯白色的狐皮积攒出来的。孙权的意思是，要想用各种颜色的狐皮缝制一件纯色的皮衣，只能调动众人的力量，靠一个人是无法完成的。

224. 刘备不擅长"唱白脸"

刘备很擅长带队伍，但是他手下叛徒也很多：孟达、黄权、糜芳、傅士仁……无论出于什么原因，投降了敌人，都给蜀汉政权造成难以弥补的损失。

为什么会是这样呢？这得从刘备用人、管人方面去考察。刘备能跟下属打成一片，这是他的长处，但他"唱红脸"可以，"唱白脸"不行。孟达投降了曹魏，他在成都的亲戚朋友都没有受到什么影响。黄权投降了曹魏，曹魏这边已经传开了，说是他的家人被刘备杀了，黄权自己却根本不着急，因为黄权非常了解刘备，知道刘备根本就干不出这样的事。

长处变成缺点，有时只是一个分寸把握的问题，刘备带队伍，一定程度上存在着组织纪律性不严的问题，这就使得一部分人可以毫无后顾之忧地去当叛徒。

225. 曹操一生有三大憾事

曹操这一辈子，可能有三大后悔的事。

第一件，当初在南阳征张绣，本来都挺好，结果曹操一时大意，导致张绣再次叛乱，曹操的长子曹昂死于乱军之中。曹昂如果不死，曹魏内部后来也就没有那么多烦心的事了。

第二件，青梅煮酒不动手，结果放虎归山。曹操后面几场比较大的败仗都跟被放走的刘备有些关系。

第三件，曹操在赤壁之战前夕，形势本来一片大好，但是他的心太急了，只要节奏稍微慢那么一点点，多准备一些时间再与孙权、刘备决战，那孙权、刘备可能就没有机会了。

上面这三件事，件件都让曹操刻骨铭心。世界上没有后悔药，如果有的话，再贵的后悔药大概曹操也愿意买。

226. 刘备生命中的贵人

一个人要成功,离不开"高人开悟,贵人相助",刘备的一生就有这么几位贵人:第一位是老师卢植,如果没有跟着卢老师学习,他的眼界和能力就会逊色很多;第二位是同学公孙瓒,刘备事业的起步,就是靠着公孙瓒的大力扶持;第三位是陶谦,由于陶谦主动让出了徐州,刘备一跃成为与袁绍、曹操并驾齐驱的一线人物;第四位是诸葛亮,如果没有诸葛亮倾心相助,刘备的事业也不会干得那么大。

上面这几位都是刘备的贵人,但刘备生命中最重要的贵人是他的母亲。刘备从小家境贫寒,父亲死得早,母亲还毅然把刘备送到卢植老师那里去学习,这就好比一户生活贫困的人,还要省吃俭用把孩子送到贵族学校去学习,这很不简单,正是母亲的远见、魄力和牺牲精神,才造就了后来的蜀汉皇帝。

227. 曹操与郭嘉是"绝配"

有人认为，如果郭嘉不是死得那么早的话就会协助曹操统一天下，这个说法听起来有点儿悬，它夸大了个人在历史发展进程中的作用。但是，对照一下史实就会发现郭嘉对曹操而言的确非常的重要。

郭嘉生前，曹操战下邳、战官渡、战南皮、战邺城、战白狼山，战无不胜，在重大战役里几乎没有失过手。郭嘉死后，曹操赤壁大败，濡须口失利，最后又惨败于汉中。有郭嘉，曹操就是战场上的传奇；没有郭嘉，曹操好像就变成了一个传说。

郭嘉和曹操就是"绝配"，郭嘉的性格、能力和曹操形成了互补。所以，倒也可以这样说：郭嘉如果能多活几年的话，他确实有可能协助曹操统一天下，也就没有后来的三国了。

228. 郭嘉的七大预言

郭嘉生前曾经做出过许多预言：一是在曹操很弱小的时候就预言他会战胜袁绍；二是预言刘备会投降曹操，但是最终又会反叛曹操；三是预言前往徐州征讨刘备的时候袁绍不会有什么动作；四是预言袁绍死后他的儿子们会掀起内斗；五是预言北征乌桓一定会取得重大胜利；六是预言公孙康会杀了袁绍的两个儿子来效忠。

以上这六个预言，全部被印证为是正确的。但是，这些都不是最神奇的，郭嘉最神奇的预言是，官渡之战前夕大家都担心孙策会在背后搞动作，郭嘉很轻松地说不会，因为孙策即将死于非命。话音未落，孙策那边已经死于刺客之手。看到史书有这样的记载，恐怕只能用"细思恐极"来表达自己的感受。

229. 曹操的爷爷是皇帝的同学

《后汉书》里有曹操的爷爷曹腾的传记。篇幅虽小,但曹腾作为宦官能够入传,且是以正面形象留存于史册,已经是相当不容易了。

根据这篇传记记载,曹腾早年入宫当宦官,他的第一个人生的机遇来自汉顺帝刘保,他因性格"谨厚"被刘保的母亲、摄政的邓太后看中,让他陪当时的太子刘保读书。历史上靠着这种与未来天子同学加玩伴的关系日后翻云覆雨的大有人在,比如,明朝的大太监冯保。但与冯保比起来,曹腾做事更谨慎和低调,而且更有心机,他虽得梁太后和梁大将军的信任,却没有干过多少欺压人民、为非作歹的坏事,相反还做了不少好事。载于史册的,是说他推荐了不少人才,传记里列举六个人,都是汉末响当当的人物,政界的如延固、虞放,军界的如张温、张奂,学界的如边韶、堂溪隆。

曹腾扶持这些人,一方面落得为国举荐英才的美名,同时也是为自己以及后代子孙们铺路。比如,张温、张奂这些人,日后成为帝国军队里元帅级的人物,董卓、孙坚、陶谦、公孙瓒、刘表等都曾是他们的部下,他们在军中的影响力不容小视。后来曹操能以文职人员的身份直接进入军界，担任重要军职，很有可能就是得到了他们的相助。

可以说，曹腾的精心布局对于日后成就庞大的曹魏帝国居功甚伟，曹氏一族百年间的繁荣兴盛是曹腾打下的基础。

230. 曹魏"农业系统"出人才

自曹操开始，便大规模推广屯田制，这项政策使曹魏的国力明显高于蜀、吴，这为日后晋朝对中国的统一发挥了至关重要的作用。因为屯田制的实行，曹魏对"农村工作"也格外重视，这一点从干部队伍建设中也可以看出来。先后在曹魏"农业系统"担任各级领导干部的有枣祗、任峻、国渊、袁涣、韩浩、裴潜、徐邈、卢毓、严匡、杜松、弁揖、王咏、毛曾、仓慈、李胜等，可以说灿若星辰。军屯开始后，早期重要的负责人是夏侯惇，他在战斗中失去一只眼，成了"伤残军人"，但他继续发挥余热，在淮南搞军屯，组织军民修水库，并亲自担土修坝。到了曹魏后期，"农业系统"还出了一个重要人才，就那是邓艾。邓艾本身就出身于屯田户，父亲死得早，随着母亲为人耕田，小的时候放过牛，但他天姿聪慧，自学成才，被选拔为屯田系统里的基层干部，后来担任上计吏，因而有机会见到司马懿，并受到司马懿的赏识。后来邓艾担任了淮南一带屯田工作的总负责人，在淮南大力倡导屯田，并不断改进屯田政策，取得很大成功，为最终灭吴奠定了经济基础。

231. 三国"父子接力赛"

曹丕和曹叡父子俩，父亲活了四十岁，儿子只活了三十六岁，尽管当时的平均寿命不高，但这个年龄比"英年早逝"还要早，跟曹操的六十六岁更没法比。做个假设，假如曹丕和曹叡也都活到了六十六岁，会是怎样的局面呢？

曹丕生于187年，六十六岁时是253年，七十二岁的司马懿已经死两年了；曹叡生于204年，六十六岁时是270年，司马师、司马昭都已经不在了。在生命的赛道上不仅要跑得精彩，还要跑出耐力，半途倒下的选手不是好选手，更何况这是一场接力赛，一个接力棒，父传到子、子再传到孙，一棒没跑好就会影响下一棒，如果前面有两棒选手都出现了意外，还怎么跑？

232. 曹爽不听司马懿兵败

曹爽当政时期，为了树立个人的威望，也发动了一次征蜀之战，他自任总指挥，驱动数路人马准备自秦岭山中的那些古道进攻汉中，继而进军蜀国。曹爽虽然是曹氏后人，但显然没有什么军事才能，还没有出发就露出许多破绽。

远在千里之外的司马懿看得一清二楚，托人转告曹爽不要冒进，曹爽反而理解为司马懿怕自己立功，于是不顾劝阻执意进军，结果一战即败。好在这里天气发生变化，无法进军，自知无法取胜的曹爽顺势以天气为借口草草收兵了。此战虽然损失不大，但曹爽等人的威信受到了很大打击。

233. 曹操杀人多因管的地盘大

对待政治上的对手，曹操其实态度充满了游移：他想妥协，结果越妥协问题越多；他想和解，结果造就了更多的对手。

表面看曹操是个严厉的人，对属下要求极严，不满意时常当面责罚甚至责打属下，有的属下竟然常备毒药在身上以防无法忍受时自杀，这种严苛令人恐怖。政治上的对手他也杀了不少，从董重、伏完、徐他这样的谋反者，到边让、孔融这样的"反曹斗士"，还有许攸、杨修、路粹、娄圭、刘勋、崔琰、刘祯……这个名单并不算短。因政治原因死于曹操刀下的人士可谓不少，与刘备甚至孙权相比，曹操这方面的杀戮似乎多了许多。

但这只是表面现象，不能就此得到曹操残暴嗜杀的结论。作为一名掌权者，曹操管理的地盘最大、掌权的时间最长、受到的挑战也最多，杀人也不可避免地会多，而如果把所有个案逐个进行分析的话，曹操嗜杀的结论更无法成立。乱世横流，方显英雄本色。曹操不是一名圣僧，以普度众生和不杀生为戒律，但纵观他的一生，绝没有以杀戮为手段、为乐趣。包括关于他屠城的那些传说，也都经不起推敲，他所做的基本上是他这个角色和地位的掌权者都会做的，既谈不上过分，更不能称为嗜杀的魔王。

234. 张辽遇曹操大放异彩

张辽是三国时代的名将,但他的经历也比较曲折。张辽先后跟过丁原、董卓、吕布,在他们这些人手下,张辽基本上就是默默无闻。后来张辽遇到了曹操,才大放异彩。

张辽的经历至少说明两个道理:一个道理就是那句话,"世有伯乐,然后有千里马",张辽遇到了曹操这个伯乐,他这匹千里马才有了施展才华的空间;另一个道理是"舞台有多大,你的事业才能干多大",你跟着军长,顶多干到师长;跟着师长,顶多干到旅长。张辽在吕布的手下就有些屈才,他遇到了曹操,发展的空间才无限地放大了。

235. 关羽失荆州不只是大意

关羽大意失荆州,那么不大意,荆州就不会丢吗?或者说,换个不大意的人去守荆州,比如换成诸葛亮、赵云,能不能把荆州守住呢?

其实,大意是一方面,却不是最重要的,荆州丢与不丢取决于当时的战略格局。失荆州之前是汉中之战,刘备在汉中把曹操打了个落花流水,占领了汉中,实力迅速膨胀,虽然还比不上曹操,但已经远超孙权,这意味着原有的战略平衡被打破了。孙刘联盟是建立在一种战略平衡基础上的,这种平衡的要点是"二弱抗一强",这样的平衡眼看不存了,有可能向"一弱抗两强"方向发展。

孙权这个时候感到了不安全,于是他悄悄向曹操方面移动,目的是寻求一种新的战略平衡。这就是荆州当时面临的战略形势,谁去守荆州都改变不了这种状况,所以,失荆州在某种程度上带有一种必然性。

236. 汉末三国最牛的卧底

一般人想到的三国时代最有名的卧底，貂蝉恐怕会算一个，蒋干也算一个。但是关于他们卧底的故事史书上都没有，史书里甚至没有提到过貂蝉这个人，有蒋干，但没有盗书。那么三国时代要评出个"三大卧底"的话，应该有谁呢？

陈登算一个，潜伏在吕布的身边，帮助曹操消灭了吕布；张松算一个，潜伏在刘璋的身边，帮助刘备夺取了益州。

但要说到最有名的卧底，应该是郭修。他原来是曹魏的中郎将，相当于一名师长，后来被姜维打败，投降了蜀汉，凭着个人能力，最后当上了左将军，相当于战区司令。但郭修是假投降、真卧底，他不忘自己的使命，没有沉迷于眼前的荣华富贵，总想找机会报答曹魏。他曾计划在后主刘禅接见时将其刺杀，但没有机会，最后他在一次宴会上亲手刺杀了蜀汉大将军费祎，创造了卧底的神话。

237. 都是投降差距却很大

关羽投降过曹操，于禁投降了关羽，同样是投降，从后世的评价和他们的结局来看却有天壤之别。关羽仍被尊为武圣，而于禁羞愧而死，死后又饱受诟病，这是为什么呢？原因至少有两方面。一方面，二人所投降的对象不一样。关羽虽然投降的是曹操，但曹操后面是汉献帝，是朝廷，关羽接受的不是曹操的任命，而是汉献帝颁给的职务和封爵。而于禁投降的是敌人关羽，是朝廷所谓的叛逆。另一方面，二人投降以后的经历不一样。关羽投降后，他还有机会施展自己的能力，在官渡之战中亲手诛杀了颜良，还了曹操的情，并且有机会重新回到刘备的身边。而于禁投降后就身不由己了，先被关羽关押，后来又"转手"到了孙权那里，只有被利用的份儿，没有机会再施展才能了。

238. 情商高低关系生死

刘备能跟所有人打成一片，孙权特别会笼络下属，司马懿特别能忍，这些都是情商高的体现。当然，要论情商他们都会输给另外一个人，这就是贾诩。贾诩这个人，说话做事滴水不漏，在复杂的情况下保全自己，也保全了子孙，让他们继续享受荣华。

谁的情商比较低呢？像张飞、董卓、吕布、许攸这些说话、做事比较简单的人，情商都不高。还有杨修，表面上看很聪明，其实非常傻，但他们的情商都比祢衡高。祢衡这个人，就连孔融都说他有"狂疾"，也就是脑子有病，是情商最低的人。

分析上面这些人的性格与命运，可以总结出一个规律：所有情商高的人，像刘备、孙权、司马懿、贾诩，事都干得很大，结局也都比较好，比较长寿；所有情商低的人，结局都不那么好，很多人都死于非命。

239. 曹操最霸气的三句话

史书记载曹操讲过三句最霸气的话。

第一句,青梅煮酒论英雄,曹操对刘备说"天下英雄,唯使君与操耳"。曹操没有提到名字的那些人,统统是凡夫俗子,是草芥,这是何等霸气!

第二句,曹操在《让县自明本志令》里说"设使天下无有孤,不知当几人称王,几人称帝"。你们骂我是奸臣、是奸雄,但我认为我是拨乱反正的英雄,是汉室的守卫者!自信加霸气。

第三句,曹操在《求贤令》中说"唯才是举,吾得而用之",汉末讲出身,讲品德,只有能力是不行的。但曹操说,你们如果在别的地方没有施展的空间,统统到我这个地方来。能说出这样的话,多么霸气!

240. 蜀汉内部派系多

蜀汉内部的确充满了派系，但这不是说刘备不善于搞团结，而主要是由历史原因造成的。

益州本来就有两派：一派是本土派，另外一派是刘焉、刘璋父子带来的东州派。刘备手下本来也有两派：一派是追随他很多年的关羽、张飞、赵云等元老派，另外一派是荆州以后才加入的诸葛亮等荆襄派。刘备夺取益州，建立蜀汉政权，其实是带着两派人马打败了另外两派人马，手下自然就产生了四个派别，除此之外，还有一些边缘的小派系，比如马超、法正、孟达等人组成的扶风派。

诸葛亮的伟大之处就在于他虽然出身于荆襄派，但用人上注意五湖四海，是各派都接受的人，这就保证了蜀汉虽然有派系，但在很长时间里没有派系之争。

241. 诸葛亮强大的"朋友圈"

汉末的荆州,在刘表之下有所谓七大家族,分别是黄、蒯、蔡、庞、马、习、杨,诸葛亮跟这些家族都有非常紧密的关系。

诸葛亮的妻子是黄氏家族成员;诸葛亮的岳母是蔡氏家族成员,蔡氏还有个妹妹嫁给了刘表;诸葛亮的大姐嫁给了蒯家的蒯祺,二姐嫁给了庞家的庞山民;诸葛亮的老师是庞家的庞德公,庞家的庞统是同学;马家的马谡、马良,杨家的杨仪,习家的习祯,这些人要么和诸葛亮是同学,要么是好朋友。

七大家族,个个都与诸葛亮有不浅的关系,诸葛亮不同寻常之处就在于,明明可以靠关系吃饭,最后却选择了没有半点儿关系的刘备。

242. 汉末三国徐州不适合创业

看三国，经常会提到徐州，无论是《三国志》还是《三国演义》，都时常会提到这里。这个徐州跟我们现在说的江苏省徐州市不是一个概念，这里说的是徐州刺史部，是东汉十三个州之一，相当于现在山东、安徽、江苏三省各一部，在当时大体上有六十多个县，地盘也非常大。

有一个规律，在汉末三国的群雄之中，凡是以徐州作为根据地的这些人，最后都没能在这里成事。陶谦不用说，后面的刘备，还有吕布，还有在徐州有一定势力的袁术，他们都没能以此为根据地成事。很大程度上，这是由徐州的位置和地理环境决定的，徐州处在一个四战之地，四周强敌环伺，而其境内却几乎是一马平川，无险可守，敌人来去都很自由，这就决定了它不是一个创业理想根据地。

243. 流传数百年的神秘预言

看三国，经常会遇到一句话："代汉者，当涂高。"前半句很清楚，说的是谁将取代汉朝，后半句就太模糊了，从字面上很难理解。作为政治预言，这句话又十分著名，不仅正史里有多次记载，而且在野史、小说、传说里更是经常被提及。汉武帝刘彻感叹过、汉光武帝刘秀与人争论过，袁术还把它拿来作为称帝的依据，魏文帝曹丕更是把它作为汉魏禅代的政治基础。除此之外，一些小人物也被这句神秘预言迷惑过。

董卓死后，有个女巫找到董卓的旧部、凉州军阀李傕，对他说："涂即途也，当涂高者，阙也。傕同阙，另极高之人谓之傕。"她的理解是，"当涂"是在路上，在路上又特别高的自然是阙了，"阙"与"傕"同音，"当涂高"指的就是李傕。不过李傕还算聪明，他知道自己有几斤几两，听听也就拉倒了。

但有人有了行动，这个人叫阙宣，他认为，既然天命所归，索性大干一场搏个富贵。初平四年（193）阙宣在徐州聚众数千人，自称天子，要跟刘汉王朝争天下。徐州牧陶谦见他势大，一面谎报朝廷他在谋反，暗地里却与之联合。阙宣参加了与曹操争夺徐州的战斗，但后来跟陶谦翻脸，这个"皇帝"被陶谦杀了。

244. 三国魏晋三位美男子

在《三国志》等史书里，也有一些对人物长相的描写。一般来说，专门要就长相写一笔的有三种情况：一是长得好，能吸引人，如孙策"美颜容"，周瑜"长壮有姿容"，袁绍"有姿貌威容"。二是长得比较丑，陈寿笔下比较留情，专门写人丑的不多，从后来的其他作品来看，除了刘伶外，还有张松、庞统等容貌较差。三是虽然说不上好，也算不上丑，但某一方面长得有特点，如孙权"方颐大口，目有精光"，刘备"垂手下膝，顾自见耳"，司马懿有"狼顾"之相。

在三国魏晋时代，长相最有特色的还有三位。一位是何晏，史书说他"美姿仪而绝白"，喜敷粉，"行步顾影"，人称"傅粉何郎"。曹丕不喜欢他，称他为"假子"，意思就是"假男人"。另一位是石苞。史书上说他"旷达优雅""容仪伟丽"，时人语之"石仲容，姣无双"，意思是石苞为天下第一美男子。还有一位是潘安，他原来不叫潘安，叫潘岳。据考证，是从杜甫开始把他叫潘安，结果就一直这样叫下去了。《世说新语》记载："潘岳妙有姿容，好神情。少时挟弹出洛阳道，妇人遇者，莫不连手共萦之。"刘孝标注引《语林》："安仁至美，每行，老妪以果掷之满车。"于是有了一个成语，叫"掷果盈车"。

245. 曹操也有"小心眼"的时候

高柔是高干的堂弟,高干是袁绍的外甥。高干先降曹操,后又叛乱,被曹操所杀。因为这种原因,曹操对高柔产生了成见,任命他为刺奸令史。刺奸是执法官,最早设于军中,后来地方上也有,令史是令的属吏,刺奸令史大约相当于基层法院的院长。《三国志》说得很明白,曹操"欲因事诛之",让高柔担任这个职务,不是想栽培他而是想找个碴儿把他杀了。因为法官每天都要断案,在断过的案子里找出几个冤假错案来还是不难的,到那时就可以找个证据把他杀了。

但是高柔没有让曹操找到机会,因为他判案允当,所管理的监狱里也没有积压留滞的犯人,曹操对高柔慢慢有了好感。《魏氏春秋》记载,高柔平时工作很敬业,经常加班到深夜。有一次曹操夜里出巡,到高柔所在部门时,发现高柔"拥膝抱文书而寝",曹操大为感动,解下自己身上的裘衣盖在高柔身上悄悄离开了。曹操后来把高柔调到司空府任仓曹属、法曹掾,曹丕当皇帝后任命高柔为廷尉,相当于司法部部长。

高柔的经历至少可以说明三点:一是像曹操这样一向明于事理的领导也有犯"小心眼儿"的时候,因为领导也是人;二是曹操要找属下的麻烦,并没有直接"拉出去毙了",费了那么大的劲,绕了那么大的弯子,事情居然没办成,说明曹操的法治观念还是不错的;三是曹操发现高柔的长处后,立刻改变了态度,对高柔予以重用,说明曹操本质上是一个爱才的人,这超越了其他的成见与偏见。

246. 袁氏疑有家族遗传病史

袁绍和袁术死得都比较早,死前的情况也很相似,都是在抑郁、失落中死去的,而且死前都有吐血的症状。从医学上讲吐血分咯血和呕血两种,咯血一般是咽喉以下呼吸系统出了问题,而呕血通常是消化系统的问题。

袁术和袁绍都属于呕血,袁术更是呕吐了一斗多的血,说明他们得的都是消化系统的疾病,比如消化性溃疡,或者肝硬化引起的食管、胃底静脉曲张破裂,以及急性胃黏膜病变等。这一类的病症存在家族遗传的可能,从他们兄弟二人十分相似的症状看,他们很可能有家族遗传病史。

247. 董卓集团迅速灭亡的原因

熟悉三国的人都知道,在董卓的手下有一大批特别能打的人,不算吕布,至少有李傕、郭汜、樊稠、李蒙、张济、胡轸、段煨、徐荣、华雄等,随便拉出来一个都特别不得了,但一夜之间他们好像就消失了。

他们消失的原因各不相同,有的是战败被杀,有的是逃亡不知所踪,但作为一个集团来说,由辉煌鼎盛走向瓦解,这个过程也过于迅速了。

什么原因造成了这些人在后面的历史舞台上没有施展的空间呢?主要是他们缺少两个能力。一是独立思考的能力。董卓在的时候所有的问题都是董卓在想,众人只负责执行,结果董卓一死,他们就不知道该怎么办了。另一个是治理地方的能力。乱世争雄,只会打打杀杀还不行,还得会管理老百姓,会管理赋税,会发展生产壮大自己,只有这样你才能在一个地方站住脚。

248. 汉末三国死得最悲壮的人

喜欢三国故事的都知道,三国有两个人死得比较惨:一个是王朗,被诸葛亮骂死了;还有一个叫夏侯杰,是被张飞给吓死的。当然,这是小说里面的虚构,并没有这回事。

就历史而言,三国时代有这么一些人死得比较惨:一类是张郃、孙坚,中了敌人的埋伏,属于万箭分身;还有一类是关羽、吕布、公孙瓒这样的,死后首级被砍下,送到别的地方,叫身首异处;还有就是姜维,敌人恨他,死了以后给他来了一个剖尸见胆。

当然,如果说最悲壮,那应该是典韦,为了掩护曹操撤退,典韦与敌人展开殊死搏斗,死之前身上有几十处伤,可以说是非常惨烈。

249. 领导必须言而有信

袁术想让孙策给他卖命，对孙策说："你帮我去打九江郡，打下来之后我让你当九江郡太守。"孙策去了，把九江郡打了下来，袁术却任命了其他人。后来袁术又找到孙策，对他说："上一次呢是我不对，这一次你帮我去打庐江郡，打下来之后我一定任命你为庐江郡太守。"孙策又去了，打下了庐江郡，结果袁术像得了失忆症，再也不提前面说的话。

轻易不要许诺，许了诺就要兑现，万一兑现不了，也不要给自己胡乱找理由开脱，越是没有本事的人，找理由的本事越大。袁术最终没能成就大事，多少跟他这种言而无信的特点有关。

250. 打造属于你的声誉

职位带来权力，业绩增加你的影响力，比它们更重要的是声誉，也就是由你的性格、你的行为和你的习惯在人们心目中形成的印象。

《三国演义》里有一个故事，诸葛亮错用马谡，失去了街亭，最后导致自己不得不拿两千多名士兵去迎战司马懿的十几万大军。诸葛亮大开城门，在城上焚香抚琴。有人劝司马懿进攻，司马懿说诸葛亮一向小心谨慎，从不冒险，里面定有埋伏，于是撤兵。虽然"空城计"在历史上没有发生过，但可以分析一下小说这个故事所带来的启示，那就是诸葛亮一向小心谨慎、从不冒险，这形成了他巨大的声誉，这个声誉居然打退了敌人十几万大军。

生活中，人们往往就是靠着印象而不是事实来评价和接受一个人的，因此打造属于你的良好声誉是你走向成功的关键一步。

251. 两场靠运气赢的战役

势力决定战争的胜负，但有时候还有个东西比实力还重要，那就是运气。

三国时代有两场这样的战斗。一场是孙坚征刘表，刘表打不过孙坚，躲到襄阳城不敢出来。刘表的部将黄祖出城与孙坚交战，还是打不过。黄祖逃跑，孙坚在后面追，追到了山里，稀里糊涂中了埋伏，被当场打死了，刘表反败为胜。另一场是曹操征汉中张鲁，攻了几次效果都不佳。曹操失去信心，下令撤军。命令已下达，这时突然从山上跑来了好多鹿，冲到了张鲁的军营里，张鲁的手下还以为是曹军来劫营，发生混乱，曹军捉住机会，立刻掉转头来发起进攻，结果一举拿下汉中。

上面这两场战斗，除了说靠运气取胜之外，实在没有办法做更多总结。

252. 董卓借助流星雨取胜

中平二年（185）凉州羌人发动了规模很大的叛乱，他们拥立北宫伯玉、李文侯为将军，杀了朝廷设置的护羌校尉冷征和金城郡太守陈懿，攻烧州郡。叛乱武装后来逐渐归到金城人边章、韩遂手中，他们聚集了数万骑兵向东发起攻击，已经打到了关中一带，这里是西汉各位皇帝陵寝所在地，朝廷一下子紧张起来。边章、韩遂等人以诛杀宦官为名，鼓动大家跟着造反。董卓在去年镇压黄巾起义的行动中无功而被免职，此时又有了用武之地。朝廷派皇甫嵩领兵与边章、韩遂作战，任命董卓为中郎将，担任皇甫嵩的副手。

凶悍的凉州骑兵跟黄巾军完全不同，这一次轮到皇甫嵩找不到感觉了，他因为作战无功而被撤职。朝廷拜老将张温为车骑将军统一指挥作战，任命执金吾袁滂为张温的副手，董卓被提拔为破虏将军，与荡寇将军周慎等归张温指挥，加上附近州郡的地方部队，共有十多万人。但是叛军势头很猛，战斗力强于朝廷的军队，张温等又面临作战不利的局面。

但到了这一年十一月，有一天突然发生了奇异的自然现象，帮助朝廷军队反败为胜。《后汉书》记载，在美阳一带夜里突然"有流星如火,光长十余丈",这可能就是流星雨,其中有较大的陨石,发出的光也超过寻常。更神奇的是,有颗巨大的陨石正好落在叛军的营区里,把营寨都照亮了,营中的驴马等动物受到惊吓都鸣叫起来。古人不了解地震、日食、流星这些自然现象的原理,往往认为是大凶之兆,是上天的某种警示,很不吉利。边章、韩遂也这样认为,于是决定撤军。董卓看到处于优势的一方竟然自动撤退,大喜过望,联合右扶风郡太守鲍鸿共同出击,斩首数千级。

253. 孙坚曾劝张温杀董卓

名将张温曾负责朝廷的西部战事,那时董卓还没有成为军阀,在张温手下,但董卓根本不买张温的账。

一次,张温拿着天子的诏书召唤董卓,董卓过了很久才慢悠悠来了,张温批评董卓,董卓根本不服气,两个人闹得很不愉快。在张温手下当参谋的孙坚看不过眼,走到张温面前对他耳语道:"董卓不知错反而态度不恭,应该治他奉诏不到罪,按军法把他斩了。"张温是个好脾气,以前陶谦在他手下也当过参谋,陶谦可不是印象中的谦谦君子,年轻时以臭脾气著称,他敢在酒桌上跟张温公开叫板,严重蔑视领导,但张温最后也没能把陶谦怎么样。张温小声对孙坚说:"董卓向来在凉州一带有威名,现在杀了他,再在西边用兵就少了依托。"

孙坚见张温不敢,但他仍不放弃,又历数董卓三大罪状,让张温下决心。张温仍然不敢,对孙坚说:"你赶快下去吧,时间长了董卓会起疑心。"后来,董卓祸乱朝廷,成为天下大患,孙坚每想到此事,便痛惜不已。

254.陶谦曾是"问题少年"

陶谦出生在一个小官吏之家,父亲当过县长,但很早就死了,陶谦的这个经历与刘备很相似。父亲死后,陶谦便缺乏管教,一直到了十四岁还整天在外面晃荡,既不读书,也不认真地谋划一下未来,整天弄几块破布缝成旗子打着玩,又弄个竹竿当马骑,一群孩子跟在他屁股后头乱跑,看来这个孩子已经成了"问题少年",将来肯定没有多大出息。不过有人不这么看,这个人姓甘,曾当过苍梧郡太守。

甘太守有一次乘车外出,刚好碰见陶谦,把他叫住,跟他聊了聊。聊完,甘太守很高兴,马上做出一个决定,要把女儿嫁给陶谦。陶谦也很高兴,甘太守的夫人却不愿意,对丈夫说:"我听说陶家的这小子一天不干正事,嬉戏无度,怎么能把咱家的女儿嫁给这样的人?"甘太守不同意,认为他不会看走眼:"我看他容貌不俗,将来必然有大出息。"甘太守最后还是把女儿嫁给了陶谦。

陶谦这个经历又与公孙瓒有些相似,他们俩都是郡太守的女婿。娶了太守的女儿,陶谦从此像变了一个人,开始发愤学习,还上了官学,毕业后陶谦先后到州郡做官,还被举为孝廉和茂才。

255. 陶谦不愿意跳舞

陶谦曾经当过舒县县令，舒县归扬州刺史部庐江郡管，当时庐江郡的太守名叫张磐，凑巧的是，他是陶谦父亲的朋友，但陶谦毫不在意，绝不主动跟张太守拉关系。

不过张太守是个念旧情的人，对陶谦一直很照顾，陶谦不仅不领情，反而有些不高兴，"耻为之屈"。陶谦因公事进见，汇报完工作，张太守总会热情地留他吃饭，陶谦经常推辞，推辞不下，吃饭的时候也总拉个脸，好像别人欠他什么一样。

一次，大家一块儿喝酒，喝得高兴就跳舞助兴，轮到张太守跳，毕竟是太守，或者年纪也比较大，张太守有些矜持，就让陶谦替他跳。张太守大概没把陶谦当成纯粹的下级，而把他当成了晚辈，可陶谦更不高兴了，开始不情愿，再三催促才起身，之后勉勉强强比画了几下，可该转身的时候他也不转。张太守提醒："该转身了吧？"陶谦黑着个脸，不高兴地说："不能转，一转就超过别人了。"弄得气氛很尴尬，张太守很不高兴。

年轻时陶谦就是这副臭脾气，大概陶谦倔得出了名，后来被朝廷任命为幽州刺史，这个官职的品秩虽然与县令相当，但可以监察郡太守。陶谦在幽州干得怎么样不得而知，不过推测起来应该不好，因为他很快又被调回了朝廷，担任议郎。

256. 端午节的另一种传说

都知道端午节是纪念屈原的,其实在很早之前还有个说法,说它是纪念一个叫曹娥的女子。曹娥是东汉时期人,她的父亲有一次不幸坠江,曹娥悲伤过度,于是在农历五月初五这一天坠江而死,当时的人们认为这是很大的孝行,就给她立了一块碑,叫曹娥碑。

东汉末年,大学者蔡邕看完这块碑后批了八个字:"黄绢幼妇,外孙齑臼。"大家不知道这是什么意思,小说里有一个故事,说曹操和杨修有一次也路过这里,曹操看完曹娥碑,也百思不得其解,而杨修很聪明,很快找到了答案,杨修说:"黄绢是绝,幼妇是妙,外孙是好,齑臼是辞。加在一块儿就是'绝妙好辞'。"曹操一听非常感叹,说:"杨修,你这小子确实聪明啊。"

257. 失去制约的"一把手"

关羽失荆州，很大程度上跟决策有关，有人会说刘备为什么不给关羽配上谋士，或者让诸葛亮直接给关羽当谋士不就可保荆州不失吗？

其实，关羽手下是有谋士的，如马良、廖立，他们的水平都很高，问题不在于有没有谋士，而在于上下级是什么样的关系。

关羽的资历、威望、地位都太高了，所有的人在他面前都遥不可及，在这种情况下，没有人能够影响、制约关羽，把诸葛亮派过去，除非让诸葛亮当荆州的"一把手"，否则也没用。失荆州留下的课题就是权力如何制约的问题，尤其是"一把手"，如果权力太大，就等于风险的失控。

258. 曹操一得意就要打败仗

要论个人综合能力，曹操无疑是三国时代的第一人，没有其他任何人可以与他相比。但曹操的身上也有一个致命缺点，那就是他的发挥不够稳定，具体说就是逆境的时候很强大，顺境的时候却很糊涂。

曹操一生打过三场重要的败仗，分别是南阳之战、赤壁之战和汉中之战，这三场大败仗不是因为曹操的实力不够，恰恰相反，它们都发生在曹操比较强大、比较顺利的时候。这就启示我们，人生最重要的课题不是如何去应对你的失意，而是在你得意的时候如何去面对、如何去处理它。

259. 围绕诸葛亮墓的"学术腐败"

诸葛亮死后，按照其遗愿被安葬在汉水旁边的定军山下。清朝嘉庆年间，有个叫松筠的陕西巡抚来此凭吊，他发现一个问题：诸葛亮遗命中说"因山为坟"，意思是借山势为墓，眼前这座武侯墓却在山下的一块平地上，违背了诸葛亮的遗愿。松筠不仅是一名官员，大概也自认为是学者，他自作聪明地认为这不是诸葛亮的真墓，于是带人在附近察看起来。

松筠有个手下，出于奉承，就在距武侯墓一百多米的山坡上找了个地方，说是诸葛亮的真墓，松筠去看了看，没有细究，好大喜功地下令在此立一碑，上书"汉丞相诸葛亮武侯之真墓"。这应该是古代的"学术腐败"吧，但松筠想当然的说法竟骗过了嘉庆皇帝，嘉庆皇帝为了祝贺"真武侯墓"被重新发现，在北京亲笔御书了一块匾额，让沿途驿站以最快速度送到汉中，一个月后就挂在了定军山下的武侯祠里。

其实，诸葛亮的墓就是武侯祠大殿后面的那座，诸葛亮一经安葬在这里，便受到官员百姓的祭拜和保护，每年清明节还要举行隆重的祭祀大典，历朝历代从未间断，所以墓地的位置不会搞错。诸葛亮遗愿安葬于定军山上，目的是"不树不封"，为国家节约资源，后主以及杨仪、费祎、姜维等人出于对诸葛亮的尊重和爱戴，后来修改了这项遗嘱。

260. 诸葛亮身上有"三忠"

诸葛亮是公认的千古以来第一忠臣,这个忠体现为三方面。一是忠于国家。国家是什么?不是一个偏居于江南的小朝廷,它是一个大一统的国家。诸葛亮坚持北伐,坚持的是"汉贼不两立,王业不偏安",这是一种对国家的最大的忠诚。二是忠于人民。很多人有误解,说诸葛亮频繁发动战争是劳民伤财,其实诸葛亮特别爱惜民生,特别注意发展生产,千方百计地减轻老百姓负担,所以老百姓会自发地去纪念他。三是忠于事业。诸葛亮说"鞠躬尽瘁,死而后已",他不仅这样说,而且这样做了,他严谨求实的工作作风历来都是人臣的表率。

说诸葛亮是忠臣,并不是说他对刘备父子的私忠、愚忠,而是一种大忠,是忠于国家、忠于人民、忠于事业,他的忠贞、济世、敬业、至公、廉洁、谦虚为之后历代帝王、将相以及普通百姓称颂,人们从不同的角度称赞他,他成为帝王心目中理想的人臣、人臣治国理政的榜样和普通人平时学习的楷模。

261. 让曹操耿耿于怀的事

曹操参加了酸枣会盟，与各路英雄共同讨伐董卓。但是，在酸枣期间曹操看到大家每天只知道喝酒，不思进取，他十分生气。有一次他当着大家的面说："今兵以义动，持疑而不进，失天下之望，窃为诸君耻之！"话都说到这个份儿上了，但张邈等人仍然不以为然。

后来曹操写了一首题为《蒿里行》的诗，诗中写道："关东有义士，兴兵讨群凶。初期会盟津，乃心在咸阳。军合力不齐，踌躇而雁行。势利使人争，嗣还自相戕。淮南弟称号，刻玺于北方。铠甲生虮虱，万姓以死亡。白骨露于野，千里无鸡鸣。生民百遗一，念之断人肠。"

在这首诗里曹操分析了关东联军失败的原因，他认为人心不齐造成了最后的失败，从"军合力不齐"发展到"势利使人争"，共同的敌人没有消灭，自己内部先发生了争斗。曹操站在天下百姓的角度发出了感叹，称"念之断人肠"。

曹操一生都对此事耿耿于怀，多年后他在《让县自明本志令》里又提到了酸枣会盟，对失败进行了反思。之所以让曹操念念不忘，是因为这次会盟的失败给他留下了惨痛的教训，也格外让他惋惜。在酸枣期间，曹操多次提出正确建议，号召大家齐心协力一举打败董卓，但得不到积极响应，大家只知道每天"置酒高会"，只有鲍信跟着曹操单独行动了一次，但在汴水河畔被凉州军悍将徐荣击败，曹操好不容易招募来的人马几乎被打光。

262. 三国最有名的贪官

有人出于好奇，排出了三国时代"十大贪官榜"，分别是袁术、曹洪、曹爽、邓艾、李严、司马望、公孙瓒、郤俭、许攸、丁斐。

当然这个排法只是娱乐一下，未必有多少依据，也不够严谨。例如李严，更多的是与诸葛亮政见不合，而不是什么贪官。还有曹洪，史书上只说爱财如命，家里也很有钱，他的侄子曹丕向他借钱都不肯借，是三国的"葛朗台"，但他的钱是祖上遗产、合法收入还是贪来的，却没有记载。

在上面这份名单中，要论确实够贪，那丁斐算"货真价实"。丁斐是曹操的老乡，早年即追随曹操，丁家和曹家在沛国谯县是世交，曹操的母亲和第一任妻子都姓丁，丁家出过丁宫、丁冲、丁仪、丁廙等名人，丁斐却不怎么出名，这是因为丁斐有一个毛病"好货"，也就是贪财。丁斐"数请求犯法，辄得原宥"，就是多次受贿索贿、贪污公款，曹操都原谅了他，在以法治军、治吏的曹操那里这是很例外的事，但丁斐一点儿都不知收敛。后来，他"以家牛羸困，乃私易官牛，为人所白，被收送狱，夺官"，为了那么一点儿小利被人检举揭发，曹操再也没法庇护了，丁斐被下狱夺官。值得一提的是,丁斐就是曹爽执政期间那个活跃分子丁谧的父亲,也许受其父的影响,丁谧也没有成为一个顶天立地的人物,在后世的评价很差。

263. 庞统也有看走眼的时候

蜀汉有一个名叫彭羕的人,出生于益州本地,不太合群,虽然有点儿才能,却眼界甚高,自视与众不同,往往又受到同僚的排挤和打击,郁郁不得志,只被授予书佐这样的职位。"后又为众人所谤毁于州牧刘璋",刘璋"髡钳羕为徒隶",也就是把彭羕剃光头发和胡须,在脖子上套个铁圈罚作苦工,一般男犯筑城,女犯舂米,期限为五年左右。

彭羕栽了这么大的跟头,按说应该好好吸取教训,痛改前非,低调做人,避免今后再吃亏。可这时彭羕来了机会,就在他刚刑满释放之时,刘备率军入蜀,彭羕知道庞统是刘备跟前的红人,就"往见庞统"。

彭羕并不认识庞统,如何让庞统对自己刮目相看呢?彭羕也算是个鬼才,他想了一招,那天庞统家里有宾客,彭羕不管那么多,"径上统床卧",对庞统说:"请把客人送走,我有事给你谈谈。"庞统本来就是个出了名的怪人,换成别人早就把彭羕轰出去了,偏偏庞统吃这套,真的把客人送走,回来摆酒设宴,准备跟彭羕深谈,彭羕继续摆谱,一边吃一边挑剔说饭菜不好。吃完二人"共语",一聊就是一天一夜,庞统"大善之",就推荐给了刘备。

有庞统的推荐,刘备一开始挺重视彭羕,但彭羕老毛病不改,喜欢越级表现,也喜欢搬弄是非,最后发展到挑拨马超造反的程度,让刘备一生气给杀了。

264. 曹操唯一的"越级指挥"

带队伍的人都深知一个原则,那就是"可以越级关怀,不能越级指挥"。越级指挥破坏了一个组织正常的指挥体系和信息链条,结果造成多头指挥的混乱局面。被越过的那一级肯定会有被架空的感觉,除了有情绪和抵触之外,他们身上的责任感也会减弱。在这方面,曹操非常注意,在重大军事行动时,如果他不亲自出征,一定会明确一个前线的总指挥,谁来管谁弄得很清楚,一旦确定了管事的人,具体如何行动都交由他来执行,曹操只管大事,只问结果,很少对下面进行干预。

不过,在史书里曹操似乎也干过一件越级指挥的事。汉中之战前,刘备派部将吴兰屯下辩,曹操命曹洪为前线总指挥前往征讨,任命曹休为骑都尉,参曹洪军事。曹操对曹休说:"你虽然是个参军,但实际上是前方的统帅。"这句话让曹洪知道了,他索性把权力交给曹休。曹休不负众望,他力排众议,提出了正确的策略,一举击败吴兰,打退了张飞,占领了下辩。

曹操有意培养曹休,但曹休资历太浅,让他当主将不合适,所以让事业心不强的曹洪出来当主将,曹操知道曹洪打仗偏保守,所以悄悄给曹休透了个底,让他放手干,又故意把这个话传给曹洪,让他明白是怎么回事。

曹操处理这件事,目的并不是越级指挥,而是刻意安排培养新人,有深层次的考虑。

265. 孙吴的"大都督"

孙权手下有所谓的"四大都督",分别是周瑜、鲁肃、吕蒙、陆逊。其实"都督"这个概念在三国之前很少被提及,三国的时候才开始大量出现,情况也比较复杂,通常有两种:一是所谓都督区的负责人,都督区可大可小,大的两三个州,小的就是一个军镇;另一个是临时的军事负责人,赤壁之战时周瑜担任左都督,程普是右都督,相当于前敌的总指挥和副总指挥。相对于过去的军衔体系来说,都督更加灵活。

至于说大都督,根据史书记载,只有在讲陆逊的时候提到过,一次是在夷陵之战中,一次是在石亭之战中,因为当时陆逊已经相当于元帅这个级别了,所以史书提到他担任的是大都督,至于周瑜等人,史书并没有提到他们担任过大都督。

266. 有伏龙凤雏却未能得天下

"伏龙凤雏，得一人可得天下"，刘备得到了诸葛亮也得到了庞统，但是没能得天下，这是怎么回事？

这不能怪诸葛亮、庞统没本事，要怪得怪刘备自己。刘备很信任诸葛亮和庞统，但是并没有做到言听计从的程度。刘备带着庞统去取益州，庞统提了好几条合理化建议，都被刘备给否决了，对诸葛亮也如此，像东征伐吴这样重大的决策，刘备就是力排众议做出的。

刘备如果是刘邦就好了，对刘邦来说，我不行，我就得听别人的，而刘备自己本身水平就挺高，聪明、能干，又师出名门，本身就是半个高人，你的话，合我的意我就听，不合心意我就不听。刘备没能得到天下，怪不得别人。

267. 汉末三国最能忍的人

谁是三国时代最能忍的人?

有的人说是汉献帝,常年在曹操手里当傀儡,养成了能忍的性格,其实这是错觉。汉献帝刘协并不是一个能忍的人,伏皇后事件、董贵人事件都是针对曹操的政变活动,背后都有汉献帝的影子。不是汉献帝能忍曹操,而是曹操能忍汉献帝,曹操硬是忍着,在有生之年没有杀掉他。有人说刘备能忍,一生漂泊,常常寄人篱下,养成了能屈能伸的性格。其实不然,你都已经寄人篱下了,不忍又能怎么样呢?这不算什么。

三国时代最能忍的人其实是司马懿,司马懿有句名言:"忍,不可忍。"意思就是忍无可忍就从头再忍。司马懿硬是靠着超常的忍耐力,最后在别人的棋盘里走出了自己的棋局,这才是能忍的高人。

268. 刘表为别人培养人才

乱世争雄,手下没有几个能打的猛将不行。袁绍有"河北四庭柱",曹操有"五子良将""八虎将",刘备有"五虎上将",孙权有"江东十二虎臣"。

刘表最终没能成事,是不是因为荆州缺猛将呢?其实不是,刘表的手下曾经也有八员猛将,都是谁?有黄忠、魏延、霍峻、李严、文聘、蔡瑁、张允、甘宁,这几位,每一个人都是响当当的角色,集合在一起,足以成就大业。

然而,刘表有雄才而无大略,没有把这些人用好。结果魏延、黄忠、霍峻、李严投靠了刘备,文聘、蔡瑁、张允投靠了曹操,甘宁投靠了孙权。刘表在荆州也办了一所黄埔军校,可惜都替别人培养了人才。

269. 许褚未入配太庙的原因

三国名将许褚勇猛异常，多次救过曹操的命，是曹操绝对信任的人，但死后没能够进入曹魏太庙，享受配祭的殊荣。史书没有说是什么原因，推测起来或许与许褚的性格有一定关系。

举个例子，有一次曹仁去见曹操，曹操还没起床，许褚是曹操的卫队长，曹仁看见许褚，本想跟许褚套套近乎，于是邀许褚到边上的一间屋子里唠唠家常，但许褚当即予以拒绝。有人对许褚说，曹仁是什么人？你怎么能得罪他呢？许褚说，曹仁是在外统兵的大将，我是曹公的卫士长，我们两个人跑到一间密室里嘀嘀咕咕半天，这算怎么回事？许褚说得非常有道理，但也显示出他情商不够，把曹仁得罪了。

许褚得罪的人估计还有不少，一直到许褚死了，这些人仍然要给他穿小鞋。

270. 三国"第一灰姑娘"

曹丕是个多情善变的皇帝，除甄妃、郭皇后外，《三国志》等正史还提到他先后宠爱过李贵人、阴贵人和柴贵人，郭皇后和柴贵人之间还有过争宠的记载。这还不够，根据其他一些史料的记载，曹丕宠爱过的人还有很多，其中以薛灵芸最有名。

据东晋王嘉《拾遗记》记载，薛灵芸是河北省正定县人，父亲是一名亭长，出身比较贫寒，十七岁时已出落为一位容貌异常美丽的姑娘。她经常陪母亲与其他妇女一起纺纱，间中少年多有暗慕的，经常趁夜色潜进她家里偷窥她。常山郡太守谷习听说薛灵芸的美貌后，"以千金宝赂聘之"，之后把她献给了曹丕。

薛灵芸不想走入深宫，但也无奈。她与父母告别时泪沾衣襟，一路上也流泪不止。薛灵芸用玉唾壶盛泪，"壶中之泪凝如血色矣"，由此留下了一个"红泪"的典故。离洛阳还有数十里，曹丕派了十辆雕花的车来迎接，"未至京师，数十里膏烛之光，相续不灭"，时人称为"尘霄"。到了洛阳，曹丕对薛灵芸异常宠爱，为博得她的欢心，在洛阳皇宫里用赤土做基修筑了一座三十丈高的台阁，列膏烛于台下，名叫烛台，远远望去，如流星坠地。由于薛灵芸趁夜而来，于是又有了一个雅称叫"夜来"。

入宫后,曹丕对她百般宠爱,异邦进献的火珠龙鸾钗很漂亮,曹丕赐给她,但又问她是不是觉得龙鸾钗太重,细心如此。薛灵芸从小干家务,缝制衣服的针在她手里出神入化,夜里不用点灯也可运用自如,凡不是薛灵芸缝制的衣服曹丕一律不穿,后世于是又称薛灵芸为"针神"。"红泪""夜来""针神",这些雅称集和典故都集于这位出身贫寒的女孩一身,薛灵芸称得上三国时代的"第一灰姑娘"。

271. 曹丕专宠莫琼树

在曹丕宠爱的妃子里,有一个名叫莫琼树的女子后来居上。

晋人崔豹《古今注》记载,莫琼树长得特别美艳,而且很会打扮,她发明了一种与众不同的新发型,将面颊两旁贴近耳朵的头发梳成薄而翘起的形状,"望之缥缈如蝉翼",如丝如缎,如天女下凡,宫人们也争相效仿她的发型。

曹丕又喜欢上了莫琼树,这倒未必是莫琼树比薛灵芸更美丽,而是曹丕对女人审美疲劳的毛病,任何美女在他眼里顶多新鲜一阵,过后就不喜欢了。

曹丕专宠莫琼树后引起了薛灵芸、陈尚衣、段巧笑等其他妃子的嫉妒,她们联手戏弄了莫琼树一把。一次,她们假装帮莫琼树梳妆打扮,趁她不注意时在她的头发里抹了香油。时值盛夏,曹丕与莫琼树携手赏花,结果香油被太阳照射后引来许多苍蝇、蚊子,这件事被曹丕查出了真相,薛灵芸等人被罚跪地一天不许吃饭。

272. "唯才是举"有前提

曹操一向主张"唯才是举",但他又杀了像华佗这样的一流人才,是不是自相矛盾呢?

其实并不矛盾,因为曹操在说"唯才是举"时,后面还有一句,叫"吾得而用之",只有把这两句话放在一起全面理解,才是曹操的用人政策。

"吾得而用之"就是得为我所用,你是人才,你得为我服务才行,有本事不愿意为我服务,这样的人本事越大越危险。在曹操的眼里,这样的人不是人才,而是对手。

273. 不应曲解《出师表》《隆中对》

有一篇文章提出，诸葛亮的《出师表》和《隆中对》都有很大问题，《出师表》的问题是穷兵黩武，《隆中对》的问题是搞国家分裂，这两篇文章都不值得提倡。这样的观点有没有道理呢？其实并没有。

《出师表》虽然六七百字，但在有限篇幅里十三次提到"先帝"，七次提到"陛下"，"报先帝""忠陛下"，处处不忘先帝"遗德""遗诏"，没有华丽的辞藻，没有深奥的典故，平实中见忠贞，平淡中见真情，不矫饰、不虚伪，一片赤心之心忠诚可鉴。

岳飞亲手书写《出师表》以自励，陆游每读一次《出师表》都有新的感受和发现，在不同时期先后写出了"出师一表真名世，千载谁堪伯仲间""出师一表通古今，夜半挑灯更细看""出师一表千载无""一表何人继出师""凛然出师表，一字不可删"等著名诗句。

还有《隆中对》，它追求的并不是三足鼎立，诸葛亮说得很清楚，他追求的是"霸业可成，汉室可兴"，仍然是为实现国家的大一统而努力，怎么能跟搞分裂扯上关系呢？

274. 法正与诸葛亮的争论

刘备让诸葛亮主持制定律法,诸葛亮制定出来的律法颇为"峻急",也就是过于严厉。

看到这种情况,法正对诸葛亮说:"昔日汉高祖入关,约法三章,秦地的民众感德,如今我们刚刚占据益州,还没有建立威信,你借重威权用法太严了,应该稍微舒缓一些,以抚慰百姓。"

诸葛亮不同意法正的观点,他回答说:"你知其一,不知其二。秦朝因为无道,造成政苛民怨,所以匹夫一呼,天下土崩瓦解。汉高祖接续秦朝江山,所以用法宽和。而刘璋暗弱,自从刘焉以来已宽和过度,执政没有效率,大小官吏习惯了互相奉承,造成德政不举,法律没有威严,到处有专权自恣之人,君臣之道渐渐淡化。你再一味宠着护着他,到一定时候他也不在乎;你要一味顺着他,到一定时候他必然怠慢。社会上的积弊大多由此产生,现在威之以法,律法执行下去他反而知恩;对官禄爵位严格掌握,你给他时他反而珍惜。只有恩威并济,才能做到上下有节。执政的要务,我觉得以这个最为关键。"

法正与诸葛亮谁说得有道理呢?应该说,诸葛亮有道理。诸葛亮的这番话说了一个很深刻的问题:在执政、用法的过程中,如果不从实际情况出发，仅出于安抚臣民的需要，对大家过于宽容和厚遇，其结果与愿望将刚好相反，大家不珍惜、不感恩，宽容就变成了纵容。诸葛亮认为，用法是宽还是严必须根据具体情况来决定。刘邦建立汉朝执法宽和，是因为在此之前的秦朝过于严厉，现在承接的是刘焉、刘璋留下的政局，他们父子二人树恩很多，尤其是刘璋，因为自身的暗弱，执政松懈，官场风气散漫，以致影响到社会风气，用法过于宽松。在这种情况下必须拨乱反正，也就是"乱世用重典"。法正用汉高祖刘邦举例子来说当前的问题，是没有看清二者有根本的区别。

275. 郭嘉之死重创曹操

魏国失去郭嘉，蜀国失去庞统，吴国失去周瑜，哪一国受到的影响最大呢？相比而言，曹操失去郭嘉损失更大。

庞统死了，后面还有法正、诸葛亮，周瑜死了后面还有鲁肃、吕蒙、陆逊，而郭嘉死了，曹操很长一段时间没有找到顶替他的人。郭嘉辅佐曹操十一年，曹操已经习惯了郭嘉在旁边出谋划策，在这十一年里，曹操打了六七场大的战役，每一仗打得都很精彩，失去郭嘉，曹操立刻兵败赤壁。

赤壁之战后曹操自己都说"设若郭奉孝在，不使孤如此"。如果郭嘉真的能多活十年，曹操在有生之年的确有统一天下的可能。

276. 曹冲不是曹丕害死的

曹冲被称为神童，很聪明也很可爱，曹操很喜欢他，但曹冲很早就死了，曹操对曹丕说："此我之不幸，而汝曹之幸也。"

听曹操这句话的意思，似乎曹丕是曹冲之死最大的受益者。既然如此，曹冲有没有可能是曹丕害死的呢？这个可能性几乎没有。

曹冲死的时候，曹氏兄弟夺嫡之争还没有开始，兄弟间还没有到你死我活的地步。更重要的是，曹丕那时有没有本事把兄弟害死，还让别人包括曹操在内的人都毫无觉察呢？这个恐怕难度也非常大。根据史书的记载，曹冲生病期间曹操还主持仪式为他请命，曹冲应该是病死的。

277. 曹操选无名之辈任刺史

车胄是曹操任命的徐州刺史,不过,就史书记载来说,提到车胄的只是简单一句话。曹操手下人才很多,曹操为什么把徐州这么重要的地方交给车胄这样一位不起眼的人呢?

其实不光车胄,曹操还任命过一位荆州刺史,名叫李立,还有豫州阴夔、王思,接替车胄的徐州刺史浩周,大部分人可能都没有听说过上面这些名字。

曹操用了一批"无名之辈"当州刺史,原因是,相对于地方行政事务,曹操更关心的是军队建设,军队要打仗,随时调来调去,曹操不能把手下那些最有本事、最能打的人都拴到地方上去搞行政。

278. 刘巴与诸葛亮

刘巴是一位被忽视的三国人物，在蜀汉政坛上是非常重要的一个人。

刘备刚进入成都时遇到了一场金融危机，就连诸葛亮都没有办法解决。后来诸葛亮向刘备推荐了刘巴，刘巴利用货币贬值的办法解决了难题。

诸葛亮曾经说过："运筹策于帷幄之中，吾不如子初远矣。"子初就是刘巴。是不是根据上面这件事和诸葛亮说的这句话，就能断定说刘巴的才能与诸葛亮匹敌甚至超过诸葛亮呢？其实不能，诸葛亮是一位军政方面的全才，而刘巴的才能主要体现在行政工作方面，尤其在经济工作方面，是个专才。而诸葛亮的那句话，其实是一种谦虚的说法。

279. 曹操打击黑恶势力保护伞

曹操消灭袁氏集团后,立即把恢复冀州经济社会发展作为首先考虑的问题,为此推出了一系列措施。

曹操以司空和冀州牧的身份颁布了许多命令,恢复冀州地区的生产和生活,整顿社会秩序。其中在《蠲河北租赋令》中,曹操下令免除冀州地区一年的田租和赋税,以恢复和发展生产。在《抑兼并令》中,针对袁氏父子统治冀州期间造成的社会积弊,曹操强调一个社会"不患寡而患不均,不患贫而患不安",任由贫富差距拉大,必然会带来严重的后果。

曹操指出,像审配那样的家族,不仅经济实力很强大,而且成为窝藏罪犯的据点,是黑恶势力的保护伞,老百姓怎么能拥护这样的政权?于是,曹操借民意向豪强势力开刀,对他们进行打击,同时又颁布了《抑兼并令》,明确每亩地收租的标准是四升,每户另收二匹绢、二斤丝,除此之外,一律不再收取其他赋税。为了保证法令能够严格贯彻落实,他要求各郡县要严格检查,看看有没有豪强地主搭顺车额外收取其他税费的现象,同时禁止弱势群体替那些豪强交赋税。

280. 曹操禁止社会上拉帮结派

曹操消灭袁氏集团后,那些曾在袁氏政权及军队里任职的各级官员,有的仍旧被录用,有的则心怀不安,害怕有朝一日会清算他们。针对这种情况,曹操颁布了《赦袁氏同恶令》,明确表示跟袁氏做过坏事的人,允许他们改恶从善。

袁氏集团内部结党营私、钩心斗角现象很严重,这种风气由社会上层传达到社会的各个层面,成为一种不良风气,不仅官员、豪强们操纵舆论、排斥异己、颠倒黑白,而且在一般老百姓里也存在是非不分、缺乏社会正义感、歪门邪道盛行等现象。针对这些问题,曹操又下达了《整齐风俗令》,严格制止拉帮结派、结党营私行为。

281. 邓艾死后几年即获平反

邓艾是灭蜀的头号功臣,后来却以谋反罪被处死了。应该说,邓艾没有动过谋反的念头,但他做过一些让司马昭忌惮的事,比如,在没有请示朝廷,更没有请示司马昭的情况下,自己做主拜刘禅为骠骑将军,任命蜀汉的太子为奉车都尉,其他诸王为驸马都尉,对蜀汉原来的群臣也都一一任命了官职。

做这些事,邓艾一方面仗着此战立下的殊功,没有他就灭不了蜀汉,这是谁都知道的事;另一方面他认为自己与司马氏父子关系深厚,向来得到信赖,引为心腹,他认为自己的忠心司马昭自然知道,他所做的一切为的也是司马氏。但邓艾错了,他还不完全了解自己的"少东家"司马昭,也不清楚自己身边还有个野心家正虎视眈眈地盯着自己,这个野心家就是钟会。

作为三路伐蜀大军中的另一路,钟会虽然也立了战功,但比邓艾差了一截,进入成都后,邓艾有点儿趾高气扬,钟会表面不吱声但心中颇为不悦。钟会在邓艾背后使了不少阴招,如修改邓艾写给司马昭的书信,挑拨他们的关系,捏造邓艾父子造反等。面对昔日自家的心腹、今日天下闻名的伐蜀英雄,司马昭对邓艾的感情很复杂,他未必相信邓艾会造反,但他也不想查得太清楚,于是就按谋反罪把邓艾父子杀了。

邓艾死后第四年就有人上书为他申冤,又过了五六年,天子下诏说:"艾有功勋,受罪不逃刑,而子孙为民隶,朕常愍之。其以嫡孙朗为郎中。"等于给邓艾平了反。

282. 袁术看刘备不顺眼

刘备被曹操视为英雄，且是天下数一数二的英雄，但袁术把刘备看得一钱不值，袁术说过一句话："术平生未闻天下有刘备。"我从没听过还有刘备这号人。

为什么袁术要跟刘备杠上呢？这与当时天下的格局有关。在三国前夜的群雄逐鹿阶段，当时天下有两大阵营，一个是袁绍挑头，下面有刘虞、曹操，另一个是袁术挑头，下面有公孙瓒、陶谦。陶谦的徐州在传统意义上是归袁术阵营的，但陶谦把徐州让给了刘备。这个时候你刘备就应该跑过来，到我袁术这里来报到，拜拜码头。但刘备没来，还偷偷地给袁绍写信，暗送秋波，拉近乎，其实已经倒向了袁绍阵营，这才是袁术对刘备无法忍受的原因。

刘备当上徐州刺史，袁术是第一个出兵教训刘备的人，并最终鼓动吕布把刘备的徐州夺了过来。

283."传国玉玺"的传奇经历

汉献帝初平二年,孙坚率部攻入洛阳。进城后,孙坚命士兵打扫南宫、北宫和太庙的卫生,又到太牢进行了祭祀,还派出一部分人马出城,整理洛阳以北邙山一带被破坏的汉室各皇陵。有人向孙坚报告说洛阳城南有一口甄官井,大白天井口不时发出异样光亮,"旦有五色气",大家都觉得奇怪,不敢到这口井里打水。孙坚派了个胆大的人下到井中,在下面发现了一枚玉质印章,"方圆四寸,上纽交五龙",这枚印章缺了一个角,正面的印文是八个字:"受命于天,既寿永昌。"

孙坚一看大喜,因为这就是"传国玉玺"。相传,这枚玉玺取材于著名的和氏璧,上面的八个字由秦朝首任丞相李斯所书,象征受命于天,是国之重器。公元前207年冬天,刘邦率军打到灞上,秦始皇嬴政的儿子子婴跪捧着这枚玉玺献给刘邦。刘邦很珍视这枚玉玺,一直带在自己的身边,并代代相传,作为大统合法的信物。西汉末年王莽篡权,天子年幼,"传国玉玺"藏在长乐宫太后那里,王莽派弟弟王舜来索要,遭太后怒斥,太后一气之下把玉玺扔在地上,摔破一个角。后来,王莽命工匠用黄金进行了修补。再后来,王莽兵败被杀,"传国玉玺"辗转到了刘秀手里，又开始了世代相传。

汉献帝的父亲汉灵帝刘宏驾崩时"传国玉玺"却找不到了，董卓很想得到，派人四处找，但没有找到。原来，当初宦官张让、段珪等人劫持少帝仓皇出宫，宫中一片大乱，负责保管玉玺的官员情急之下把它投到了这口井中。现在"传国玉玺"到了孙坚手中，孙坚把它交给夫人吴氏珍藏。初平二年，孙坚战死于襄阳城外岘山，旧部被袁术吞并。袁术转战淮南，占领了寿春，随着势力逐渐壮大，生出称帝的野心。他听说孙坚当年在洛阳皇宫里得到的"传国玉玺"在吴氏手里，就把吴氏软禁起来，逼她交出玉玺，吴氏无奈，只得交出。

建安二年（197）袁术在寿春称帝，建国号仲氏，置公卿，祠南北郊，"传国玉玺"成为袁术的"国玺"。不过，"传国玉玺"没有给袁术带来好运，仅仅到了建安四年（199），袁术便已经走投无路，最后困死于寿春以南的江亭。袁术的后事由从弟袁胤料理，袁胤畏惧曹操，不敢回寿春，率袁术部曲奉灵柩及家眷依附庐江郡太守刘勋，刘勋后被孙策打败，袁术的家眷被孙策所得。但是，袁术逼吴氏交出的"传国玉玺"却没能找到。

原来，"传国玉玺"辗转到了徐璆的手上。徐璆字孟玉。广陵郡海西人，度辽将军徐淑之子。徐璆少时博学，辟公府，举高第，后升任荆州刺史。在任时，董太后的侄子张忠担任南阳郡太守，贪赃枉法，董太后派人给徐璆递话，让徐璆照顾自己侄子，徐璆凛然对曰："臣身为国，不敢闻命。"董太后大怒，但也无奈，只好将张忠调任为司隶校尉。徐璆到荆州后，举奏张忠在任时贪污公款上亿，又奏其他官员贪污案件，"悉征案罪，威风大行"，张忠恼怒，与宦官勾结，构织罪名，徐璆获罪。

汉献帝迁许县后，因为徐璆素有声望，深得民心，于是征拜为廷尉。徐璆前往许县上任，路上被袁术所劫，袁术正要建立伪朝廷，需要有声望的人为他装点门面，欲授徐璆以上公之位，徐璆坚决不从，表示："龚胜、鲍宣，独何人哉？守之必死！"看到徐璆真有一死而明志的决心，袁术不敢狠逼。徐璆是如何得到"传国玉玺"的？史书未做交代。徐璆后来辗转来到了许县，献上"传国玉玺"，使这件本来属于汉室的东西重新回到主人手里。徐璆担任廷尉，在履行新职务前把此前担任过的朝廷官职的所有印绶一并交还有关部门。

战乱时代，人们四处流离，生命尚随时不保，有几个人还能把官印这样的东西认真保管好并随时带在身边呢？徐璆在个人安危得不到保障的情况下，不仅保管着"传国玉玺"，还保管着数枚自己之前用过的官印，最后根据制度规定将它们一一上交，堪称三国时代最称职的"印章保管员"。司徒赵温为此感叹："君遭大难，犹存此邪！"徐璆恭敬地回答说："昔苏武困于匈奴，不坠七尺之节，况此方寸印乎？"

曹操去世后，曹丕继任魏王，这时要求汉魏易代的呼声四起，一些人纷纷向曹丕上"劝进表"，汉献帝无奈，于是来到高庙，先祭祀列祖列宗，之后派御史大夫张音持节，奉"传国玉玺"

前往曹丕所在的曲蠡，要求禅位。但曹丕表示推辞，汉献帝再次派人前来提出请求，曹丕再次推辞。前后去了三次，被曹丕推辞了三次。最后，曹丕还是答应了禅让的"请求"，延康元年（220年）十月的一天，受禅仪式在许县附近的繁阳镇受禅台举行，汉献帝刘协、魏王曹丕以及文武公卿四百多人齐集于此，还有匈奴、单于、东夷、西戎、南蛮、北狄等使节以及十多万将士，大家在这里共同见证了一个历史时刻的到来。

受禅仪式上，刘协向曹丕奉上"传国玉玺"，曹丕拜谢汉献帝，完成了汉魏禅代的主要仪式。之后，新皇帝曹丕接受臣民及使节的朝贺，曹丕以新皇帝身份祭天地、五岳、四渎，改国号为魏，更年号为黄初。汉献帝被降为山阳公，临去封地前，曹丕派人去要皇后的玉玺，汉献帝的皇后曹节与曹丕是兄妹，但曹节很生气，不给。前后去了多次，曹节最后把来人唤进来亲自斥责，又"以玺抵轩下"，流着泪说："天不祚尔！"曹丕代汉后，命人在"传国玉玺"肩部刻隶字"大魏受汉传国玺"，表明自己并非"篡汉"。

魏少帝曹奂咸熙二年（265），司马懿的孙子司马炎依样而行，通过禅让方式代魏，建立晋朝，"传国玉玺"归晋。晋永嘉五年（311），前赵皇帝刘聪俘晋怀帝司马炽，"传国玉玺"归前赵。十九年后，后赵皇帝石勒灭前赵，得"传国玉玺"，石勒于玉玺右侧加刻"天命石氏"四个字。又过了二十年，"传国玉玺"传到冉魏政权手里，冉魏乞求东晋救援，"传国玉玺"被东晋将领骗走，送至建康，"传国玉玺"重回司马氏手中。

南朝时,"传国玉玺"历经宋、齐、梁、陈四个朝代的更迭,一直到隋朝统一,"传国玉玺"收入隋宫。隋大业十四年(618),隋炀帝杨广被杀于江都,隋炀帝的皇后萧氏携"传国玉玺"遁入漠北突厥。唐太宗李世民因无"传国玉玺",只好命人刻了数方"受命宝""定命宝"等玉玺以自慰。贞观四年(630),李世民派李靖率军讨伐突厥,萧皇后返归中原,向李世民献上"传国玉玺",李世民大悦。唐末天下大乱,天祐四年(907)朱全忠废唐哀帝,夺走"传国玉玺",建立后梁政权。十六年后,李存勖灭后梁,建立后唐政权,"传国玉玺"归后唐。清泰三年(936),后唐的最后一位皇帝李从珂被石敬瑭所逼,见大势已去,于是带着"传国玉玺"与皇太后、皇后、儿子等登上洛阳玄武楼自焚而死,"传国玉玺"自此不知下落。

宋朝建立后,皇帝也想再次得到"传国玉玺",于是向天下征召,各地也多次贡献"传国玉玺",后均被官方否定,"传国玉玺"至今下落不明。

284. 曹操不取益州有道理

曹操夺取汉中后，手下的主要谋士司马懿、刘晔不约而同地提出一个方案，那就是立即进兵益州，但这个方案被曹操否决了，曹操还说了那句"人苦无足，既得陇，复望蜀耶"的话。

是不是曹操年纪大了，战略上趋于保守呢？是不是他因此错过了一次难得的统一天下的机会呢？其实不能完全这样看，曹操的这个决定源于他自己的经验教训，当年曹操很顺利地夺取了荆州，之后没有经过休整就立即进兵夏口，要去打刘备，并且兵指江东孙权，结果导致赤壁大败。曹操大概总结出这样一条战争经验：在一场大的战役结束后，不要轻易地马上发动另一场大战。

曹操得汉中，多少有点儿侥幸的成分，曹军人马数量有限，已经长时间连续作战，在当时并不具备越过重重巴山向益州发动大规模进攻的条件。

285. 四句话总结《三国演义》

《三国演义》这本书写得很有意思,有人总结出四句话:情商最高的人哭哭啼啼,智商最高的人神神道道,地位最高的人憋憋屈屈,武功最高的人凄凄惨惨。

这四句分别说的是刘备、贾诩、刘协和吕布,就历史记载而言,或许总结得并没有太多道理,但就小说里的描写看,这几句话总结得相当精辟和贴切。

286. 刘备的厉害之处

有的人说,二十岁时觉得曹操厉害,四十岁时觉得司马懿厉害,六十岁时觉得刘备厉害。觉得曹操厉害比较好理解,挟天子以令诸侯;觉得司马懿厉害也比较好理解,能忍,忍出了自己的天下。

为什么觉得刘备更厉害呢?其实很简单,刘备快到五十岁时还不算成功,前面一再创业一再失败,但是他没有气馁,也没有怨天尤人,为了再次创业,他去找一个二十七岁的年轻人虚心请教,最后终于实现了自己的梦想。单就这一点来说,刘备确实很厉害。

287. 曹操与桥玄开玩笑

在曹操还默默无闻时，第一个发现他并给予褒扬的是名士桥玄。桥玄当过太尉，地位很高，比曹操也大很多，但他对曹操很欣赏，除了利用各种机会褒扬、提携曹操外，还建议曹操去找"月旦评"的创始人许氏兄弟，进一步扬名。

曹操与桥玄是忘年之交，他们经常开玩笑。有一次桥玄跟曹操开玩笑说，我死后你如果路过墓前不用一斗酒、一只鸡祭祀的话，车过三步必叫你肚子疼，到时候不要怪我啊！曹操后来打败了袁绍，有一次到浚仪视察，路过桥玄的老家梁国，桥玄死后就葬在这里。曹操用太牢之礼祭祀桥玄，所谓太牢之礼就是用牛来祭祀，当时的祭祀有三等：诸侯之祭用牛，叫作太牢；大夫之祭用羊，叫作少牢；士之祭用猪，叫作馈食。桥玄虽然官做得很大，但没有受封过侯爵，曹操用太牢之礼祭祀他，超过了普通规格。曹操还亲自撰写了一篇祭文，追述了双方的那个约定，还专门说，当初虽然开的是玩笑，但如果不是至亲好友，又怎么能说出来呢？

288. 董卓触碰了两个底线

董卓和曹操对汉室干了同样的事，为什么骂董卓更厉害呢？站在汉室的立场看，董卓和曹操其实差别不大，他们都是所谓的汉贼。

但是，后代似乎对董卓骂得更多，这是因为董卓触碰了两个底线。一个是滥杀无辜。董卓残暴不仁，向来说杀就杀，根本不需要理由。曹操虽然也杀了一些人，但曹操杀人都是有原因的。二是擅行废立之事。董卓仅仅由于自己不喜欢，就把皇帝废掉了，另立了个新皇帝，而且把原来的皇帝找个借口就杀了。这一点更为后世的封建统治者所难以容忍，所以唐太宗李世民说董卓"人神所疾，异代同愤"。

曹操虽然也不真心辅佐汉献帝，但对汉献帝起码的礼遇是有的，即使中间起了严重的冲突，曹操也忍着没有杀害汉献帝。

289. 三国第一"杠精"李邈

李邈原来在刘璋手下做事,当过县长,不是什么重要的县,名字叫牛鞞县,属于偏远山区。刘备占领益州后,聘他为州政府的从事,地位不是很高,平时也难得见到刘备一面。

有一年正旦节也就是正月初一有礼节性活动,类似于团拜会,李邈见着了刘备,不知道哪来的勇气,直接上去责问刘备了一番,李邈说:"振威将军把你当成宗室肺腑,委你以讨贼重任,你寸功未立,先把他消灭了。我认为将军你夺取鄙州,实属不义之举。"李邈说的振威将军是指刘璋,此时被刘备给了个振威将军的头衔软禁在荆州的公安。李邈这些话说得也太直白,好在刘备不是一般人,涵养好得要命,没生气,而是反问他:"既然知道我是不义之举,为何不帮助刘璋打我?"李邈还真不含糊,他说:"不是不敢帮,力不从心罢了。"刘备听完仍然没恼,可边上的人看不惯了,要杀他,还是诸葛亮出来求情,李邈才捡了一条命。

李邈此人看来不是耿直,而是脑子不够使。刘璋昏败到极点,益州官民现在已经接受了刘备,他还出来辩论什么道义,是个"二百五"。不过李邈大约也很有才干,所以诸葛亮保他。诸葛亮随后还重用了李邈,让他当了犍为郡太守,后来又调到身边任丞相参军，甚至升他为安汉将军。但是，李邈的老毛病仍然不改。马谡失街亭，诸葛亮要杀马谡，李邈又跑出来劝谏，他认为"秦赦孟明，用伯西戎，楚诛子玉，二世不竞"。诸葛亮杀马谡本来有点儿理亏，为的是平息内部的不满，李邈出来为马谡求情本来就多此一举，又举了一个极不恰当的例子，言下之意是说诸葛亮非要杀马谡的话蜀汉江山也就完了。诸葛亮很不高兴，史书称李邈"失亮意"，诸葛亮打发他回了成都。

诸葛亮死后，刘禅下令"发哀三日"，这时李邈又跑了出来，上疏说："吕禄、霍、禹未必怀反叛之心，孝宣不好为杀臣之君，直以臣惧其偪，主畏其威，故奸萌生。亮身杖强兵，狼顾虎视，五大不在边，臣常危之。今亮殒没，盖宗族得全，西戎静息，大小为庆。"李邈这段话的大意是，古之权臣未必都想谋反，但权臣就是权臣，有时候谋反也身不由己。诸葛亮手握强兵，犯了"五大不在边"之忌，现在刚好死了，也就不存在谋反的问题了，诸葛亮的宗族得以保全，这是多好的事。李邈说的"五大不在边"即有五种朝廷重臣不能再掌重兵，因为这些人本来就位高权重，如果再带兵的话，君主就更不容易控制，所以称"五大不在边"。不过，这条规矩早就没有了，曹操作为朝廷的丞相，就经常领兵在外，制度是制度，但要考虑现在的实际情况。而且，李邈这番说得也很阴毒、很直白，刘禅不能不理，于是下令把李邈杀了。

这一回没有诸葛亮在一旁求情，其他人也明白，保李邈等于赞同或部分赞同他的观点，那就是给诸葛亮抹黑，所以谁都不愿意出来说话，李邈就这样结束了自己的一生。

有一种人爱较真，他们不是胡搅蛮缠，说得都有些道理，但又总是与大局、大势不相符，大家往东他偏喜欢往西，大家不说了他偏要发言。这种人身上不失难能可贵的地方，他们不畏权势、不惧生死、不计得失、敢说敢言，但这种精神一旦过了头，就显得不够明智了。这种人叫作只识小处、不识大体。小事上爱较劲，非争出道理来不可，但脱离了具体环境的道理容易变成死理。这种人只认死理，而且固执得要命，不撞南墙不回头，有的撞上了南墙也不回头，遇到这种人简直没办法，说他说不过，打他他不怕，最好的办法只能是不理他。

290. 蜀国前期不设大将军

在东汉和三国，武将里最高职务是大将军，相当于全国武装部队总司令。曹魏的大将军有夏侯惇、司马懿，孙吴的上大将军相当于大将军，有陆逊。刘备称帝后，任命的大将军是谁呢？

没有。当时蜀汉最高军职是马超的骠骑将军，下面是张飞的车骑将军，有人说刘备故意空下大将军的职位，是为了纪念关羽，其实这个说法没有太多道理，关羽弄丢了荆州，虽然人已经死了，但刘备的心里恐怕还是有一些怨言的。

真实的情况是，蜀汉不设大将军与其军事指挥体制有关，在刘备生前，他直接指挥军队，自己就相当于大将军，以皇帝的身份兼任着全国武装部队的总司令，所以他亲自带队发起了夷陵之战。刘备死后，诸葛亮开府治事，其实是以丞相的身份兼任了大将军。诸葛亮死后，蜀汉的政治体制发生了重大变化，不再设丞相，行政权、军权分开了，重新设置了大将军，先后由蒋琬、费祎和姜维担任。

291. "小关张"事迹多虚构

都说"老子英雄儿好汉",这个话有时候并不一定对。关羽的儿子关兴和张飞的儿子张苞被称为"小关张",但这是小说虚构的。根据史书记载,关兴未成年时就去世了,张苞也英年早逝。

还有像赵云的儿子赵统、赵广,张辽的儿子张虎,他们都没有在历史上做出过特别大的事。至于夏侯渊的儿子夏侯霸,孙吴名将韩当的儿子韩综,更不值得一提了,他们当了本国的叛徒。

三国所有名将里儿子最成功的是陆抗,他是陆逊的儿子,孙吴后期半壁江山主要靠陆抗一人在支撑,陆抗后来官至大司马,论地位比父亲陆逊还高。

292. 蜀汉综合国力有限

刘备手下名将众多,但刘备为什么没能统一天下呢?其实,这是多半是"小说错觉"造成的。

说刘备手下将领多、名气大、本事大,这个并不符合当时的真实情况,现在说到三国的战争,容易理解成将领之间的单挑,其实战争是综合国力的比拼。

比如,刘备对夷陵之战特别重视,但是东拼西凑也只凑够了五万人马,这就是刘备当时真实实力的反映。所以,刘备最终没能统一天下是一件正常的事,如果刘备统一了天下,反倒有些不正常了。

293.《三国志》里没有陈宫传

陈宫是三国时代重要的谋士，如果要评选三国十大谋士的话，陈宫一定会当选，但是《三国志》里没有单独给陈宫写传记，让喜欢陈宫的人感到了遗憾。

有人说这是因为陈宫属于曹操的敌人，所以没有给他单独立传。其实曹操的敌人有很多，吕布、袁绍、袁术、刘表、马超以及刘备、孙权都是，他们在《三国志》里都有单独传记。

在《三国志》里看不到单独的陈宫传，主要是《三国志》这部书的性质所决定的，《三国志》是《魏书》《吴书》《蜀书》的总称，除了魏、蜀、吴这三大集团，其他如袁术、袁绍、刘表、吕布、陶谦，只对他们的主要人物进行了记述，他们手下的人大多没有展开去写，陈宫是吕布的手下，他的事只在吕布的传记里提了一下，类似的情况还有沮授、田丰等那人，而那些后来投奔了三大集团的人则另当别论。

294. 曹叡在洛阳建"铜驼大街"

曹叡当皇帝后,曾下令把长安的铜驼、铜人、承露盘等拆了运往洛阳。这几件东西的来历有点儿神秘,比较通行的说法是,当年秦始皇收天下兵聚之咸阳,铸造了这些东西,它们都很硕大。比如铜人,有的说五丈高,也有的说高达二十丈,即使五丈,估算一下其重量也过千石,合如今十多吨。

在没有重型卡车也没有吊装机的情况下,长途运输这些玩意儿,运输成本是一笔惊人的开销。铜人实在太重,勉强运到长安东郊的灞城就运不动了,只好扔在了那里。而承露盘的命运更惨,在搬运过程中损毁,倒下时发出的声响几十里范围内都能听见。只有铜驼勉强运到了洛阳,魏明帝下令把它放置于新修建的阊阖门外大道之上,此条大道于是被命名为"铜驼大街"。

还有一个传说,说铜人没能运成,是因为它离开长安时心情感伤,流下了"铅泪"。这当然是无稽之谈,但这个传说流传甚广,唐朝诗人李贺有一句名诗叫作"天若有情天亦老",写的正是这件事,那时李贺因病辞职,由长安返回洛阳,走的就是铜人东迁这条道,于是寄其悲于金铜仙人,写下了"衰兰送客咸阳道,天若有情天亦老"之句,结果让魏明帝办的这件荒唐事更加声名远播。

295. 曹魏大臣多节俭

曹操不好奢侈、浮华，史书记载他"雅性节俭，不好华丽"。他带头节俭，要求后宫妻妾及宫人不能穿太华丽的衣服，这方面规定得还特别具体，比如要求"侍御履不二采"，也就是规定她们穿的鞋不能有两种以上的颜色。在他的起居室里，帏帐屏风"坏则补纳"，能修就修，能补就补，衣被等物也是能朴素就朴素，"无有缘饰"。攻城夺地得到的奢侈品以及"四方献御"的东西，曹操从不留给自己，都奖励给有功人员。

曹操崇尚节俭的作风也影响到身边的人，夫人卞氏主持后宫也极尽节俭。曹操死后，她曾对身边的人说："我跟随武帝四五十年，已经养成了节俭的习惯，想变得奢侈都不可能了。"卞夫人请亲戚吃饭，"菜食粟饭，无鱼肉，其俭如此"。

在曹操和卞夫人的提倡和示范下，曹魏大臣们也纷纷效仿，如毛玠"务以俭率人，由是天下之士莫不以廉节自励，虽贵宠之臣，舆服不敢过度，常布衣蔬食，抚育孤兄子甚笃，尝赐以振施贫族，家无所余"。司马朗"虽在军旅，常粗衣恶食，俭以率下"。梁习"勤劝农桑，令行禁止，而居处贫穷，无方面珍物"。张范"性恬静乐道，忽于荣利，救恤穷乏，家无余资。中外孤寡皆归焉"。鲍勋"内行既修，廉而能施，死之日，家无余财"。华歆"素清贫，禄赐以振施亲戚故人，家无担石之储"。夏侯惇"性清俭，有余财辄以分施，不足资之于官，不治产业"。荀彧、荀攸"皆谦冲节俭，禄赐散之宗族知旧，家无余财"。杜恕"推诚以质，不治饰"。崔林"贫无马车，单步之官"。王观"治身清素，帅下以俭，僚属承风，莫不自励"。满宠"不治产业，家无余财"。类似这样的记载俯拾皆是。

在曹操带动下，曹魏阵营涌现出一大批勤俭节约、廉洁自律的好干部。

296. 诸葛亮的确是位音乐家

诸葛亮给人一种特别严谨的印象,其实他也有很生活化的一面。他年轻时躬耕隆亩,闲暇之时常"好为梁父吟",也就是喜欢唱歌,当然不是流行歌曲,而是像梁父吟那样的励志歌。

在一般人的印象中诸葛亮是个弹琴的高手,诸如空城计弹琴退敌、琴斗周瑜等故事流传颇广,但在正史中倒没有直接记载。

成都武侯祠大殿神龛后墙嵌有一通石碑,碑文是《琴吟自叙》,作者说是诸葛亮,落款是"大汉建安五年",如果是真的话,那诸葛亮可不仅是一般的音乐爱好者,完全称得上一位音乐家了。

297.《曹全碑》上的黄巾起义

喜欢书法的人，没有不知道《曹全碑》的，它现存西安碑林博物馆。《曹全碑》立于东汉中平二年（185），也就是黄巾起义失败后的次年，碑文不到一千字，记录了曹全的生平事迹。

根据石碑上的记载，曹全的故事是这样的：他出生于敦煌名门望族，以戎马军功名扬河西边陲，后来担任关中地区的槐里县县令，因弟弟病故，辞官回家。这时遭遇了党锢之变，曹全被迫在家隐居七年。汉灵帝光和七年（184）曹全被重新起用，被任命为酒泉郡禄福县县长。这时，张角在幽州、冀州一带起兵，兖、豫、荆、扬诸州同时响应，曹全家乡合阳县农民郭家等也起来造反，他们焚烧城中官署，使百姓受到骚扰，人人不得安宁。地方同时告急，特急的军情频频传来。皇上征询臣僚的意见，群僚都说"问问曹全吧"于是曹全被任命为合阳县令。一到任，曹全就扑灭了战火，剿清了残余的叛乱者，收到了斩草除根的效果。接着曹全又访问本县的三老，携同当地人士王敞、王毕等人体恤民众的急需，慰问年老的人，抚育鳏寡孤独，还用自家的钱买来米粮赠送体弱多病者和盲人。曹全的大女儿桃斐等人还配制了由七种草药合成的"神明膏"，亲自送到离城很远的亭舍。曹全的下属王宰、程横等人把药送给伤病者，他们大多都被治愈了。曹全施行惠政的美名得以快速传播，百姓抱着孩子、背着东西纷纷返回故里。房屋得以修缮，商店重新开张，虽是多风多雨的时节，粮食也获得了丰收。种田的农民、织布的妇女还有手工业者，对曹全无不感恩戴德。曹全还广听民意，开明治事，扩充官舍。

曹全死后，合阳县五十七名郡县官吏在王毕、王历、秦尚等人号召下，感恩戴德，同心合力在合阳故城为曹全竖起了这座"不朽丰碑"。古人墓碑上的文字如同今人追悼会上的悼词，赞美的多，批评的少。真实的曹全肯定没这么"高大全"，皇帝也不会为剿灭黄巾军的事直接问到他这个县长，碑文所记有一定的夸张和虚饰成分。但是，作为一种公开示众、直接记述历史的材料，基本情况和事实也不会有太大的出入。

合阳县是陕、晋之间黄河西岸的一个小县，即使在东汉，这里也是默默无闻的地方。通过一块石碑，我们可以真切感受到黄巾起义的影响有多么广泛。可以看出，这场起义远比正史记载的复杂得多、激烈得多。起义的不仅是张角兄弟这些人，像合阳县的郭家那样，各地都有不少。但是，像曹全这样拼命镇压起义的人，也不少。曹全有能力，在地方上有一定影响，在他的带领下能形成一呼百应的局面。合阳县的民变镇压下去了，根据碑文的记载，他们完全靠的是自己的力量。曹全不是普通农民，更不是丧失土地的奴婢，在成分上他属于地主阶级，他们有财产，有既得利益，是黄巾军革命的对象，不用朝廷号召，他们也会毫不不犹豫地站出来与黄巾军作战。而这些人，在地方上有很强的势力，汉末各地壁坞盛行，其实就是他们建立起的一个个堡垒，政治上服从朝廷，管理上完全独立，他们才是扑灭黄巾起义这场大火的中坚力量。

在意识形态上，东汉帝国实行以礼治国，大力推行儒术，培养起了众多的"铁杆支持者"，帝国虽然衰落，但他们脑海里的忠君思想从未泯灭，不管多少风暴来袭，帝国仍能支撑下去，有人把这些总结为四个字：大而不倒。

298. 曹操不会把貂蝉占为己有

首先说,历史上并没有貂蝉这个人,这是小说虚构的人物。那按照小说的描写,假如真有貂蝉这个人,吕布死了以后曹操会不会把貂蝉占为己有呢?很多朋友都提出过这个问题,回答也五花八门。

我的看法是,曹操不会把貂蝉占为己有,因为貂蝉不仅是个美女,而且她有一个别的美女不具备的特点,那就是聪明。像董卓、吕布这样在战场上曹操很难对付的人,貂蝉一出马就能轻松搞定,这一点实在太可怕了。所以,曹操如果聪明的话,是不敢染指貂蝉的,因为他不想成为下一个被貂蝉搞定的人。

299.《三国志》扬魏未抑蜀

有人认为《三国志》有明显的扬魏抑蜀倾向，那么陈寿有没有在《三国志》里面故意打压蜀汉呢？应该说是没有的，但大家的心里确实有了那样的感觉，这主要是因为《三国演义》过度尊崇蜀汉，两下一对比，给人的感觉是陈寿在贬低蜀汉，其实陈寿对蜀汉的记述还是基本客观的。

那么陈寿有没有推崇曹魏呢？这一点是有的，其原因在《四库全书总目》中有过透彻分析，是这样说的："寿则为晋武之臣，而晋武承魏之统，伪魏是伪晋矣，岂能行于当代哉！"意思是说，陈寿是晋武帝下面的臣子，晋武帝的政权来自曹魏，如果你说曹魏是个伪政权，那就等于说晋朝是个伪政权，这样你去写书的话，怎么会被当时的统治者所接受呢？

300. 刘禅只是个平常人

关于刘禅,有一种评论认为他的智力不行,是个扶不上墙的刘阿斗;另一种评论认为他的身上其实有大智慧,在诸葛亮生前刘禅装得老老实实。蜀汉灭亡后刘禅说了一句"此间乐,不思蜀",保住了一条命,最后得以善终。上面这两种说法,哪一种正确呢?

应该说,哪一种都不够全面,刘禅既不是一无是处、愚不可及,也谈不上什么大智慧。刘禅就是一个平常的人,脑子也是够用的,但在雄才大略方面离他父亲刘备差得太远,没有能力领导蜀汉实现振兴。

301. 袁术是眼高手低的公子哥

袁术当过皇帝，但无论是在当时还是在后代，对他这个皇帝都不予承认，他顶多是个伪皇帝。

在汉末三国，袁术的身份就是割据群雄之一，跟袁绍、吕布、公孙瓒、陶谦、刘表这些人没有区别。那么，袁术与曹操相比缺了什么呢？从雄才方面看，袁术虽然眼界很高，但动手能力很差，和曹操直接交过手，袁术五战五败；从大略方面说，袁术就差得更多了，他没有看到当时天下的基本形势。当时有很多有能力当皇帝的人都一再地推脱，而袁术在这个问题上却迫不及待，相信所谓的神秘预言，结果就吃了大亏。

总体来说，袁术是被好高骛远、眼高手低的性格害死的。

302. 单刀会的主角是鲁肃

单刀会的故事大家都很熟悉，有的人说是关羽的单刀会，还有的人说是鲁肃的单刀会，这是怎么回事呢？

其实都是没错的，单刀会有两个主角，一个是关羽，一个是鲁肃，不同的只是谁在单刀会上占了上风。

根据《三国志》记载，占上风的是鲁肃，在关羽面前他义正词严，说话有理有据，完全压制住了关羽。而在《三国演义》里单刀会的主角变成了关羽，鲁肃不仅理屈词穷，而且被关羽吓得"魂不附体"。当然，《三国志》的记载更接近事实。

303. "回合"是车战用语

看三国时代战争的模式,无论是小说还是电视剧,得出的印象就是两军对垒之后双方的主将首先冲出来厮杀在一块儿,大战了多少多少个回合,主将的胜负基本上就是两军的胜负,给人感觉士卒不重要。这个是不符合当时实际情况的。

回合是车战术语,春秋战国时期没有马鞍马镫,主要作战模式是车战,大家站在战车上,双方离很远就开始相向冲锋,接近之后就用手中的兵器展开厮杀,然后大家掉转车头,重新战斗,一来一回就是一个回合。

而到了骑兵作战的时候,回合就已经不再适用了,而讲究与步兵的配合,讲究阵法,而三国时代正是骑战的黄金时代。

304. 汉末三国的"黑山军"

张角领导的黄巾起义被镇压后,各地黄巾军余部仍不断起来,仅在黄巾军活跃的地区就有二三十股农民起义军,包括张牛角、褚飞燕、黄龙、白波、左校、郭大贤、于氐根、青牛角、张白骑、刘石、左髭丈八、平汉、大计、司隶、掾哉、雷公、浮云、飞燕、白雀、杨凤、于毒、五鹿、李大目、白绕、眭固、苦蝤等。每支队伍多则两三万人,少则六七千人,这些起义军的头领都出身于社会底层,从他们的名字就能看出来。

常活动在白波谷的就叫白波,骑白马的就叫张白骑,说话嗓门大的就叫张雷公,胡子多的就叫于氐根,眼睛大的就叫李大目。

这些人里,最有名气的是张牛角和褚飞燕,他们曾联合攻击瘿陶,即今河北省宁晋县,战斗中张牛角被流矢射中牺牲,临死前,他把手下头领叫来,让他们共推褚飞燕为主,褚飞燕为纪念张牛角,于是改名为张飞燕。"飞燕"是个外号,意思是动作麻利,来无影、去无踪。他的名字原来叫褚燕,所以张飞燕以后的正式名字叫张燕,作为一个农民起义军领袖,他在历史舞台上活跃的时间最长,影响也最大。

张燕合并了张牛角的队伍后势力大增,太行山一带的各支起义军纷纷投奔他，部众迅速扩张，"部众寝广，殆至百万"。"百万"这个数字是所有人数，既包括能作战的将士，也包括这些将士的家属，甚至包括来投靠他们的老百姓。不过，在那时这个数字也是相当惊人了。

张燕所部活动的核心区是黑山，这个地名在汉末三国的史书中经常被提及，关于它的范围有两种看法。一种看法认为黑山是太行山脉的南端，范围涉及中山国、常山国、赵郡、上党郡、河内郡等，是太行山脉南部各山谷的总称。另一种看法是，黑山即象山，是太行山脉向华北平原过渡的山谷地带，它西有群山，东是平原，进可攻，退可守，自古为兵家必争之地，战国时燕国在此筑城抗拒赵国、中山国的侵略。由于经常在黑山一带活动，张燕所部又被称为"黑山军"。

305. 马超的父亲是伐木工

马超的父亲马腾,原籍为关中地区的扶风郡。马腾父亲的名字不详,只知道他在汉桓帝时曾在天水郡的兰干县任县尉,后被免官,就滞留在了陇西郡,家贫无妻,后娶了一名羌族的女人,生下马腾。

由于身上有一半羌人的血统,马腾"身体洪大,面鼻雄异"。大家印象中马腾是董卓一类的人物,粗俗、野蛮,但这错了,马腾"性贤厚,人多敬之"。马腾年轻时家境不好,没有固定职业,史书上说他"常从彰山中斫材木",靠着这个谋生,是一名伐木工。

后来凉州发生战乱,朝廷招募军队,马腾听说打仗,很兴奋,认为这比当苦力轻松,而且有出人头地的可能,于是报名参了军。由于作战勇敢,职务不断提升,当上了凉州刺史耿鄙军司马。后来,耿鄙被韩遂杀死,韩遂发现马腾是个打仗的好手,而且在军中已培养起一定的势力,为拉拢马腾,韩遂主动和马腾结为异姓兄弟。以后马腾不断发展自己的势力,逐渐和韩遂并驾齐驱,他们成为朝廷未来相当长一段时间内在西北地区的两个主要对手。

306. 越有本事的人越没架子

现在有些当老板的，事情不知道做得有多大，脾气却很大，动不动就训人骂人，也许他们的能力和智商比较高，但是情商就太低了，这样的人往往成就不了太大的事。

在三国，刘备、孙权的情商就比较高。至于曹操，有人说他为人刻板，太严肃，其实这完全是误解。根据史书记载，曹操特别喜欢跟人开玩笑，有的时候还没有把别人逗笑，自己先笑得不行，正在吃饭，一头栽到了盘子里。

《曹瞒传》说曹操"为人佻易无威重"，说他太轻佻、没有威严，其实反过来说就是和蔼可亲。越是有本事的人越平易近人，身上散发出的个人魅力就越大，让你心甘情愿地追随他，为他肝脑涂地。

307. 董卓杖杀老领导妻子

皇甫规是汉末名将,著名的"凉州三明"之一,曾提拔过董卓,是董卓的老领导,董卓专权时,他已经故去。皇甫规的妻子长得很漂亮,还能写文章,工草书,"时为规答书记",也就是经常给皇甫规当秘书,这在当时很不简单。

皇甫规死后,妻子仍然很年轻,容貌很美,被董卓看上了。董卓用一百辆彩车、二十匹马组成豪华迎亲车队,还有许多奴婢、钱财做聘礼,要娶皇甫规的这位妻子。

皇甫规的妻子穿着便衣来到董卓那里,跪下来陈述自己的苦衷,言语哀痛。但董卓不理,命人拔出钢刀围住她,威胁说:"我的威严可使天下降伏,难道在你一个妇人身上就行不通吗?"皇甫规的妻子知道不能免于一死,站起来骂道:"你本是野杂种,害了不少天下人,还不够吗?我先辈的清德举世知道,我丈夫皇甫规文武全才,是汉室忠臣,你过去还不是他驱使的一个走卒吗?竟敢在你上级领导的夫人面前干出非礼的勾当?"一顿怒斥把董卓骂得无地自容,董卓恼羞成怒,让人把车子推到庭院里,把她绑在车轭上,命奴仆们用鞭子、棍棒使劲地打。皇甫规的妻子忍受着剧痛,对打手们说:"怎么不重重下手打呢?让我死得越快越好!"皇甫规的妻子最终死于车下,她的事迹后来被收进《烈女传》中。

308. 丁原和刘表都是何进部下

丁原担任过并州刺史，刘表担任过荆州牧，都属于当时的"封疆大吏"，但是他们任职的时间不在一个时期，互相也没有交集，他们的共同点只有一个，那就是都曾是大将军何进的旧部。

丁原当并州刺史，是何进把他召到洛阳担任执金吾的，而这个时候刘表也是何进的属下，职务是北军中候，相当于北军的联合参谋长。当时何进手下人才荟萃，类似丁原、刘表这样的人才还有很多，但何进最后没能成事，除缺乏胆识、缺乏能力外，还与一个暗中捣乱的人有关，这个人就是袁绍。

309. 地方豪族的"代理人战争"

三国时代很多地方豪强都很有实力,为什么不自己起事而要辅助别人呢?这是因为,地方豪族虽有实力,却也有短板。

汉末的地方豪族大致分成两种情况:一种就像汝南郡的袁氏、颍川郡的荀氏那样的所谓世家大族,他们在政治上有足够的号召力,这种号召力是全国性的,他们也容易形成一定的实力,所以他们愿意单干,如袁绍和袁术;另一种情况是地方上的豪族,如吴郡的"四大姓"、荆州的"七大豪门",他们知道自己有短板,那就是经济实力虽强,但在政治上缺乏足够的号召力,他们的影响力往往局限于一地,所以宁愿联合起来去支持一个自己的代理人,以同样达到目的。

荆州的蒯氏、蔡氏就去支持刘表,吴郡的大族尽管不太情愿,但是最后也选择去支持孙坚和孙策。

310. 蜀汉灭亡时的孙刘联盟

蜀汉灭亡的时候孙刘联盟还在，大兵压境，诸葛亮的儿子诸葛瞻曾向孙吴求救，这个时候孙权已经死了，他的儿子孙休当皇帝。孙休尽管能力一般，但也马上采取了三个措施予以应对。

一是派老将丁奉出击曹魏的寿春，多少为蜀汉减轻一些压力；二是派一个叫留平的将军赶到南郡，与驻守在那个地方的施绩共同研究对策；三是派老将丁奉直接带兵去救蜀汉。

但是，上面这些措施都没有取得什么效果，一来孙吴当时面临着内忧外患，国力已大不如前，各方面的措施在力度上都不足；二来蜀汉灭亡的速度太快了，想救也来不及。

311. 刘备并非假仁义

有人说刘备最会哭，他的仁义是装出来的，其实这是对刘备的误解。

理由有三方面。一是刘备待人真诚，不虚情假意。当时有很多人跟刘备接触，初次见面就被他的真诚所打动、感染。有一个刺客要去杀刘备，但是刘备留下跟他做了一番推心置腹的交谈，这个刺客非常感动，最后把别人的阴谋诡计都和盘托出。二是刘备对追随自己的这些老部下一向感情很深。关羽、张飞就不用说了，刘备比诸葛亮大了二十岁，不是一代人，但是在白帝城托孤的时候，刘备一再告诫自己的儿子对待丞相要像对待父亲一样。也就是说，在刘备的心中诸葛亮不是晚辈，而是自己的兄弟。三是刘备爱护百姓，这也不是装出来的，有一个词叫"以人为本"，最早就是说刘备的。刘备对百姓很好，不仅对自己治下的百姓很好，而且在打仗的时候也从来不搞什么屠城，百姓对他很支持。

312. 三句话概括曹丕

对曹丕的评价,可以用三句话简单概括。

第一句话是"情商高于智商"。曹丕这个人特别会说话,特别会来事,尤其是那些对自己有用的人,曹丕特别善于团结他们。第二句话是"感性大于理性"。曹丕的个性非常突出,爱憎非常鲜明:爱的人像陈群、司马懿,就爱得要命;恨的人,没有理由找个理由也要收拾了。爱憎太分明对普通人来讲是优点,对政治家那就是大忌。第三句话是"文治大于武功"。曹丕让陈群搞九品中正制,自己又写《典论》、写诗赋,在文采和文治方面曹丕在历史上的确可以留下一笔,武功却乏善可陈,他三次亲征江东,结果只是望江兴叹。

313. 孙策遇刺非孙权指使

孙策遇刺会不会是弟弟孙权的阴谋呢？这是不可能的。

先不说兄弟之情，单说孙权这个时候只有十八岁，他还没有那么大的野心，至少从史书里看不出任何端倪。而且，孙策并不是一击即死，他是负了伤，治疗了相当长时间才死的。事情如果是孙权干的，必然会留下蛛丝马迹，孙策也会有所察觉，即便抓不住把柄，但仅仅有所怀疑，孙策就不会让孙权接班。

孙策之死，孙权应该没有什么嫌疑，真正的嫌疑人应该是陈登。孙策这个时候主要对付的就是陈登，孙策死于许贡门客之手，这些门客与江东山匪严白虎来往密切。根据史书记载，陈登与严白虎这些人也有很密切的来往。孙策要对付陈登，陈登一定会想尽一切办法去消灭孙策，通过严白虎联络上许贡的门客，让他们实施刺杀行动，不失为一个完美的计划。

314. 曹操父亲被杀有四个版本

关于曹操父亲曹嵩等一家数十人口被杀的案子，历代以来的各类文献里有不同的说法。这些说法大致分四个版本。

第一个版本说，陶谦派去的人扑了个空，曹嵩一行已离开了琅琊国，他们于是追赶。在泰山郡的华县一带追上，曹家人在这里等应劭来接应，还以为这是应劭的人，没有防备。陶谦的人先把曹德杀了，曹嵩听到外面有动静，知道不妙就往后院跑，后院墙上有一道缝，他想从这里钻出去。跟他一块儿跑的还有一个他最喜欢的妾，曹嵩想让她先钻，无奈这个妾长得太胖，钻不过去。曹嵩没办法，只好跑到厕所里躲起来，但被发现，与一行人全部被杀。第二个版本说，曹嵩携曹德等一行进入泰山郡，应劭派人已经接上了，但此时遭遇陶谦的突然袭击，全家人被杀。第三个版本说，不是陶谦派人袭击的，而是陶谦手下一个将领干的。这位史书上没有提及姓名的将领此时驻扎在距事发地华县不远的东海郡阴平，他手下的士兵听说曹家人很有钱，就在路上设伏，在华县、费县一带把曹嵩等人杀了。第四个版本说，陶谦听说曹嵩想儿子，就派部将张闿带领二百人护送。曹家人很有钱，值钱的东西就装了一百多车，张闿等人见财起了异心，在华县、费县一带将曹嵩等人杀了，抢光了东西，跑到淮南去了。

以上众说纷纭，莫衷一是，让这件本来就离奇的血案变得更加扑朔迷离，根本原因是杀人者来个了集体灭口，没有留下幸存者，所有的记载也都变成了推测。几百年后，这件事给宋朝的司马光出了道难题，他给皇帝编《资治通鉴》，不能把这一堆乱麻都端出去，必须有个明确可信的说法。经过慎重分析，司马光对这件事是这样记述的："前太尉曹嵩到琅琊国避难，他的儿子曹操命令泰山郡太守应劭去接他。曹嵩随行有各种辎重车一百多辆，陶谦手下有一个部将守在阴平，当兵的渴望得到曹嵩的钱财，在华县、费县之间设下埋伏，杀害了曹嵩等人，一同被杀死的还有曹嵩最小的儿子曹德。"

315. 刘备跟朋友吃"麻辣烫"

刘备一生轻财好士,喜欢结交各类朋友,能跟形形色色的人打成一片,这是他超人之处。刘备在早年创业阶段,有人只要来见他,无论什么人,刘备都和他们同席而坐,一起吃饭,没有架子,也从不挑剔,因此众人都愿意归附他。

《三国志》记载:"士之下者,必与同席而坐,同簋而食,无所简择,众多归焉。""簋"是一种古代的食器,北京有个簋街,是著名的美食街。

古人用簋来盛放煮熟的饭食,有人戏称这是中国最早的火锅,其实说火锅有点儿勉强,因为吃的时候不能同时在下面加热,但说它是吃类似于"麻辣烫"这样的食物更合适。即使你是陌生的朋友,又是第一次上门,刘备也会邀请你一起吃饭,用一个锅吃"麻辣烫",这说明刘备完全没有架子,对人从不挑剔,所以众人都愿意归附他。

316. 桑树秋天再生葚救百姓

汉献帝兴平元年（194）发生了一场严重的自然灾害，当时曹操与吕布正在争兖州，双方都面临粮食危机，曹操军中甚至出现了以人肉干充当军粮的恶性事件。军队尚且如此，普通老百姓的生活更可想而知，兵灾、旱灾、蝗灾频发，让大批百姓逃离家园。

这一年九月，兖州刺史部一带发生了一件不可思议的事，原本一年只结一次果实的桑树，在秋天重新结了果。《后汉书》说"桑复生椹，人得以食"。

桑葚是桑树的果实，也叫桑实、乌葚、桑果、桑子、葚子等，可以生吃，也可以晒干食用。中国很早便有养蚕的传统，中原、华北地区种植桑树更多，桑木一身是宝。正如民谣里唱的："人吃桑葚甜如蜜，蚕食桑叶吐黄纱；桑皮造纸文官用，桑木雕弓武将拉。"桑树一般春夏之季生桑葚，秋天桑葚又生出一茬来则十分罕见，它也因此救了很多人的命。

317. 诸葛亮真正做到了无私

诸葛亮的无私是真实的，可以从三方面来看。

首先，诸葛亮没有像曹操一样称公称王。他有这样的实力，甚至可以废掉后主刘禅自己当皇帝，但诸葛亮没有这样做。

其次，诸葛亮没有像司马懿一样刻意去培养自己的儿子。诸葛亮有个弟弟叫诸葛均，他一直跟着诸葛亮，但史书对他后来的事再也没有提及，可能就是一个普通人。诸葛亮的养子诸葛乔、儿子诸葛瞻还有孙子诸葛尚都为国捐躯，一门忠烈。

最后，诸葛亮没有经营自己的私产。诸葛亮临终前向后主刘禅上表，说自己家在成都有八百棵桑树、十五顷土地，家属不需要国家再给予特殊照顾了。论职务诸葛亮是丞相，论爵位诸葛亮是武乡侯，正常的俸禄、食邑加在一起，积累下来的家产都不会只有这些。可见诸葛亮不仅没有经营私产，还主动放弃了很多财富。

318. 魏延是蜀汉政坛的孤鸟

魏延是被《三国演义》黑化的人物,无论是所谓的"反骨"还是临死前大叫三声"谁敢杀我",都是一种严重的丑化,史书并没有相关记载。

历史上的魏延既有能力也有战功,德、能、勤、绩里面至少有三项是突出的。那么,魏延为什么落了个凄惨的下场呢?

主要原因有两方面。一方面是魏延自己造成的。魏延能力很强但情商不太高,除了跟杨仪有很深的矛盾外,跟其他人也有矛盾,这样的人容易受到众人孤立。另一方面是刘备造成的。刘备提拔魏延守汉中,对魏延来说这种破格提拔是一种机遇,但同时它也意味着风险,因为容易受到众人的嫉妒。刘备在世还好说,刘备一死,魏延就失去了依托,也就成为蜀汉政坛的一只孤鸟。

319. 汉末三国能文能武的典型

有人说，汉末三国时代张辽是文武结合排名第一的人。这个倒也算不上，张辽是曹魏的前将军，是非常出色的三国将领，尤其是逍遥津之战，张辽大放异彩，名垂后世，在所谓"五子良将"里完全可以排第一。

不过，放在整个三国来说，无论是就历史的角度还是就演义的角度来看，武将之中比张辽更出色的还有不少。比如陆逊、赵云，甚至曹仁等也比张辽更有名气，实际地位也更高。至于说文的方面，张辽似乎也没有特别突出的地方，至少史书没有写到。

那么，在文武结合方面谁是最突出的三国人物呢？一般人可能想到的是吕蒙，从不爱读书到手不释卷，"士别三日，当刮目相看"。但还有一个人其实更加突出，那就是曹操手下的程昱，他本来是一名武将，非常出色，后来转行当了谋士，依然很出色，他大概才是文武结合最好的人。

320. 谋事在人但实力更重要

刘备手下的几大谋士，包括诸葛亮、庞统、法正、刘巴等，他们各有专长：诸葛亮主要在治国理政方面，他还是一位战略型谋士；刘巴的特长主要在经济工作方面，行政能力较为突出；法正、庞统是战术型谋士，排兵布阵有一套。

他们这几个人，除诸葛亮外都死在了刘备之前，这是蜀汉的一大不幸，如果他们都能多活几年，能不能帮助刘备扭转蜀汉国运呢？其实倒未必能。

蜀汉最终没能统一天下，人才固然是一方面的原因，但更重要的原因还是综合实力远不如曹魏，不是比曹魏弱那么一点儿，也不是比曹魏差一两倍，而是差了好几倍。蜀汉与曹魏是一个小孩和一个成人之间的决斗，不是单靠出谋划策就能扭转结果的。

321. 马超地位高但不受重用

如果论职务的话，马超投奔刘备后是得到了重用的，在马超跟随刘备的七年时间里，至少有六年半都是蜀汉武将中的第一人。但职务高不意味着作用大，关羽镇守荆州，张飞镇守阆中，魏延镇守汉中，赵云、黄忠在汉中之战中大显神威，而纵观马超，在这个过程中基本上没有什么作为，也没有发挥重要的作用，原因主要有两方面。一方面是马超在蜀汉的身份是降将，再加上之前他的一些经历，刘备对他不一定完全放心，重要的事自然不能交给他。另一方面，马超投奔刘备的时候并没有带来什么人马，要不是马岱跟在身边，几乎就是孤身一人。由于走得匆忙，妻子、儿子都留在了汉中，最后死于张鲁之手。蜀汉虽然不像孙吴那样实行世兵制，但你没有人马还要统兵，就得从别人那里把人马拨过来归你指挥，这也是比较难的。

322. 荀彧没变但曹操变了

人们通常把曹操看作汉室的奸臣,这很大程度上是因为曹操后来当了魏公、魏王,尤其是他的儿子禅让称帝,取代了汉室,所以大家才有了这样的看法。

但在一开始,在曹操起事的时候还不是这样的。那时候曹操对汉室还是扶持的,有一句话叫"挟天子以令诸侯",其实最早曹操提出的不是这个,他的口号是"奉天子以令不臣"。曹操"奉天子",他对汉献帝一开始是尊重的,正因为如此,忠心于汉室的荀彧才真心帮助曹操打天下。

但是,曹操与汉献帝、汉室之间的矛盾越来越深,曹操不想让,汉献帝也没有退的意思,双方开始交恶,发生了许多不愉快的事情,这时候荀彧才与曹操渐行渐远。荀彧没有变,但曹操变了,这是荀彧的悲哀。

323. 九品中正制的优缺点

九品中正制也叫九品官人法，是选官的制度。隋唐之前没有科举考试，选官主要靠推荐，但也有一些制度，如汉朝的察举制。

自曹魏开始有了九品中正制，也就是把所有的被考察对象划分成九个品级，根据不同的品级来确定是否授予官职、授予什么样的官职。谁来定品呢？靠的是中正官。定品的标准有哪些呢？主要有三个：家世、道德和才能。一开始，三个标准是并重的，但后来才能逐渐被忽略了，再后来道德也被忽略了，最后只剩下了家世。

九品中正制的好处是有一套量化的指标来考察人才，可以打分，可以分等，看起来就更加明晰具体。但它的坏处是发展成唯家世来推荐人才、评定人才，这样就加剧了业已存在的门阀倾向。打开《三国志》和《晋书》，总的印象就是"老子英雄儿好汉"，一家的几代人代代出高官，这样做无疑堵塞了寒门子弟晋升的通道。

324. 三句话总结袁绍的缺点

袁绍是一个很有本事的人，一开始就有很多人追随在他的左右。在他本人不到场的情况下，会聚了各路英雄豪杰的关东联军仍然推举他为盟主。这个不光看重他的出身和名气，也看中他的本事。

袁绍的身上，并不缺勇气和胆识。董卓专权，多少人畏惧得要命，袁绍不怕，敢于和他当面做斗争。再说袁绍的缺点，可以用三句话来总结：第一句是《三国志》说的，说他"外宽而内忌"，表面虽然很宽和，但心胸不够宽广；第二句也是《三国志》说的，说他"好谋而无决"，关键时刻犹犹豫豫，不敢下决断，这一点在官渡之战中表现最明显；第三句是荀彧说的，说他"好聚才而不用才"，手下人才倒是不少，但他不会带队伍，放任大家搞内斗，这一点是导致袁绍最终失败的最直接原因。

325. 关羽身上的忠义精神

关羽在后世受到极大推崇，并不是因为他的武功多么高强，也不是因为他在战场上能够百战百胜。事实上，关羽打过的败仗远远多于胜仗，在战场上，关羽不仅常打败仗，还两次战败被俘。

后世推崇关羽，看中的是他身上的忠义精神。关羽忠于谁呢？当然是忠于刘备，有人说刘备代表着汉献帝，关羽因为忠于汉室所以才忠诚于刘备，这其实是想把关羽身上的忠义再拔高一下。把他塑造成忠君的楷模，其实这就有些勉强了。关羽与刘备感情深厚，但与汉献帝、与汉室接触有限，关羽的忠，主要体现在刘备身上。除了忠君，忠于朋友、忠于诺言、忠于亲情友情，这些都被视为忠。

说到忠义人们一下子能想到关羽，很大程度上是因为关羽做的这件事：官渡之战前后，刘备当时正在走下坡路，处在人生的低谷，而关羽投降曹操后荣华富贵已经稳操于手，但他仍然选择追随刘备，抛弃富贵、冒着危险都要去。正是这一点令人难忘，在古人看来这种精神相当难得。

326. 诸葛亮一家各为其主

诸葛亮有兄弟姐妹五人，他排行第四，上面有一个哥哥名叫诸葛瑾，还有两个姐姐，下面有一个弟弟名叫诸葛均。

诸葛瑾后来效忠于孙权，诸葛亮姐姐、姐夫则在曹魏，两个姐夫庞山民、蒯祺都是曹魏的官员，诸葛亮的弟弟诸葛均在蜀汉为官。诸葛亮兄弟姐妹分处三个阵营，这种情况在当时也并不罕见，倒不是出于"不把鸡蛋放在一个篮子里"的考虑，多是战乱年代的迫不得已。

不过，这种情况并没有给他们带来困扰，他们的主公并没有因为他们家的具体情况而产生怀疑和防范。这中间最值得称道的是孙权，他没有因为诸葛瑾的弟弟是蜀汉丞相而对诸葛瑾不信任，反而给予大力的提拔重用，诸葛瑾甚至担任了孙吴的大将军。

327. 诸葛亮能去的地方并不多

诸葛亮在《出师表》中的第一句话就是"臣本布衣"。古代对人穿衣服有严格规定，不是有钱就能随便穿，对老百姓来说，只有到八九十岁的时候，作为一种优待才能穿丝绸衣服，"布衣"就是平民百姓。

诸葛亮于十六七岁来到荆州，二十七岁追随刘备，其间长达十年，一直是一名普通百姓、一位乡村青年。当然，如果诸葛亮只想找件事做，他的机会很多，因为在荆州他有庞大的"朋友圈"，关系很多，但诸葛亮没有这样做，一直"按兵不动"，这是因为他还没有想好要追随谁。诸葛亮后来追随了刘备，并不只是因为刘备三顾茅庐把他打动了，因为对诸葛亮来说，此时他所能追随的人其实很有限。诸葛亮对刘表、刘璋的评价都不高，自然不会去追随。对于曹操，诸葛亮内心是抵触的，除了曹操"挟天子"这一层外，还与诸葛亮少年时代的经历有关。

诸葛亮少年时代生活在家乡琅琊国，也就是今山东省沂南县，曹操当时多次在那一带用兵，曹军军纪较差，烧杀抢掠，干了很多坏事，给少年诸葛亮的心里蒙上过阴影。所以，诸葛亮出山前，只能在刘备和孙权之间选一个，舍此已经没有其他更好的选择了。

328. 李傕欲霸占皇妃

少帝刘辩被董卓所废,降为弘农王,关东联军反董卓,在董卓看来,联军这帮人对新立的汉献帝不服,是想再立刘辩为帝,于是决定把刘辩除掉。董卓命郎中令李儒出面给刘辩献上毒药,逼其自杀。李儒见到刘辩,献上毒药,骗他说:"服下此药可以驱病。"没生病有人突然给送药,刘辩当然不信:"肯定是毒药!"刘辩不肯喝,李儒强迫他非喝不可。刘辩知道死期已至,于是要求和心爱的妃子唐姬最后再饮一次酒。席间,刘辩悲伤地唱道:"天道易兮我何艰,弃万乘兮退守藩。逆臣见迫兮命不延,逝将弃尔兮适幽玄。"唐姬闻而起舞,边舞边唱:"皇天崩兮后土颓,身为帝王兮命夭摧。死生路毕兮从此乖,悼我茕独兮中心哀。"周围的人听到无不流泪。刘辩最后对唐姬说:"你是我的妃子,记着不要再嫁给吏民为妻。我走了,多保重!"说罢饮鸩而死。

少帝死后,唐姬没有死,她后来回到老家颍川郡,《后汉书》记载:"唐姬,颍川人也。王薨,归乡里。父会稽太守瑁欲嫁之,姬誓不许。及李傕破长安,遣兵抄关东,略得姬。傕因欲妻之,固不听,而终不自名。尚书贾诩知之,以状白献帝。帝闻感怆,乃下诏迎姬,置园中,使侍中持节拜为弘农王妃。"

329. 诸葛亮可以自称"孤"

《三国志》里说谯周身材高大,看起来很纯朴,不喜欢修饰自己,即"体貌素朴,性推诚不饰"。这是陈寿对老师长相的委婉描写,其实谯周的外貌很有特点。

另据《蜀记》记载,诸葛亮初次召见谯周,左右的人看到这个有点儿憨又有点儿萌的大个子都忍不住笑起来。诸葛亮一向对左右要求很严,谯周走后,有关人员向诸葛亮举报刚才有人发笑,诸葛亮说:"孤尚不能忍,况左右乎?"有人会说诸葛亮怎么能自称"孤"呢?"孤家""寡人"不是帝王专属的自称吗?

其实诸葛亮是可以自称"孤"的,这里不是为了炫耀,而是谦称。除帝王外,侯爵也可以自称"孤",诸葛亮此时已有了侯爵,是可以称自己为"孤"的,除了诸葛亮,孙权以及曹操未称王以前都曾自称过"孤"。

330. 袁绍主持"学术辩论会"

袁绍发动官渡之战前，曾专门派儿子袁谭去接大学者郑玄，想让郑玄随自己一同出征。郑玄是当时最知名的学者，是天下读书人心中的一个标杆。

郑玄曾应何进的征辟到过洛阳，何进失败后郑玄回到了家乡青州刺史部的北海国居住，聚众讲学，研究经术，著书立说。他的名气实在太大，从四面八方投到门下的有一千多人，日后有名气的学生有赵商、崔琰、公孙方、孙乾、王基、国渊、郗虑等人。当时，北海国是袁绍控制的地盘，袁绍经常把郑玄拉来参加聚会，出席各种活动，为自己撑门面。郑玄在洛阳就认识袁绍，对于这个比他小得多的政坛名人他并没有太多好感，但出于无奈，也不敢驳袁绍的面子。

一次，在袁绍主持的聚会上，大家听说郑大师要出席，一些自认为肚子里有点儿学问的人不禁跃跃欲试，精心准备了一些问题想为难郑玄一下，顺便让自己出名。没想到，郑玄对所有问题都对答如流，知识之渊博、思路之敏捷让人叹为观止，大家无不折服。整天迎来送往、钩心斗角，只是抽空看两眼书，也敢叫板每天都钻在书堆里只是偶尔出来喝回酒的郑大师？

331. 曹操让原配夫人改嫁

曹操的原配夫人是丁氏，嫁给曹操后一直没有生育。在丁氏之前曹操还娶了刘夫人，刘夫人生下了曹操的长子曹昂以及长女清河长公主。可刘氏死得早，曹昂便由丁氏抚养，丁氏对他爱护有加。曹昂字子修，曹操征张绣期间由于自己的疏失导致曹昂阵亡，这件事丁氏难以接受，她经常痛哭，并经常埋怨丈夫曹操说："将我儿杀之，都不复念！"说得多了，曹操有点儿生气，便把她遣送回娘家，想让她消消气。

后来，曹操行军途中路过老家，主动到老丈人家看望丁氏，当时丁氏正在织布，有人赶紧通报说曹公来了，但丁氏"踞机如故"，没有起身相迎的意思。曹操过去，拍着丁氏的背说："顾我共载归乎！"哪知丁氏头也不回，也不回答。曹操无奈，只好悻悻而出，走到门外，又说："得无尚可邪！"意思是，跟我一起走吧，难道还要我求你吗？丁氏仍不应，曹操叹息道，看来真的情意已绝了！曹操只好把丁氏休了，希望丁氏娘家人把她再改嫁。可谁敢娶曹操的前妻？即使有胆大敢娶的，丁家人也不敢嫁。

丁氏出身于谯县有名的大家族，这个家族里产生了丁宫、丁冲以及丁仪、丁廙等人物。丁氏进曹家后是正妻，对倡家出身的卞氏不放在眼里。丁氏被休后，卞氏对她很照顾，经常派人给她送东西，还趁曹操不在家的时候偷偷把她接到府里来，仍然让她坐在上座，对此丁氏十分感激。后来丁氏去世了，卞氏又向曹操求情，让她不要葬在娘家而是送到许县安葬。曹操对丁氏以及死去的长子曹昂还是很有感情的，曹操临死的时候回忆了自己的一生，又想起了他们。临终前，曹操曾说：我这一辈子没有做过什么亏心事，只是倘若死后有灵，见到子修，他问我母亲怎么样了，我将无言以对！

332. 智商情商皆一流的人

在整个三国时代,情商第一流,智商也第一流的人非贾诩莫属了。

《三国志》对贾诩的评价是"算无遗策,经达权变","算无遗策"说明他的智商非常高,是顶尖的谋士;"经达权变"说明他除智商高之外,还能洞悉人生与人性,知道什么该做、什么该说,也就是情商非常高。

贾诩的情商高,很大程度也是为环境所迫。贾诩早年追随过董卓和张绣,分别留下了污点和对曹操不利的地方,这些都成为被别人攻击的把柄。所以贾诩一直小心谨慎,虽然深受曹操器重,但一直很低调,私下里从不结交权贵,也不乱结亲家。平时按时上班,下了班就关起自己家的门读书思考,基本上没有社交活动,以此打消别人的猜忌。

贾诩活了七十七岁,算是高寿,他不仅保全了自己,三个儿子还被封为列侯,四个孙子更不简单,有三个做到军中排名前三位的高级将领,是一个显赫家族。

333. 若荆州不丢，刘备有望成大业

如果关羽不死，荆州不丢，刘备大业可成吗？

刘备是很有可能取得成功的，诸葛亮在《隆中对》里列举了北伐成功的三大条件：一是占领襄阳进攻洛阳；二是占领汉中进攻长安；三是敌人内部发生变化，即"会当有变时"。荆州如果不丢，前两个条件就具备了，而后面一个条件也是可能达到的，比如，曹操死的时候或者曹丕死的时候，这个时候曹魏内部最薄弱，在外力促成下有可能发生内部裂变，这时如果一举北伐，成功的可能性是非常大的。

当然，这里面有一个很大的变数，那就是孙权。在三方势力消长过程中孙权是怎么想的，是站在曹魏的一边共同对付刘备，还是致力于维护孙刘联盟共同消灭曹魏，这一点是至关重要的。

334. 吕布也不失人格魅力

按照民间的说法，吕布是三国武将排名第一的人，所谓"一吕二赵三典韦，四关五马六张飞"。

但是就史书记载而言，吕布是一个经常打败仗的人，最后也失败身亡，是什么原因让大家对吕布格外推崇呢？

一个原因是当时的总体社会氛围。三国时代不以成败而论英雄，像关羽这样经常打败仗的人也受到了大推崇，大家不以结果论人，看的是你的能力。另一个原因是吕布有一种锲而不舍的奋斗精神。像董卓、袁术、袁绍、曹操、刘备这些超级强人，吕布都不畏惧他们，敢于和他们过招，而且令这些人感头疼和忌惮。还有一个原因是吕布身上的魅力。吕布虽然被称为所谓"三姓家奴"，但他的手下也有所谓"八大将"，无论是在顺境中还是在逆境中，这些人都能够紧紧追随他，说明吕布身上其实也不失一种人格魅力。

335. 公孙瓒"出借赵云"

赵云这么厉害，当初公孙瓒为何不自己留下而要把赵云借给刘备呢？

这个问题可以分三方面来说。首先，不能说"出借赵云"，因为刘备那时候也是公孙瓒的手下，公孙瓒派赵云去协助刘备工作，这是一个正常的安排。其次，赵云那个时候没有那么厉害。赵云一开始就是一名普通百姓，他以这个身份投奔的公孙瓒。公孙瓒用人一向有问题，比如说刘备，公孙瓒只给这个主动来投的老同学一个司马的职务，相当于团长，赵云担任什么职务史书没有说，大概只相当于排长、连长，所以公孙瓒把赵云"借"出去，也不是太在意。最后，为什么赵云以后就变得厉害了呢？其实，与其说赵云厉害不如说是刘备厉害，因为赵云跟随刘备，这才跟对了人，是刘备一步步成就了赵云，让赵云由布衣百姓成就为一代名将。

336.华容道没有"义释曹操"

华容道的故事已家喻户晓,关羽立军令状,但又在此将曹操放走。"关羽义释曹操","义"是这个故事的核心,这是小说里的描写。

从史实的角度看,这里面有虚也有实:诸葛亮派关羽守华容道、关羽在华容道义释曹操,在史书里面都没有记载,是虚的。也有实的,有一本史书说,曹操在赤壁之战失败后撤回江陵,途中的确路过了华容道,而且在这个地方遇到了很大麻烦,甚至危险,只不过造成麻烦和危险的不是关羽的伏兵,而是恶劣天气。当时下着雨,道路泥泞,又刮着大风,人马很难通过,曹操下令,让一部分士兵背着柴火树枝,边走边铺路,这样才勉强通过,而负责铺路的这部分士兵大部分都被战马踩死了。

337. 于禁未能入配曹魏太庙

享受入配曹魏太庙这个殊荣的一共有二十六个人,其中武将十七个,文臣九个,其名单是分五次颁布的,其中没有于禁。

原因比较简单:于禁曾经有投降过敌人的不光彩经历。不过,从曹魏朝廷来说,可能不会这么认定,因为这样一来就显得有些小气了,曹魏朝廷会说你的标准还不够。

来看一下这十七位武将的职务,里面除李典、典韦早年战死以外,其他的人,最后的职务都是四方将军以上。于禁曾是四方将军之一的左将军,但他最后的职务是安阳将军,入配太庙至少也得是个"上将",而他只是"少将"。

338. 朱元璋让孙权为自己"守墓"

孙吴神凤元年（252）四月，吴大帝孙权驾崩于建业（今江苏南京），享年七十一岁。按照孙权生前留下的遗嘱，他被安葬在南京的钟山，因孙权祖父名孙钟，为避讳，孙权已将其改名为蒋山。孙权的陵寝就在蒋山之下，称蒋陵，具体位置在今南京市东郊的钟山南麓，随葬的还有孙权的步夫人和潘皇后。

孙权蒋陵所在的地方山水相依，林陵辉映，外延苍茫，内涵深邃，是一处风水宝地。一千多年后，明太祖朱元璋也看上了这个地方，要在此修建孝陵。主持建陵的官员建议把蒋陵移走，朱元璋认为孙权是条好汉，留着给他看门，仅把蒋陵前的石麒麟迁往别处，蒋陵仍完整地保存下来。

蒋陵所在的山冈过去叫孙家冈，因遍地梅花，又称梅花山。初春时节来此，可见到处是不惧雪辱霜欺的梅花在怒放，红绿辉映，暗香十里。在一座小石桥头，立一墓碑，上书"孙权墓"几个字，与大名鼎鼎的明孝陵相比虽显简陋，却也古朴怡然。

339. 曹操想让老部下们陪陵未实现

建安二十三年（218）六月，曹操颁布了一份《终令》，内容如下："古之葬者，必居瘠薄之地。其规西门豹祠西原上为寿陵，因高为基，不封不树。《周礼》冢人掌公墓之地，凡诸侯居左右以前，卿大夫居后。汉制亦谓之陪陵。其公卿大臣列将有功者，宜陪寿陵。其广为兆域，使足相容。"在这份《终令》里，曹操集中说的是给自己规划建设陵园的事，其中明确了陪陵制度。曹操是魏王，参照汉朝的陪陵制度，曹操要求公卿大臣以及列将中有功的人员都可以陪葬在自己的寿陵中。为此，曹操要求尽可能扩大陵园范围，使之能容纳下足够的逝者。

要求是明确的，规定是具体的，没有半点儿含糊的地方。按理说，曹操的接班人曹丕应该执行曹操的这道命令，在邺县附近应该有一个规模庞大的陵园区，不仅埋葬着曹操本人，还有一大批文武官员埋葬于此，但结果并不是这样。曹操墓的真实所在至今仍然存有争议，但有一点是可以肯定的，邺县周边并不存在一个规模庞大的曹魏文武官员们的陪葬群。曹操手下的一些重要人物，后来分别安葬在了各地：贾诩墓，在河南省许昌市北尚集乡岗王村东；荀彧墓，一般认为在安徽省寿县，这里曾出土过荀令君的残碑；郭嘉墓，一般认为在河南省许昌市襄城县范湖乡城上村；荀攸墓，在安徽省淮南市寿县境内；陈琳墓，在江苏省盐城市盐都县西郊射阳湖镇赵家村；华歆墓，在山东省高唐县城东涸河镇大华村；钟繇墓，在河南省长葛县增福庙乡孟庄村；毛玠墓，在河南省许昌市东五女店镇毛王村金龟岗；郗虑墓，在河南省许昌市东张潘乡郗庄；夏侯渊墓，在河南许昌市城西河街乡贺庄北；夏侯惇墓，在河南省许昌市城西河街乡贺庄北；张辽墓，在安徽省合肥市逍遥津公园内，不过一般认为其为衣冠冢；徐晃墓，在河南省许昌市东张潘镇城角徐村；李典墓，在山东省巨野县昌邑乡；典韦墓，一般认为在河南省邓州市汲滩镇……

上面这些人都是曹操的"老部下"，大概也是曹操最想让来陪陵的人，事实上他们都被安葬在了别处。曹丕为什么要"篡改"父亲的遗嘱、没有让曹操完成最后的心愿呢？推测起来，可能与现实中的尴尬有关。众所周知，曹丕搞了个汉魏禅代，当上了曹魏皇帝，而曹操生前是汉朝的魏王，属于"汉臣"，如果以魏武帝的身份为曹操营建寿陵，邺城附近就不合适了，曹魏的国都定在了洛阳，即便要搞陪陵，也应该重新规划，重新建设；如果以魏王的身份为曹操营建寿陵，那让文武大臣们都到邺县陪陵就更不合适了，朝代虽然换了，但人其实还是那拨人，都去了邺县，曹丕死后谁来为他陪陵呢？所以，曹丕要压缩曹操寿陵的规模，陪陵的事也没有再去执行，之后他把曹魏陵园建设的重点放在了洛阳附近，曹丕死后葬在了洛阳附近的首阳陵，他的儿子曹叡死后葬在了洛阳附近的高平陵。

340. 中国佛教史西行求法第一人

《西游记》中唐僧西行取经的故事家喻户晓，唐僧的原型是唐朝高僧玄奘。不过，玄奘还不是中国佛教史上第一位西行求法的僧人。早在三国时代，有一位名叫朱士行的僧人开创了西行求法的先河。朱士行是颍川郡人，梁僧祐所著《出三藏记集》中有《朱士行传》。据载，朱士行为人"志业清粹，气韵明烈，坚正方直，劝沮不能移焉"。少时即怀远志，一心摆脱俗尘，后来出家，专务经典，以弘法为己任，曾讲授《道行般若经》于洛阳。

这时佛教刚传入中国不久，翻译过来的佛经多文句简略、义理不全，不便于理解，朱士行感叹说："此经大乘之要，而译理不尽。"于是，朱士行立志孤身远游，寻求真正的佛法。曹魏甘露五年（260），也就是曹魏第二位少帝曹髦被杀的那一年，朱士行从今陕西省西安市出发西行求法。那时通往西域的旅途非常艰难，朱士行历经千辛万苦，克服种种困难，最后到达了于阗（今新疆和田），在此抄录《大品般若经》梵本，共有九十章，六十万言，后经多方周折，由其弟子将佛经于晋武帝太康三年（282）护送回洛阳。后在陈留郡水南寺进行翻译，称为《放光般若经》，共二十卷。朱士行则继续留在于阗，于八十岁时病故，葬在他乡。

341. 孙吴刮起一股"围棋风"

围棋是中国人的发明,很早就诞生了。先秦史官编著的《世本》一书记载说"尧造围棋",晋人张华《博物志》补充说"尧造围棋,以教子丹朱",明朝著作《潜确居类书》说"夏人乌曹作围棋"。无论是上面的哪一种说法,都说明围棋诞生在夏商时期甚至是原始社会末期。不过,这样的说法也受到过质疑,比如,唐朝诗人皮日休就认为围棋不可能出现得那么早,但现代考古又给出了新证据。如1973年在甘肃鸳鸯池遗址发掘出土的彩陶上就绘有类似围棋盘上纵横十条至十三条线的图案,其年代约在仰韶文明时期。国际上普遍认为,围棋很早就诞生在中国,如《大英百科全书》说"围棋起源于公元前2356年的中国",《美国百科全书》说"围棋于公元前2300年由中国发明"。

可以确定的是,到春秋战国时下围棋已相当普遍,"举棋不定"这个成语就出自《左传》。孔子、孟子以及道家的尹文子、名家的关尹子等都论及围棋,孟子还把围棋列入"六艺"中的"数"这一类。汉朝以后围棋进一步普及,出现了许多围棋高手和爱好者,汉高祖刘邦、魏武帝曹操、孙吴的创始人孙策以及名将陆逊等人对围棋都很喜爱,下得也很好。尤其是曹操,作为"业余选手"可以跟当时顶尖的专业高手对弈，水平不差上下。

在三国时代，围棋最盛行的地区是孙吴，据史料记载，孙吴的官员、士人普遍"好玩博弈，废事弃业，忘寝与食，穷日尽明，继以脂烛"，大家实在太喜欢下围棋了，许多人以至"心劳体倦，人事旷而不修，宾旅阙面不接。虽有大牢之馔、韶夏之乐，不暇存也。至或赌及衣物，徙棋易行，廉耻之意弛，而忿戾之色发"。有一位名叫蔡颖的官员嗜棋如命，经常荒废公务，"直事在署者颇斅焉"。

这种情况引起了孙权的儿子、太子孙和的注意。《三国志》记载，孙和认为沉湎于围棋中会误事，他认为"士人宜讲修学术、校习射御，以周世务。而但交游博弈以妨事业，非进取之谓也"。孙和曾在一次宴会上与群僚谈及这方面话题，孙和说："夫人情犹不能无嬉娱，嬉娱之好，亦在饮宴、琴书、射御之闲，何必博弈，然后为欢？"孙和命当时侍坐的八位官员回去后就此各写一篇文章，中庶子韦曜后来所作的《博弈论》最为孙和看中，孙和把这篇文章拿给很多宾客传看，这篇文章也流传了下来。

韦曜认为围棋对于士大夫安身立命其实没有什么用处，在《博弈论》中他批评了酷爱下棋的这些人："然其所志不出一枰之上，所务不过方罫之间。胜敌无封爵之赏，获地无兼土之实。伎非六艺，用非经国，立身者不阶其术，征选者不由其道。求之于战阵，则非孙吴之伦也；考之于道艺，则非孔氏之门也；以变诈为务，则非忠信之事也；以劫杀为名，则非仁者之意也。"接着，韦曜还告诫他们:"当世之士,宜勉思至道,爱功惜力,以佐明时。使名书史籍,勋在盟府,乃君子之上务,当今之先急也。夫一木之枰,孰与方国之封?枯棋三百,孰与万人之将?衮龙之服,金石之乐,足以兼棋局而贸博弈矣。"

342. 中国历史上第一位女画家

孙权手下有位术士,名叫赵达,孙权对他很信任,《三国志》记载:"孙权行师征伐,每令达有所推步,皆如其言。"赵达有个妹妹,善于画画,据东晋王嘉所著《拾遗记》记载,赵达的这位妹妹"巧妙无双,能于指间以彩丝织云霞龙蛇之锦,大则盈尺,小则方寸",大家称之为"机绝"。

孙权常有感于"魏、蜀未夷",所以"思得善画者使图山川地势军阵之像"。赵达于是推荐了自己的妹妹,孙权让赵妹妹"写九州方岳之势",赵妹妹说:"丹青之色,甚易歇灭,不可久宝。妾能刺绣,列国方帛之上,写以五岳河海城邑行阵之形。"完成后,进于孙权,"虽棘刺木猴,云梯飞鸟,无过此丽也",大家又称赵妹妹为"针绝",孙权于是将赵妹妹纳入后宫,成为夫人之一。

孙权居住在建业的皇宫中,每到夏天,深感酷暑难当,蚊虫烦人,于是挂起紫绡罗帐,赵夫人说:"此不足贵也。"孙权问她何意,赵夫人回答:"妾欲穷虑尽思,能使下绡帷而清风自入,视外无有蔽碍,列侍者飘然自凉,若驭风而行也。"意思是,可以织出比紫绡罗帐更珍贵的罗帐,放下这种帐帷则清风自生,暑意顿消,而从帐里看帐外又能清楚无碍,帐外的侍者也会飘然自凉，有驭风而行的感觉。孙权称善，赵夫人于是"乃片发，以神胶续之"，也就是从头上削下一绺长发，再把每根头发剖成肉眼难见的细丝，之后用可以接续弓弩断弦的神胶进行黏合。之后，赵夫人经纬分明地织出片片罗縠，数月之后织成了一顶薄比蝉翼、轻赛寒烟的"发帐"。孙权躺进去一试，果然"飘飘如烟气轻动，而房内自凉"。孙权十分喜爱，在外征战也把它带上。"每以此幔自随，以为征幕"，时人又称赵夫人为"丝绝"。

赵夫人心灵手巧，当时的人们都说她"有三绝，四海无俦其妙"，尤其在绘画方面，赵夫人算得上一位女画家。中国古代的女性画家不多，早期的女画家有薛媛、李夫人等，薛媛是唐朝人，李夫人是后唐人，她们都比赵夫人晚得多，所以赵夫人可以算作中国古代文献记载中出现的首位女画家。孙权病死时赵夫人仍在世，遗憾的是，"吴亡，不知所在"，赵夫人最后的下落不得而知。

343. 三国时期的一起外星人事件

东晋学者干宝所著《搜神记》中记载了一起"外星人"事件。根据它的记载,孙吴在边地设有"保质童子",意思是把边屯守将的妻子、子女集中在一起,让他们一块儿居住生活,目的是作为人质,这些做人质的孩子经常在一起玩耍。孙吴永安三年(260)二月,孩子们在玩耍时突然发现他们中间多了一个年六七岁的孩童,此童身高四尺,穿青色衣服,孩子们都不认识他,问道:"尔谁家小儿,今日忽来?"孩童回答:"见尔群戏乐,故来耳。"

这时,孩子们才仔细打量这位奇怪孩童,只见他"眼有光芒,爓爓外射",令人生畏。这个奇怪的孩童又说:"尔恐我乎?我非人也,乃荧惑星也,将有以告尔。三公归于司马。"说完这些话,这个孩童"耸身而跃,即以化矣"。孩子们把这件事告诉了大人,大人们也很吃惊,荧惑星也就是火星,由于火星荧荧似火,行踪捉摸不定,因此古人称为"荧惑",但"三公归于司马"是何意,没有人能说清。

后来孙吴灭亡,司马氏建立的西晋政权统一了天下,魏、蜀、吴这三个政权尽归于司马氏,这时有人才明白过来,也许"三公归于司马"指的就是这个意思。

344. 孙权的潘皇后死于宫女之手

孙吴太元二年（252），孙权久病不起，在病榻上下诏，册立太子孙亮以外的其他几个儿子为王。孙权共有七个儿子，长子孙登、次子孙虑、四子孙霸已死，在世的除最小的儿子太子孙亮外还有三个：三子孙和之前被废为庶人，过起了提心吊胆的日子，突然接到诏令，被封为南阳王，驻守长沙；五子孙奋被封为齐王，驻守武昌；六子孙休被封为琅琊王，驻守虎林。孙权做出这些安排，是为巩固太子孙亮继位后的地位，孙亮只是一个几岁的孩子，孙权希望孙亮执政后有三个哥哥在外面为依托，皇位坐得更稳当些。

孙权想得不错，有人对此却有不同看法，这个人是孙权的潘皇后。潘皇后是会稽郡人，父亲是一名县吏，因犯罪被判处死刑，按法律，潘皇后和她的姐姐都被罚为官家奴婢，在宫里的织室做苦工。一次偶然机会，孙权看到她，把她召进后宫，宠幸后生下了孙亮，这改变了她的命运。孙权立孙亮为太子，同时下诏立潘氏为皇后。史书对孙权的这位皇后评价不高，认为她为人阴险、妒忌，又特别会讨孙权欢心。《吴录》记载，步夫人死后，孙权最喜欢的人其实不是潘皇后，而是袁术的女儿袁夫人。袁夫人有节行，但没有生下儿子，孙权想立她为皇后，袁夫人因为自己没有儿子而固辞。潘氏被立为皇后，对袁夫人等人加以谮害，在宫中积怨很大。

潘氏当上皇后还没几天，野心已异常膨胀。《三国志》记载，潘皇后派人找到中书令孙弘，向他询问吕后称制的情况。汉高祖刘邦死后皇后吕雉之子刘盈继位，政权实际由吕后掌管，刘盈后来死了，吕后干脆临朝称制，成为事实上的皇帝，封吕氏子弟为王侯，掌管军权，又任命亲信审食其为丞相，掌握朝政。按照潘皇后的想法，她的儿子一旦登上天子之位，内外大事都可以由她来包办。

可是，潘皇后没有成为第二个吕后，在侍奉孙权期间，由于过度劳累，她病倒了。宫人们趁其昏睡，一起动手将其缢杀，之后"托言中恶"，也就是假称是被恶鬼所害。潘皇后一向人缘极差，宫人们大概受够了，趁着孙权已不能理事，干脆把她解决了，出一口恶气。当然，还有一种可能，潘皇后的死与她流露出来的政治野心有关，不想让她临朝称制的人指使宫人们把她干掉了。纸里包不住火，这件事还是泄露了出去，最后有六七名宫人因此被杀。

345. 孙权晚年被"神医"耽误

孙权晚年经历了多次内政、外交方面的打击，最后病倒了。孙权听说临海郡的罗阳县出了一位神人，名叫王表，这个人在民间被传得神乎其神，说"语言饮食，与人无异，然不见其形"。也就是言谈饮食虽然与常人没有区别，但有本事让人看不到他的身体，是一位"隐形人"。孙权于是派中书郎李崇去把这个人迎进宫中，带去的有辅国将军、罗阳王的印绶，准备将其授予王表。

张昭为孙氏三代人辛苦了一辈子，临死才是辅吴将军，而一个江湖骗子轻松就能当上罗阳王，张昭地下有知，情何以堪？

王表于是随李崇去往建业，还带着一个叫纺绩的婢女，一路上与各地郡县长官交谈，没有能难倒王表的，每过高山大河，王表都让婢女鼓捣一些神秘仪式，说是与山神河神互通消息。王表到建业后，孙权在皇宫东门苍龙门外为他建起府邸，经常派大臣前去请王表预测水旱灾害，说也奇怪，王表的预测往往都能应验，孙权于是对王表深信不疑。孙权的病却没能好起来，反而日渐沉重。孙权眼看不行了，众人多次请王表为孙权请福，这位"王神医"承受不住巨大压力，偷偷溜了。

346. 曹操较刘备更胜一筹

曹操和刘备无疑都是三国时代的英雄，"英雄"是一个动态概念，不同时代有不同的内涵，三国这个时代英雄的内涵的是什么呢？

三国有一个名叫刘劭的人，他说"草之精秀者为英，兽之特群者为雄"，也就是出类拔萃、比别人强你就是英雄。从这个意义上说曹操、刘备都是那个时代一等一的英雄。那么曹操、刘备谁更胜一筹呢？应该说，曹操更突出，《三国志》对曹操的评价是"超世之杰，非常之人"，也就是影响力已经超越了那个时代。

如果刘备是三国时代的英雄，那么曹操就是汉末魏晋南北朝，甚至整个中国古代的英雄。

347. 实力不足是夷陵之战的败因

刘备伐吴没有带上诸葛亮，不能据此认为刘备不信任诸葛亮，也不能说诸葛亮的作用不重要；相反地，这恰恰说明诸葛亮非常重要。因为只有把留守后方的重任交给诸葛亮，刘备才敢放心地伐吴。

那么，假如刘备带着诸葛亮，能不能扭转夷陵大败的结局呢？由于诸葛亮的加入，可能战争的过程会有一些改变，但想转败为胜也是很难的，因为刘备夷陵大败，原因固然是战术上的一些失误，但最根本的还是综合实力不够。在三峡这种复杂的地理环境里，用五万人攻打敌人的五万人，取胜的可能性微乎其微。

348. 刘表临终前已难以控制荆州

刘表临终前曾将荆州托付给刘备,而刘备没敢接,其中的原因是刘表此时手里已经没有兵权了。

做出这个判断,依据是东汉末年地方上政治格局的特点,那个时候地方上像刘表这样的强人,其实是离不开地方上大族支持的。地方上是强人与大族共治的局面,刘表单枪匹马而来,能很快控制住荆州,原因是荆州大族们都支持他。不过,如果刘表做出不利于这些大族的事情,这些人也会反对他。

曹操大军南下,刘表陷入忧虑,一下子病倒了,这时荆州的大族们普遍已经打定了主意,他们要投降曹操,刘表不甘心,这才想到了刘备,但大族们肯定不干。刘表躺在病床上,已经完全被架空了,这是刘备不敢接荆州的原因。

刘表死后,他的儿子刘琮也不想投降,可是蔡瑁、张允、蒯越、蒯通、韩嵩这些大族几乎一致同意投降,刘琮就是不愿意,也没有办法。

349.诸葛亮曾通过陆逊"走后门"

孙刘联盟建立后,其间大部分时间关系还是相当融洽的。《江表传》记载,孙权称吴王后想任命诸葛瑾的儿子诸葛恪为节度官,掌管军粮。

诸葛亮听说此事,赶紧给陆逊写信,信中说:"家兄年事已高,诸葛恪生性疏忽,现在让他主管军粮,而军粮是军队最重要的东西,我虽人在远方,但听说后一直不安,请转告吴王,为诸葛恪调换一下职务。"节度官是孙权创设的官职,品秩不详,但是它的首任徐详,是由偏将军转任的,所以相当于"副部级"。诸葛亮认为诸葛恪不合适,一种可能是觉得这个官职太高,诸葛恪年轻,资历尚浅,还需要锻炼;另一种可能是这个职务很重要,责任重大,又与经济有关,诸葛恪没有这方面的才干。

陆逊将此事报告了孙权,孙权还真给诸葛亮面子,没让诸葛恪当节度官,而是让他去带兵。

350. 刘表年轻的时候很厉害

刘表年轻的时候的确很厉害,他很早就成了名,在社会上有一定名气。董卓当权时,孙坚杀了荆州刺史王睿,董卓就派刘表到荆州接任,但只给了他一张委任状,刘表是单枪匹马到的荆州。刘表来荆州后,在荆州大族蒯良、蒯越、蔡瑁这些人的支持下迅速站住了脚。当时荆州各地还有不少大大小小的割据势力,刘表给这些地方上的豪强发了个请柬,请他们赴宴,人来得差不多了,刘表突然下令把这些人都抓起来,全部予以诛杀,一口气杀了五十多个地方首领,从这一点看,刘表绝对是一代枭雄。

之后,刘表开始对荆州进行治理,取得了很大的成功。刘表来之前荆州"四方震骇,寇贼相扇,处处麋沸",他到了以后荆州很快"万里肃清",鲁肃评价荆州"沃野千里、士民殷富",荆州百姓对刘表也"大小咸悦而服之"。刘表还在荆州开立学官,广泛征召学者、名士,綦毋闿、宋忠、司马徽等著名学者齐聚荆州,诞生了被后世所称的"荆州学派"。随着北方地区战乱越来越严重,大量百姓从北方逃亡到荆州,荆州成为乱局中一块相对安定的地区。

《后汉书》说"荆州地方数千里,带甲十余万",论综合实力，刘表一度超过了袁绍、曹操。但是，刘表的问题在于他有雄才而没有大略。贾诩评价他是"平世三公才"，意思是在太平时节，你是一个好的地方官，但不是霸王之才。

351. 刘琦并非刘备害死

赤壁之战后刘备表奏刘琦为荆州刺史，但第二年刘琦就死了，之后刘备继任荆州牧，那么刘琦会不会是刘备害死的？这个基本没有可能。

从情理上说，刘备很在意别人对他的看法，赤壁之战前他有很多次机会去抢占荆州，但他怕别人议论，一直没有行动，所以他更不会谋害刘琦而遭到天下人非议。而从当时的形势来看，刘琦如果活着其实对刘备更有利，刘备就可以打着刘琦的旗号和利用刘表父子在荆州的影响力继续抢地盘、招揽人才。相反，刘琦活着对孙权是不利的，刘琦不管怎么说已经是荆州刺史了，你孙权在人家的地盘上不断任命官职，不断占地盘，于情于理都说不通。

当然，刘琦也不大可能是孙权害死的，更有可能是如史书所记载的那样，他是生病而死。

352. 张鲁的实力很有限

张鲁是汉末割据军阀之一，长期占领着汉中，把汉中治理得也不错，但是他没有什么太大作为，最后被曹操消灭了，是不是因为张鲁的能力不够呢？当然，能力可能是一个原因，但最主要的原因还不在这里。

根据东汉末年最后一次人口普查的结果，当时全国总人口约五千三百万，益州的总人口约五百六十八万。汉中郡当时是益州刺史部下面的一个郡，该郡的人口只有约二十六万，相当于益州的二十分之一，相当于全国的二百分之一。依靠着这么一点力量就想攻占益州、统一中国，还是相当困难的。

有人说，刘邦不是靠着汉中统一的天下吗？鸿门宴后刘邦被项羽封为汉王，领地包括巴、蜀、汉中在内的四十一个县，汉中只是一部分。不仅如此，刘邦在进入汉中之前就已经有了相当的实力，这些都是张鲁所不具备的。

353. "死诸葛走生仲达"

历史上真的有"死诸葛亮吓走活仲达"吗?史书里真有这样的记载,不是《三国演义》编出来的,它记载在二十四史之一的《晋书》里。

《晋书》记载,诸葛亮死后,姜维按照诸葛亮的遗嘱指挥人马撤退,司马懿感觉有异样,就率军来追,但到了跟前发现蜀军旗帜飘扬,军容仪整,司马懿觉得这是诸葛亮使出的疑计,就没敢追。事后老百姓就编了个谚语,说"死诸葛走生仲达",以此来嘲笑司马懿。司马懿听到了,并不生气,说"吾能料生,不能料死也"。

从这个故事里应该多学学司马懿,一个人要干大事,必须有良好的心态,面对尴尬和失败,不是恼羞成怒,也不是打击报复嘲笑你的人,而是用自嘲的办法来替自己解围。你有一个很强大的内心,才能战胜更强大的对手。

354. 徐庶不可能"一言不发"

"徐庶进曹营——一言不发"这句话大家都知道,但历史真相或许不是这样的。

赤壁之战前发生了一次当阳阻击战,与《三国演义》描写的不同,徐庶的母亲是在这次战斗中被曹军俘虏的,徐庶为保全母亲,不得已离开了刘备。后来徐庶在曹魏担任了右中郎将、御史中丞这样的高官。

这里,有两点是明确的。一是曹操并没有刻意要把徐庶的母亲抓起来,以此来要挟徐庶。因为当阳阻击战是一场遭遇战,曹操根本顾不上这些细节,徐庶是看到母亲被俘后,自愿到曹营与母亲在一起的。二是徐庶到曹营后,并没有完全不合作。因为御史中丞就是后世所说的言官,说话是主要工作形式,他是负责向皇帝提出意见和建议的,如果徐庶真的"一言不发",曹魏怎会让他当这样的官呢?

355. 曹操所登碣石或在山东

曹操所作《观沧海》一诗很有名，内有"东临碣石"，一般认为此诗写于曹操征乌桓期间，碣石在今河北省昌黎县境内。曹操征乌桓去时走卢龙道，即从今河北省承德市方向经喜峰口绕内蒙古境内，返回时具体路线不详，也许是原路返回，也许是走滨海道。因为此时已是冬天，去时下的一场大雨早应该停了，如果是那样的话，归途中正好路过秦皇岛附近的昌黎。但是，曹军在回来的路上遭遇大旱的记载似乎又推翻了这个结论，滨海道到处都是水，夏天刚刚经过长时间大雨的浸泡，现在很快旱到打几十丈都掘不出水来的程度，有点儿说不通。

于是，有人提出曹操登过的碣石山不在河北省，而在辽宁省境内，具体说就是辽宁省绥中县西南的海滨。然而，这种观点与上一种说法一样，季节不对。曹操诗里说得很明白，"秋风萧瑟，洪波涌起"，说明时令应该是秋天。而根据曹操此次北征的行程推断，他到达这一带时最早也是农历十月底，是寒冬季节。所以，曹操即使来过上面这两个地方，但是他既看不到"秋风萧瑟"，更看不到"百草丰茂"。作为一位著名的现实主义诗人，曹操没有必要放着眼前的冬景不写，虚写秋天的景象。

在这种情况下，又有人提出了第三种观点，认为曹操登过的碣石山其实在山东省境内，具体说就是山东省无棣县的马谷山，在古代它就是碣石山。持这种观点的人认为，《观沧海》根本不是汉献帝建安十二年（207）冬天曹操由柳城回师途中所作，而作于汉献帝建安十一年（206）八月。当时曹操正在山东一带活动，他亲自率兵征讨海贼管承，面对实力有限的海贼，曹操倒是有心情也有时间跑到这座碣石山看一看。

356. 浦元为蜀汉造刀

蒲元是蜀地一名精通铸造的高手,《太平御览》记载,他曾在成都为刘备造刀五千口,每口刀都刻有"七十二炼"的字样。所谓"七十二炼",就是钢铁被反复锤打七十二遍。蒲元曾为诸葛亮制刀三千口。据说蒲元在冶炼金属、制造刀具方面的做法与常人不同,钢刀制成后,为检验钢刀的锋利程度,他在竹筒中装满铁珠,举刀猛劈,结果竹筒豁然断成两截,而筒内的铁珠也被一分为二。蒲元的制刀技艺称绝当世,他所制的钢刀被称为"神刀"。

蒲元铸刀,钢铁锤锻至白亮时,按理需要马上淬火,他没有用近旁的汉水,而专门派人去成都取蜀江水。大家感到惊讶,蒲元解释道:"汉水弱,不合适淬火;蜀江水爽烈,适合淬刀。"派人将水从成都取回,蒲元一试便说:"此水中掺杂了涪水,不能用。"取水的人想抵赖,说没有掺杂其他水。蒲元当即用刀在水中划了两下,说道:"此水中掺进了八升清水,还敢说没有?"取水的人赶忙叩头认罪,道出实情。原来,当他从成都返回行至清津渡口时,不小心摔倒,把水洒出去一些,他挺害怕,情急之中取了八升清水掺在其中,怎么也想不到被蒲元识破了。

故事有点儿玄虚，但蒲元在淬火工艺方面的技艺确实已经到了炉火纯青的地步，不同水质对淬火的影响，也被那时的人们所掌握。

357. 记录汉魏禅让的"三绝碑"

曹丕于220年受禅称帝，举行仪式的地点在繁阳（今河南省临颍县繁城镇）。为纪念这一重要时刻，曹丕下令刻石立碑。碑石共刻了两块，一块是"公卿将军上尊号奏碑"，一块是"受禅表碑"。"受禅表碑"碑文二十二行，每行四十九字："公卿将军上尊号奏碑"正面二十二行，背面十行，每行也是四十九字。两块碑石记述了汉献帝刘协禅位于魏文帝曹丕的经过，歌颂了禅让的千古美德，颂扬了曹丕齐光日月、才兼三级，有尧舜之姿、伯禹之劳、殷汤之略、周武之明，特别强调了曹丕是在公卿将士们多次请求之下，经过百思千虑、再三推让才接受禅让的。这两块碑石十分有名，据唐朝刘禹锡考证，该碑由王朗撰文、梁鹄书写、钟繇刻字。王朗时任御史大夫，他撰写的碑文文采非凡、气势磅礴，增一字显多、去一字则损，是蔡邕之后名气最大的碑铭高手。梁鹄的书法连曹操都爱不释手，他的字凝重遒劲、气度雍容。钟繇不仅是书法家和曹魏重臣，也是刻碑名家。以上三位顶尖高手联袂出场，使这两块石碑被认为文表绝、书法绝、镌刻绝的"三绝碑"。更为难得的是，经历一千八百多年风风雨雨的"三绝碑"仍得以保存，它们如今存放于繁城镇汉献帝庙内。

358. 刘禅的一段传奇经历

在《魏略》这部史书里，记载了蜀汉后主刘禅的一段传奇经历。根据这个记载，刘备曾被曹操追逼，仓皇间再次把妻儿弄丢，其中包括刘禅。

刘备后来去了荆州，刘禅则"随人西入汉中，为人所卖"。到了汉献帝建安十六年（211），关中动乱，一个叫刘括的扶风郡人避乱到了汉中，见有人卖小孩，就把刘禅买来，这时候刘禅才几岁，刘括问了问他的出身，知道他是良家子弟，就收他为养子，后来还给他娶了媳妇，生有一子。刘禅与刘备失散时年龄太小，只知道自己的父亲字玄德。

刘备后来到了益州，手下有一个姓简的将军被派往汉中公干，住在郡公馆。刘禅知道后，跑去见这位简将军。简将军了解刘备失子这段事，详细问了刘禅的情况，刘禅所说各种事情都与刘备失散的儿子相符。当时汉中还在张鲁手中，简将军大喜，告诉了张鲁，张鲁就给刘禅洗沐更衣，护送到了益州，刘备的爱子这才失而复得，后被立为太子。

这则故事虽然被广泛引用，但其中也有漏洞。刘备血战长坂坡之时，刘禅在赵云的保护下得以生还。孙夫人返回江东时，曾试图将刘禅带走,挟为人质,又是赵云、张飞截江相拦,把刘禅抢回。上述经历都记载在史书中,刘禅的身世应该并无悬念。当然,也许还有什么隐秘,比如《魏略》所说并非刘禅,而是刘备的另一个儿子,只是这样的推测已无法证实。

359. 最让孙权头疼的人：山越

山越是汉末三国时期孙吴境内的一种特殊武装集团，他们通常"占山为王"，又活跃于吴越旧地，故称"山越"。关于其来源，有一些争论，多数历史学家认为"山越人是秦汉时期南方越人的后裔"。具体来说，可能有三种情况：一是山上的土著居民，二是所谓的"吴越遗民"，三是汉武帝迁闽瓯时逃亡到山里的居民。《中国史纲要》一书认为山越分布在"长江以南（今浙江、安徽、福建、江西等省境内）"。《魏晋南北朝民族史》一书认为山越"主要分布于吴郡、会稽郡、新都郡、鄱阳郡、丹阳郡、东阳郡、豫章郡、临川郡、庐陵郡、衡阳郡、长沙郡、始安郡、桂阳郡等东吴的扬州诸郡和曹魏的庐江郡"。

山越依山而居，生产方式以农业为主，依据山险结成武装集团，首领称"大帅""宗帅"等，形成独立王国。东汉末年各处战乱不断，大批百姓为避乱而逃入深山，有些豪强大族也举族进入山中，造成山越势力空前壮大。孙吴治下的山越首领，著名的有严白虎、祖郎等人，孙策、孙权多次派兵征讨，孙吴许多将领都有与山越交战的记录。建安八年（203）孙权首征黄祖，此战进展较为顺利，眼看大功可成，孙权却突然下令撤兵，原因是

"山寇复动"。

这次山越起事范围非常大，涵盖了豫章郡、丹阳郡、庐陵郡、吴郡、会稽郡等，来势凶猛。《三国志》记载，孙权先回到豫章郡，在那里做出军事部署，派吕范到鄱阳，派程普到乐安，派太史慈到海昏，派韩当、周泰、吕蒙等分赴其他闹事厉害的郡县，全面开展平定山越的战斗。众人领兵分赴各地，进展顺利，程普很快平定了乐安境内的山越，之后又赴海昏支援太史慈；吕范在鄱阳一带也取得了胜利，"山越畏服"；周泰兼任宜春县长，也取得了胜利，"所地皆食其征赋"。

除此之外，董袭、凌统、步骘、蒋钦、潘璋等人也都参加了这次平定山越的战斗。鄱阳一带有一个叫彭虎的山越宗帅，聚集起数万人，董袭前往追剿，彭虎被打败，望风而逃；才十几岁的小将凌统随孙权行动，作战中非常勇敢，带着敢死队冲在最前面，"身当矢石"，勇猛异常；山越在建昌起事，潘璋在附近的西安县当县长，孙权命他改任建昌县长，同时提拔他为武猛校尉，在建昌县镇抚山越，"旬月尽平"。除了豫章郡、丹阳郡的叛乱活动，远在吴郡、会稽郡也有山越人反叛，在吴郡，山越人还打出了黄巾军的旗号，领头的有陈败、万秉等人，孙权命吴郡太守朱治就地征讨，朱治将陈败、万秉擒获。

上面这些还不是规模最大的山越叛乱事件，规模最大的山越叛乱发生在会稽郡的建安、汉兴、南平等地，其中洪明、洪进、苑御、吴免、华当五个人各纠集万户作乱。孙权下令在建安设立都尉府，让永宁县长贺齐代理都尉，让每县各发兵五千人，由县长带领，统一交由贺齐指挥。按汉朝制度，县里的长官多于一万户的县叫县令，少于一万户叫县长，所以当时一个县也就一万户左右，每县出兵五千人，相当于每两户出一人，征兵比例相当高。不过，往建安调兵的应该不是会稽郡所有的县，可能是附近山越人闹事比较凶的那几个县。

贺齐发兵讨伐汉兴，经过余汗，他认为敌人太多而讨伐的军队人少，如果过于深入十分危险，就让松阳县长丁蕃留守在余汗。丁县长和贺县长辖区相邻，过去大家是同级，现在一时还不适应，丁县长听说让自己留守，"耻见部伍，辞不肯留"。一般人遇到这种情况肯定没招了，你不过是个县长，我也是，你能把我怎么样？可贺齐不是一般的人，见丁县长这个态度，没有请示也没有汇报，二话不说，上来就把丁县长斩了，"于是军中震栗，无不用命"。贺齐分兵留守，其余各部进剿，连续取胜，将洪明斩杀，其他四人全部投降，前后共斩首六千级，重新恢复了政权，征调来的各县人马陆续回去，贺齐一清点，剩下来的竟多出一万人。孙权对于贺齐的临机决断和战绩非常欣赏，本来已经让贺齐代理都尉，现在立了功改为正式都尉就行了，但孙权觉得这不足以表彰贺齐立下的战功，直接升他为平东校尉。

这场波及面很大、参与将领众多的平定山越叛乱的战斗持续了很长时间。《三国志》记载，一直到建安十年（205），豫章郡的上饶一带还发生着山越叛乱，孙权调集驻扎在外地的平东校尉贺齐、讨越中郎将蒋钦前来才把这里平定,事后孙权分上饶的一部新成立了建平县。

360. 曹操对毕谌的安排有深意

毕谌是兖州人，曹操担任兖州牧时聘毕谌为别驾从事。兴平元年张邈、陈宫反叛，迎吕布来兖州，各郡县响应。当时毕谌的母亲、弟弟、妻子和儿女都被张邈劫持，曹操不想为难毕谌，就放毕谌离去，对他说："卿老母在彼，可去。"毕谌顿首，向曹操表明自己没有二心，曹操感到很欣慰，并为他涕泣流泪。

但毕谌一离开曹操就投靠了吕布，吕布失败后，毕谌被抓，大家都认为"老毕"这一回算是完了。没想到曹操并没有追究他，曹操说："夫人孝于其亲者，岂不忠于君乎，吾所求也。"曹操的意思是，一个人能做到对亲人尽孝，岂能不忠君吗，这正是我所要的。不仅如此，曹操还让毕谌做鲁国相，相当于郡太守。

曹操对毕谌的安排很恰当，不追究反而褒奖，让过去反对过曹操的人吃了定心丸：连毕谌都能得到原谅，我们还怕什么呢？但是毕谌毕竟有投敌行为，让他继续在自己身边处理机要大事，曹操已经信不过了，于是安排他到外地任职，并且是到鲁国任国相。鲁国是孔子的故乡，孔子主张孝，但孔子更主张忠，孔子有一个著名思想是"移孝入忠"，曹操让毕谌到鲁国去，就是让他继续思考忠与孝的关系。

361. 曹操发狠誓要抓住的人

有个名叫魏种的人，曹操很赏识他。曹操担任兖州牧后有资格推荐孝廉，推荐的就是魏种。那时候每个郡国一年顶多能推荐一个人，所以这样的机会很难得。

后来兖州发生反叛事件，曹操说："唯魏种且不弃孤也。"但魏种竟然也参加了叛乱，曹操听到这个消息，大怒："种不南走越、北走胡，不置汝也！"意思是：魏种，你小子如果没逃到南越、北胡，我绝不放过你！

最后叛乱平息，魏种也被抓住了，捆着带到了曹操面前，曹操的怒火却不见了，说："唯其才也！"魏种这小子，是个人才呀！曹操为魏种解开绳索，继续用他，后来魏种在曹操手下一直干到了河内郡太守。

362. 被曹操揪住胡子骂的人

有一个名叫刘雄鸣的人，又名刘雄，是关中地区蓝田人。董卓旧部郭汜、李傕等作乱关中时，刘雄鸣隐入秦岭山中，很多人跑来依附他。后来马超在关中反叛，拉拢刘雄鸣，邀他一块儿对抗曹操，刘雄鸣没有参加。曹操征汉中，经大散关，路过刘雄鸣盘踞的地方，刘雄鸣主动前来拜见。曹操很高兴，对刘雄鸣说："孤方入关，梦得一神人，即卿邪！"曹操拜刘雄鸣为将军，让他召集部众，随大军行动。

刘雄鸣的手下却不愿意归降曹操，他们劫持刘雄鸣造反，有很多人依附，达数千人之多，他们占据武关道口，曹操不得不派夏侯渊前往讨伐，刘雄鸣等人逃入汉中。汉中攻破后，刘雄鸣走投无路，再次投降曹操，曹操看到刘雄鸣，一把拽住他的胡子说："老贼，真得汝矣！"但曹操只是跟刘雄鸣开玩笑，没有为难刘雄鸣，还恢复了刘雄鸣的将军职务。只是秦岭大山是刘雄鸣的根据地，曹操担心今后刘雄鸣的部下再闹出什么事来，所以把他及宗族都迁到渤海郡居住。

363. 李世民批评曹操"万乘之才不足较"

唐太宗李世民对曹操十分崇拜，是曹操的忠实"粉丝"，他曾祭奠过曹操，还亲自撰写了一篇《祭魏武帝文》，称赞曹操"以雄武之姿，常艰难之运。栋梁之任，同乎曩时；匡正之功，异乎往代"。可以说，李世民对曹操的总体评价是非常高的。不过，李世民对曹操也有一些批评，主要在军事方面。李世民认为曹操"一将之智有余，万乘之才不足较"，意思是说曹操作为军事统帅智谋是足够的，但是作为君主就显得才能不够了。

李世民本人也是一名军事家，也能领兵打仗，但提到唐朝初年的军事统帅，人们想到的却不一定是李世民，而是李靖、李绩。还有后来的明朝，朱元璋也能领兵打仗，也是一位军事家，但提起明朝初年的军事统帅，人们想到的却不一定是朱元璋，而是徐达、常遇春。李世民、朱元璋不是最出色的统帅，但他们是能把统帅用好的人，这是他们的定位，是他们的价值。李世民评论曹操的这句话，意思就隐含在这里，说的是曹操本人虽然在军事上也很优秀，但没有找准自己的定位。

曹操确实是一位了不起的军事家，但他一生征战三十多年仍未能统一天下。秦朝末年，刘邦起兵后只用六年就取得了天下；

西汉末年,刘秀统一天下用的时间更是不到四年;东汉末年,曹操打了三十多年的仗,直到临终前还在四处征战,仍然没能统一天下。从战略层面看,这个结果在很大程度上是三足鼎立这种特殊局势形成的,三个支点形成一个面,三足可以形成一个稳定结构,具体到政治和军事的形势上当然更复杂一些。但曹魏"一强"对蜀吴"两弱",确实形成了一种较难打破的平衡,蜀吴只要联起手来,曹魏就很难同时战胜他们,这是一种"恐怖平衡"。

这是从大势上说的,在主观方面来说也能找出一定的原因来,那就是曹操"万乘之才不足较"。曹操擅长打突袭战,擅长孤军深入作战,尽管手下战将如云,其中不乏一流猛将,但曹操仍然有亲自带兵执行重要任务的习惯,曾不止一次带兵孤军深入。比如,乌巢奇袭战、远袭白狼山之战以及当阳追击战等,曹操都是亲自带兵孤军深入作战,作为一名军人,身先士卒、不怕牺牲是优点;作为一名统帅,过于冒险,凡有大事都习惯亲力亲为,这未必是明智之举。刘邦手下有韩信,刘秀手下有邓禹,就连孙权手下都有周瑜、陆逊,他们都是"元帅级"的人物,可以帮助主公独当一面,而曹操手下没有这样的人,为什么呢?因为重要的事情你都亲自干了,别人没机会。

曹操手下的重要将领以"诸夏侯曹"为核心,无论是曹洪、曹仁还是夏侯惇、夏侯渊都不具备"元帅"的资历和气势,具体完成一项任务没问题,但无法替曹操指挥一场大战役。在曹操晚年,夏侯渊曾独自镇守汉中,却因一次战场上的冒进而战死。在曹操的管理体系中，无论文臣武将都以他为核心，武将中有一批资历差不多的人，个个听命于他，但也往往只听命于他，故经常出现诸将之间互不服气的情况。从管理学角度看，扁平化可以提高执行效率，但过于"扁平"会因管理手段的单一而引发很深的内部矛盾。曹操身边如果有一两个韩信、邓禹、周瑜那样的得力助手，就可以在自己指挥一场战争时去领导另一场战争，从而能同时打赢两场战争。曹操身边没有这样的人，在实战中只能攻一方、守一方，这就让蜀、吴抓住了机会，他们经常从东、西和中三线同时向曹魏发起攻击，让曹魏首尾不能相顾，从而在曹操生前难以捕捉到统一天下的机会。

364. 汉末三国最有见识的女人

建安二十二年十月，一个让大家久久期待的问题终于有了答案：曹操颁布了《立太子令》，明确以五官中郎将曹丕为魏国太子，正式确定了继承人。曹丕听到这个消息，欣喜异常，直到这时他仍然没有取胜的把握，不知道父亲究竟做何打算，现在曹丕心里充满了喜悦。

曹丕听到这个消息时刚好丞相府长史辛毗在场，曹丕激动得抱住辛毗说："辛先生，您知道吗，我今天好高兴啊！辛毗回到家，把这件事告诉了女儿辛宪英。与张春华、蔡文姬等人一样，辛宪英也是三国正史中仅有的几位有名有姓的女性之一，但在过去她的名气更大，古代常把她与孟姜女、花木兰、苏若兰等人并称。可以这样说，如果要评一个三国的"十大杰出女性"，辛宪英、张春华、蔡文姬肯定都榜上有名；如果评整个中国古代的"十大杰出女性"，张春华、蔡文姬可能都得落榜，而辛宪英仍会位列其中。

辛宪英的名气不是因为她的父亲是辛毗，也不是因为她的丈夫有名，她的丈夫名叫羊耽，最大的职务只是郡太守。辛宪英的知名度来自她的睿智，对人世和政治的惊人洞察力及每言必中的判断力。比如这一次,听父亲说起曹丕激动的情形,辛宪英叹息说,太子的责任是代君主主持宗庙、管理国家,代替君主不可以不忧虑责任重大,管理国家不可以不担心治理困难,现在正是应该胸怀忧戚、谨慎小心的时候,反而大喜若狂,何以长久?魏国国运恐怕难以兴隆啊!如果对照历史发展的轨迹,不得不佩服辛宪英这个家庭妇女能把世事看得那么透彻。

数十年后,发生了高平陵政变,大将军府司马鲁芝看到司马懿父子在洛阳起兵,就想逃出城给曹爽报信,鲁芝拉着同在大将府任职的辛敞一块逃,辛敞一时拿不定主意,急忙找姐姐商量。辛敞是辛毗的儿子,他的姐姐就是辛宪英。辛敞问辛宪英:"天子在外,太傅闭城门,人云将不利国家,于事可得尔乎?"辛宪英说:"事有不可知,然以吾度之,太傅殆不得不尔。明皇帝临崩,把太傅臂,属以后事,此言犹在朝士之耳。且曹爽与太傅从受寄托之任,而独专权势,于王室不忠,于人道不直,此举不过以诛爽耳。"曹爽必败,司马懿父子必胜,辛宪英已做出了这样的判断。不过,在忠、义、智、理之间,处于辛敞这样的地位确实很难取舍,发生了这么大的事,自己没有任何行动和表示是不忠不义,但反应过度则是缺乏智慧的表现。辛敞接受姐姐的劝告,也设法逃出城。后来,司马懿认为辛敞的行动是各为其主的表现,没有加害于他。辛敞不仅化解了危机,而且保住了性命,辛敞感到自己的见识远不如姐姐,叹息说:"吾不谋于姊,几不获于义!"

365. 诸葛亮的军事能力不容怀疑

有人说诸葛亮是一个好丞相但不是一个好将军,理由是他五次北伐都没有取得成功,就连《三国志》都说诸葛亮"连年动众,未能成功,盖应变将略,非其所长欤"。

其实,在夺取益州之战和南中之战中诸葛亮的军事能力已经得到了充分的验证,这是不容怀疑的。除此之外,诸葛亮还写了《将苑》《便宜十六策》等,都是著名的军事理论著作;在军事发明方面,诸葛亮发明的诸葛弩、木牛流马、八阵图等都在史书中有明确记载。

到了唐朝,要在之前的军事家中选十位入祀武庙,在整个汉末三国乃至东晋和西晋这几百年中只选了一个人,那就是诸葛亮。所以,诸葛亮应该是中国古代一位非常出色的军事家。

366.《出师表》贡献出二十多个成语

诸葛亮的《出师表》只有六七百字,如果是考试,恐怕还会因为字数不够而被扣分,但这篇短文是公认的千古名篇。原因除了诸葛亮忠贞、执着的高贵品质外,还与这篇文章出色的文学成就有关。

在这篇几百字的短文里,竟然为后世贡献了二十多个成语,如危急存亡、妄自菲薄、引喻失义、作奸犯科、苟全性命、夙夜忧叹、不毛之地、斟酌损益、感激涕零、不知所云、三顾茅庐、临危受命、计日可待等,都是大家耳熟能详的成语,它们都出自《出师表》。要论在这一方面的成就,中国古代文学史上恐怕也只有王勃的《滕王阁序》可以一比。

367. 姜维不可能成为权臣

诸葛亮生前指定蒋琬、费祎为政治上的继承人，在此之前已经基本明确姜维是军事上的继承人。诸葛亮死后，姜维较好地继承了诸葛亮生前制定的政策方针，在条件更为困难的情况下先后十一次北伐中原，以攻代守，维护了蜀汉政权的存续。

姜维不是一个权臣，除了他个人的品质和对蜀汉的忠诚外，还有一个很重要的原因，那就是他的权威和影响力远不如诸葛亮。诸葛亮想当权臣是可以做到的，但是在姜维的时代，随着益州本土势力的快速崛起，权力已经严重分散了，姜维虽然是大将军，但他的权力和影响力都较为有限，他就是想当权臣，也没有那样的条件了。

368. 名将陆逊的"三大战役"

在三国,要找一个将才那是比较容易的,但是要找一个帅才就困难得多。三国名将中很多人可以被称为猛将,但是当不了元帅,比如像夏侯渊、关羽就是这方面的反面例子。

陆逊是三国为数不多的元帅级人物,陆逊一生指挥了三场大战,即夺取荆州之战、夷陵之战和石亭之战。夺取荆州之战杀了关羽,夷陵之战气死了刘备,石亭之战气死了曹休,这三场大战都与孙吴的国运有关。可以这样说,在所有对孙吴政权做出过贡献的人中还没有人能够超过陆逊,孙吴能够在三国的三个政权中存续时间最长,与陆逊的贡献密不可分。

369. 刺史和州牧的区别

东汉时全国一共分十三个州，州的最高长官开始叫刺史，东汉末年改为州牧。刺史和州牧虽然都可以理解为"州长"，从品级和权限上看却有非常大的差别。

首先说刺史，他的品级只有六百石，只相当于县长，比他下面的郡太守还要低，为什么呢？因为刺史的职能最早只是负责监察，下面的郡要汇报工作也不是向刺史汇报，而是直接派人到朝廷向中央汇报。

州牧就不一样了，品级已经达到了二千石，是真正的"省部级"，拥有完全行政权力，后期还有一定的兵权，州牧才真正变成了封疆大吏。

370. 曹叡只能托孤给司马懿

曹叡对司马懿不太放心，因为他看不透这个人，但最后又选司马懿做了托孤大臣，原因有三点。一是曹叡从小生活在深宫里，跟外界来往不太多，包括曹魏宗室的那些人，曹叡跟他们既没有多少感情，对他们也不太熟悉。二是司马懿那个时候还没有显示出所谓的野心。在曹操、曹丕、曹叡祖孙三代时，司马懿表现得都勤勤恳恳、本本分分，尽管外界有不少的猜疑，但都没有证据。三是当时的形势迫使曹叡不得不用司马懿。曹叡把江山交给了一个几岁的孩子，他这个时候考虑最多的是如何保持稳定。司马懿经过灭孟达之战、拒诸葛亮之战和千里奔袭辽东之战，已经在军中建立了非常高的威望，如果离开司马懿的支持，曹叡知道这个政局很难达到稳定。

371. 穿越回三国去创业

网上有个问题，说让你回到三国去创业，给你一个丞相、五个武将、五个谋士，你选谁？丞相呢，那当然不用说应该选诸葛亮，行政能力超强，责任心还很强，而且忠心耿耿。武将第一名应该选陆逊，因为他不光是个将才，而且是帅才，有的时候自己忙不开，可让他独当一面。剩下这几位可以选张辽、张郃、徐荣、高顺，他们不光能打，而且没有私心杂念，是典型的职业军人。谋士的可选范围比较广，可以选郭嘉、贾诩、刘晔、庞统、鲁肃这些人，他们各有特点，有的激进，有的稳健，但眼光都超一流。相信有上面这十来个人组成的团队，一定可以纵横天下、所向披靡。

372. 大臣给皇帝造绯闻

刘琰是蜀汉的"老资格",他虽与刘备不同宗,但追随刘备时间很早,在蜀汉官职也很高,后来担任了车骑将军,论地位,是仅次于诸葛亮的人,只是他能力一般,人缘也不怎么样,不掌实权。

诸葛亮病逝五丈原的那一年,刘琰的妻子胡氏进宫向皇太后贺新年,皇太后留胡氏在宫中住了一个月。胡氏长得很漂亮,刘琰竟然怀疑她在宫中这一个月与后主刘禅有私情,就让手下人拷打胡氏,最后把她送走。胡氏向有关部门检举刘琰,刘琰被逮捕下狱,有关部门也没有审出什么名堂来。当初手下人殴打胡氏时用鞋子打了胡氏的脸,有关部门最后认为"卒非挝妻之人,面非受履之地",意思是士卒不是用来殴打妻子的人,脸也不是鞋子能打的地方,居然以此为由将堂堂的车骑将军刘琰处死并弃市。为杜绝风言风语,后主下诏大臣的妻子、母亲以后不准再进宫朝贺。

刘琰这个人一向神神道道,经常胡言乱语,怀疑妻子与后主有染,简直匪夷所思,应该属无中生有,但这件事已经传开,在社会上闹得沸沸扬扬,对后主的形象产生了极大的负面影响,必须给予严惩,但理由又不能说他诬陷后主,最后随便找了个借口,稀里糊涂地把他杀了,刚好诸葛亮已经去世,也没有人来保刘琰了。

373. 最"亲密"的敌我关系

晋武帝司马炎立志灭吴，把羊祜调往荆州，主持前线的一切军政事务。羊祜出生于曹操死后的第二年，比司马懿小了整整四十二岁。他出身于泰山郡著名的羊氏家族，他的祖父羊续、父亲羊衜都当过太守，他还有三个特殊的身份：一是大学者蔡邕的外孙，羊祜的母亲是蔡邕的女儿，但不是蔡文姬；二是夏侯渊的孙女婿，羊祜的妻子是夏侯渊次子夏侯霸的女儿；三是司马懿之子司马师的小舅子，羊祜的姐姐嫁给了司马师为妻。

羊祜到了荆州，并不着急制订攻吴的军事计划，而是发展经济，兴办教育，稳定社会，造福百姓。时间过了好几年，羊祜仍然不急不慌，完全没有要打大仗的样子。他平时穿着轻便装，不喜欢穿铠甲，一副休闲打扮，一有空不是打猎就是钓鱼。羊祜这个样子是故意做出来的，为的是麻痹敌人。在与孙吴交界的地方，羊祜下令注意搞好双方关系，甚至每次与吴军交战，也都事先商定好时间和地点，从来不搞突然袭击。在军事演习或打猎时，羊祜告诫部下不许越过边界，如果禽兽先被吴人打下而被晋兵所获，羊祜都下令交还给对方。这些做法深得孙吴军民的好感，他们不称呼羊祜的名字，而称他为"羊公"。

对于羊祜一系列不可捉摸的反常举动，孙吴一方的统帅陆抗看在眼里、急在心中，他告诫部下说："彼专为德，我专为暴，是不战而自服也。各保分界而已，无求细利。"陆抗是陆逊的儿子，是孙吴后期仅剩的名将。陆抗知道羊祜没安好心，但也无计可施，对于羊祜的品德修养他也不得不佩服，他说羊祜的德行"虽乐毅、诸葛孔明不能过也"。有一回陆抗病了还向羊祜求药，羊祜二话不说让人把自己专门配的药送过来，陆抗手下人都认为药里有诈，劝陆抗不要吃，陆抗说羊祜绝不会害自己，当场把药服下。大战在即，双方统帅关系好到这种程度，彼此信赖如此之深，是古今少有的。

后来，羊祜觉得自己身体不好，未必能够完成伐吴大业，他向天子推荐了军事天才杜预，并发现了王濬的才干，之后便于五十七岁时去世了，死时担任的职务是太傅。就在羊祜死后第二年，杜预、王濬等人按照他生前的军事部署灭掉了吴国，完成了三国统一的大业，在文武大臣们欢聚庆贺时，晋武帝司马炎手举酒杯流着泪说："此羊太傅之功也！"

374. 孙皓上演荒唐"北伐"

孙吴末代皇帝孙皓是一位暴君，残杀忠良和无辜，重用佞臣和告密者，一时朝野上下黑白颠倒，忠奸不分。一些人为博取孙皓的信任，在他面前巴结奉承，编织谎言以示讨好，有的不惜卖友求荣。有个叫刁玄的人出使蜀国，回来后编了一个谎话："黄旗紫盖见于东南，终有天下者，荆、扬之君乎。"意思是真命天子出在江东，恰在这时从北方有归降江东的人，说寿春一带流传有童谣，说"吴天子当上"。

对于这种没有影的事，孙皓居然大喜过望，他认为这都是"天命"，于是组织了一支庞大的队伍，中间有他的母亲和老婆孩子，一行人从牛渚出发，准备一路直奔洛阳，"以顺天命"。如此荒唐不羁的事竟然没有人敢劝阻，因为所有的大臣都怕丢脑袋，领导愿意玩就让他玩去吧，大家默不作声。这支队伍是冬天出发的，走了一阵就遇到下大雪，道路难行，兵士披甲持杖，上百个人才能勉强拉动一辆车，天气冷得要死，兵士们说如果遇到敌人我们就倒戈。这些话传到孙皓耳朵里，他还算没有完全糊涂，下令撤回。

375. 孙皓把恩人丢进河里喂鱼

孙吴末代皇帝孙皓的身世比较坎坷，他的父亲孙和曾被孙权立为太子，后来卷入孙吴内部争夺皇位的斗争中，因为失败而被废掉了太子的名号，最后竟然被赐死了。作为被赐死的废太子之子，孙皓原本没有机会当上皇帝。孙皓的前任皇帝是孙休，他驾崩时蜀国刚刚亡国，一个"扶不起"的刘禅给孙吴的大臣们敲响了警钟，选好接班人成为朝野上下的共识。孙休的儿子都很小，孙氏家族里再也没有更合适的人，有两位大臣共同推举当时已经二十三岁的孙皓即位。意见呈报到孙休的皇后朱氏那里，朱氏没什么主见，她说："我是一个妇道人家，哪知道什么江山社稷的大事？只要对吴国没有坏处就行了。"于是孙皓凭空捡来一个皇帝的宝座。

一旦大权在握，孙皓很快暴露出残忍的本性，残害忠良，祸害百姓，杀人不眨眼，手段极为残忍。当初提议让孙皓当皇帝的两位大臣看到孙皓这副模样，深感后悔，觉得对不起孙吴百姓，他们私下里狠劲扇自己耳光：真是瞎了眼，当初怎么就看上这么一个人，让他当皇帝！不料这件事被人密报给了孙皓，孙皓大怒，立即派人把这两位大臣杀了。还不解气，又命人把他们的尸体扔到河里喂鱼，他们的家属也全部杀掉。

376. 孙皓一语成谶

孙吴的末代皇帝孙皓于280年投降晋朝,孙吴灭亡。司马炎把孙皓弄到洛阳,以归命侯的名义把他软禁起来。司马炎曾多次召见过孙皓,《资治通鉴》记载,司马炎有一次召见孙皓,指着给孙皓安排的座位说:"朕设此座以待卿久矣。"

这个时候的孙皓大概还想显示一下不屈的个性,回敬道:"臣子南方,亦设此座以待陛下。"孙皓的这句竟然成了谶语:仅仅三十六年后,晋朝就发生了五胡乱华,晋朝皇室被迫南迁建康(今江苏南京),司马氏皇帝的宝座果然搬到了孙吴的旧都。

377. 三国的正史与野史

与三国有关的史料主要集中在《三国志》里，《后汉书》《晋书》也有一部分，还有像《华阳国志》这样的地方志，还有就是当时的人们写的一些文章、诗歌，其中也涉及一部分史料。

上述所有第一手资料加在一起也就是一二百万字，较为有限。除此之外，裴松之为《三国志》作注时引用了大量的杂史杂注，有二百多种。这些书有人说是野史，其实也不能这么看，比如王粲写的《汉末英雄记》，其史料价值就非常高，有些地方甚至高于《三国志》。因为王粲不仅是文学家，还是一些三国重大事件的亲历者。

当然，这里面有些书可信度的确并不高，如《曹瞒传》，这是孙吴方面组织人写的，是专门黑曹操的。还有一点，这些杂史杂著内容有些乱，同一件事，不同的书有不同的记载，有的相互矛盾，不能轻易加以引用，需要加以分析和辨别。

378."七分真实,三分虚构"是错觉

桃园结义、三英战吕布、空城计、过五关斩六将、借东风、刮骨疗毒……这些所谓的经典三国故事都是假的,是一个叫罗贯中的人编的。

貂蝉,历史上没这人;在敌人军阵里杀个七进七出,不是赵云而是三国后期的文鸯;赤壁之战曹操所谓八十三万大军,其实不到二十万;当阳桥是张飞派人拆的;关羽只杀了颜良,文丑是徐晃部下干掉的;华雄是孙坚杀的。还有,周瑜是病死的,前去吊唁的是庞统;草船借箭的是孙权,新野的那把火是刘备放的,赤壁是周瑜和黄盖的事,没有诸葛亮什么事。至于木牛流马,其实就是独轮车和四轮小拉车,那年头,没有电和油,怎么可能实现自动?

有人说《三国演义》七分真实、三分虚构,从文字比例上统计也许如此,但虚构的三分才是重点,是浓墨重彩渲染的地方,也是大家最容易记住的,所以多数人脑海里三国的实与虚的比例不是七比三,而有可能是五比五,甚至是三比七。

379. "少不读《水浒》,老不读《三国》"

俗话说"少不读《水浒》,老不读《三国》"。"少不读《水浒》"比较好理解,年轻人血气方刚,就不要再去看打打杀杀的故事了。那么为什么"老不读《三国》"呢?

有两个解释:一个解释是说年轻的时候建功立业,奋勇拼搏,该努力的努力了,该取得的也得到了,年龄大了就应该安享晚年,就不要再想那些建功立业的事了;另一个解释是三国充满着权谋和争斗,人到老年,已经积累了非常丰富的社会知识和人生阅历,这个时候反倒应该活出真情、活出自我,不要把自己再弄成一个老奸巨猾的人。

380. 读出三国的"正能量"

三国是个乱世,持续时间也不长,狭义的三国仅指曹魏建国(220)到孙吴灭亡(280)的六十年,如果再加上汉末也不过百年左右,在中国数千年历史长河中只是匆匆而过的一段。但它留下了极为丰富的历史积存,在每一个中国人的头脑里几乎都活跃着一些三国人物的身影,千百年来人们看三国、说三国、演三国,三国历史成为众多艺术取之不尽、用之不竭的素材宝库。

为什么三国如此充满魅力,以至久盛不衰?有人说三国是英雄辈出的时代,群雄逐鹿、豪杰并起,几乎每天都发生着战争,在激烈的对抗中人们既斗勇又斗智,将智慧和勇力都发挥到了极点,它的故事扣人心弦、引人入胜。也有人说三国是个"草根逆袭"的时代,从那些创业者身上可以领会成功学的要义,借鉴他们的权谋可以让自己在职场和官场上无往不胜。但也有人警告,三国故事里充满了阴谋诡计、尔虞我诈,读起来会让人愈加老谋深算、沟壑满胸,毕竟心机、权谋不等于智慧,为一己之私或小团体利益而不择手段,甚至突破道德和人伦的底线,即便取得成功也是庸俗和卑劣的。

三国的故事究竟能不能看?问题不在历史本身,在于用什么样的眼光和情怀去看。站在猎奇或渴求成功的视角看三国，那里只有一场接一场的厮杀，只有一个接一个钩心斗角的故事，充满了背叛与算计，人都是灰暗的，心都是冰冷的。但如果将思维的触角探进这些故事的内部，走进历史的现场，用一颗平常心细细地去体悟，你就能感受到这些故事的温度。绝大多数三国英雄都不是亡命徒，也不是刽子手，他们有奋斗的目标，也有做事的准则和做人的底线，从他们的身上不仅能看到智慧和勇敢，也能看到忠诚、正义和追求。

在众多三国人物中曹操是被演义、传说扭曲异化最严重的一个了，他的头上早早就被扣上了"奸雄"的帽子，许多人对他的印象是冷血、残暴、缺乏政治操守。但是，在汉末那个分崩离析的时代，没有曹操这样的"超世之杰"，国家就会陷入谁也拿谁没办法的"恐怖平衡"，在汉末有可能出现另一个春秋战国。曹操依靠努力统一了北方，顺应了时代潮流，他是对历史有杰出贡献的人。还有诸葛亮，他是被各种评价推向另一极致的人，在许多人印象中他的智慧无所不能，以至"近于妖"，这又让人产生了怀疑，有人检校史籍后誓言将他"拉下神坛"。考察诸葛亮一生的史迹，重点不应是究竟有没有那些奇谋妙策，也不是关于成败的争论，而应该是他信念的坚定、对事业的执着和忠义之心。还有被后世尊为"武圣"的关羽，有人认为他武力超群、百战百胜，一些文艺作品也是这样描写的，但经过对史料进行逐笔梳理，会发现关羽一生中打得更多的是败仗。人们热爱和崇拜关羽，显然不是因为他在战场上总有神勇表现，而是他身上那种勇敢精神和忠义品德。

中国人强调读史在修身明德中的作用，也向来重节气，以"留取丹心照汗青"为荣，能书于史册的先贤志士，其中大部分人无论是精神操守还是人生实践都充满着正能量，读他们的言行事迹可以提高器识、升华精神境界，也可以坚定信念、获取精神力量。在三国那个特定的时代，绝大多数人都在为自己的理想而奋斗，为此所展现出来的执着、坚忍和忠信精神超越了阴谋与权谋，更超越了庸俗的成功学，这些才是有温度的，才能打动我们的心灵。

所以，读三国读的不应是权谋机关、蝇营狗苟，而应读出表相后面的真实，读出堂堂正气、家国情怀，读出斗智斗勇故事中包含的锲而不舍、百折不挠，读出群雄逐鹿时代的舍生取义、忠贞不屈，读出一代贤良的鞠躬尽瘁、死而后已。用这些有温度的故事砥砺我们的品行，温暖我们的前行之路。